계약서, 세금, 재개발까지 완전 정복

슈퍼 리치의 부동산 상식 사전

슈퍼 리치의
부동산
상식 사전

우용표 지음

HUDDLING BOOKS

PROLOGUE

"부동산 공부를 하려면 어떤 책을 읽어야 하나요?"

평소에 이와 같은 질문을 정말 많이 받는다. 좋은 질문이다. 왜냐하면 나도 답을 모르기 때문이다.

질문에 대한 답을 찾기 위해 부동산 공인중개사 자격증 서적을 추천하자니 너무 양이 많고 어렵다. 시중에 나와 있는 전문가들의 책을 추천하자니 다들 어디에 있는 아파트를 사라는 이야기뿐이다. 부동산을 '투자'가 아닌 '호기심'으로 접근하고자 하는 사람들에게 딱히 추천해 줄 책이 없어 보인다. 그래서 결심했다. 부동산 공부에 꼭 필요한 책을 직접 쓰기로!

이 책을 쓴 계기가 또 있다. 2020년 겨울, 서울 어느 컴퓨터 학원에 등록해서 포토샵을 배운 적이 있다. 이때 일종의 '모욕감'을 느꼈다. 코로나 시기, 비대면 수업으로 진행된 포토샵 수업은 45세의 중년

아저씨에게는 'ZOOM'이라는 프로그램을 켜는 것부터가 쉬운 일이 아니었다.

　모든 어려움을 이겨내고 드디어 수업을 받았는데, 아뿔싸! 강사님이 너무 불친절했다. 처음 배우는 메뉴에 익숙해지기도 전에 단축키부터 외워야 한다고 닦달한다. 수업 속도 역시 따라갈 수 없을 정도로 빨랐다. 그 강사님에게는 너무 쉽고 간단한 작업이었겠지만, 처음 배우는 사람 입장에서는 어렵게 느껴질 수밖에 없었다.

　그때 깨달았다. 내게는 너무나도 당연한 것이 누군가에게는 무척이나 어려운 숙제가 될 수 있다는 것을. 그리고 결심했다. 나중에 부동산에 대해 완전 초보를 위한 쉬운 입문서를 써야겠다고! 돌이켜보면 그 강사님께 감사한 마음뿐이다. 나에게 모욕감을 줌으로써 부동산 입문서를 쓸 결심을 하게 만들어 주었으니까.

　이 책은 부동산 입문자들을 위해 부동산에 대한 기초 지식을 최대한 쉽게 풀어서 썼다. 복잡한 용어를 통해 '내가 이만큼 전문적이다'라는 자랑 섞인 책이 되지 않도록 조심했다. 내가 처음 포토샵에 입문할 때 아무것도 몰랐듯, 독자들이 부동산에 대한 지식이 아예 없는 상태라고 생각하며 책을 썼다. 그럼에도 혹시 내용이 어렵게 느껴진다면, 그것은 제대로 개념을 쉽게 설명하지 못한 나에게 그 책임이 있을 것이다.

　또한 이 책은 실생활과 연결 지어 설명하는 방향으로 썼다. 부동산 지식을 부동산 관련 뉴스들과 사례들에 연결해 설명하는 방향으로 구성한 것이다. 직장에서 우연히 부동산 관련 이야기가 나올 때, 또는 부동산 중개 사무소에 갔을 때 적어도 기본 개념을 몰라서 무시당하는 일이 없도록 돕고 싶었다.

이 책의 처음 부분은 기초적인 개념 설명으로 구성되어 있다. 아직은 어렵게 느껴지는 건폐율, 용적률 등등의 부동산 관련 용어부터 시작한다. 어디든 그렇다. 업계에서 쓰이는 용어를 알아야 의사소통이 된다. 특히 부동산은 일상생활에서 쓰이지 않는 생소한 용어가 많다. 그래서 일단 용어부터 정리했다.

기초 용어 설명이 끝나면 부동산 관련 문서들과 계약서를 제대로 읽을 수 있도록 돕는다. 부동산 등기부(요새는 등기사항전부증명서라고 한다) 보는 방법과 함께 부동산 계약서를 작성할 때 어떤 부분을 주의 해야 하는지(예를 들면 반려동물을 키워도 되는지의 여부, 24시간 안에 계약을 취소할 수 있는지 여부) 등을 설명한다.

이후에는 재건축, 재개발 관련한 지식을 풀어본다. 부동산 뉴스를 볼 때 더 재미있게 느껴질 수 있을 내용들을 준비했다.

다시 한 번 말하지만, 이 책은 초보자를 위한 입문서다. 다 읽고 나면 부동산 뉴스를 볼 때 이해가 돼서 더 재미있게 느껴지고, 직장에서 또는 커뮤니티 게시판에서 누가 부동산 이야기를 하면 한마디 거들어 볼 수 있을 정도의 지식을 담고자 노력했다. 부디 이 책을 통해 부동산 공부의 보람을 느끼길 바란다. 재건축 대상 아파트들이 왜 용적률에 목숨을 거는지, 왜 재개발 지역에서는 낡고 쓰러져 가는 지하층을 사야 하는지, 그리고 왜 오피스텔은 사면 안 되는지 등에 대한 내용을 알게 되면서 뿌듯함을 느끼면 좋겠다.

이 책을 통해 세상을 변화시키거나 대한민국의 부동산 시장에 큰 영향을 미칠 계획은 없다. 단지 이 책의 독자들이 어디 가서 사기당하거나 몰라서 억울한 일을 당하는 일이 없으면 좋겠다는 마음이다.

2024년 1월

우용표 드림

목차

PART 5 초보자를 위한 부동산 경제학

PART 6 알수록 쓸모있는 부동산 세금

PART 7 필수 상식, 부동산 정책

PART

1

부동산은 어렵다. 너무 어려워서 공인중개사라는 직업이 따로 있을 정도다.
필자 역시 처음 부동산 공부를 시작할 때 어려움이 많았다.
생소한 용어, 상식에서 벗어난 거래 관행들로 인해 많은 혼란을 겪었다.
어느 분야든 처음 시작할 때 기초적인 내용과 용어들에 익숙해지는 것이
우선이다. 이번 파트에서 준비한 것은 부동산 입문에 필요한 기초 지식과
용어들이다. 겉핥기부터 살짝 시작해 보도록 하자.

당신이 꼭 알아야 할
부동산 종류

'부동산 ^{不動産}'은 쉬우면서도 어려운 말이다. 사전적 의미를 따져보면 다음과 같다.

> **부동산不動産**
> 움직여 옮길 수 없는 재산. 토지 및 그 정착물인 건물이나 수목樹木 따위를 의미. 반대말은 '동산動産'이다.

이처럼 부동산이 움직여 옮길 수 없는 재산이라는 의미라면, 동산은 반대로 움직이는 재산이다. 대표적인 예가 자동차와 건물이다. 계속해서 움직이는 자동차는 동산이고, 땅이나 건물처럼 움직이지 않는 것은 부동산인 것이다.

부동산은 영어로 'real estate(진짜 재산)'라고 표현되는데, 동양이나 서양이나 부동산에 대해서는 '재산'이라고 인식되는 측면은 동일한 것 같다.

| 부동산의 종류 |

부동산은 개념적으로 움직이지 않는 재산이라고 간단히 설명되지만, 조금만 깊이 들어가면 결코 간단하지 않다. 민법에서는 부동산에 대해 '토지와 그 정착물'이라 표현한다. 하지만 이런 내용은 공인중개사 시험에서나 필요한 내용이다. 일상생활에서 쓰이는 부동산은 주택, 상가, 토지 이렇게 3개로 나누어 보면 된다. 땅에 집이 있으면 주택이고 가게가 있으면 상가, 일단 이렇게만 알아두자. 우리가 관심을 가진 주택과 상가를 먼저 보고 토지를 간략하게 보도록 하자.

| 주택의 구분 |

집을 가장 크게 구분하면 단독 주택과 공동 주택으로 나눌 수 있다. 단독 주택은 말 그대로 집 하나를 통째로 한 가족이 사는 형태로서 마당이 있는 집을 생각하면 되고, 공동 주택은 집들이 층층 쌓여있는 아파트를 생각하면 이해가 빠르다.

1. 단독 주택: 한 건물에 한 세대만 사는 주택

단독 주택은 낡고 낡은 옛날 집부터 전원 마을에 있는 세련된 집, 드라마에서나 볼 법한 대기업 회장님의 저택까지 모두 포함한다. 법적인 측면에서는 한 건물에 한 세대가 살면 단독 주택이라고 하기 때문에 집이 낡았는지, 새것인지 딱히 구분하지 않는다. 참고로 한옥 역시 굳이 따지자면 단독 주택에 포함된다.

① 다가구 주택: 단독 주택의 일종이며 한 집에 여러 가구가 사는 주택

단독 주택을 정리해 보면 집 하나를 한 사람이 소유하고 있고, 거주 역시 한 가족이 하는 형태를 가리킨다. 반면 다가구 주택은 집 하나를 한 사람이 소유하고 있는 것은 같지만, 거주하는 가족이 한 가족이 아닌 여러 가족인 경우를 나타낸다. 가장 대표적인 형태가 바로 대학생들 하숙집이다. 주인집은 꼭대기 층이나 1층에 거주하고 나머지 층을 하숙생들이 쓰는 형태를 떠올리면 된다. 대학가의 원룸 건물도 이와 같다. 원룸 건물 전체를 한 사람이 가지고 있고 방마다 학생이나 직장인이 사용하는데, 이와 같은 형태를 다가구 주택이라고 한다.

'다가구'라는 뜻이 여러 가구, 여러 식구를 나타내기 때문에 다세대 주택과 혼동되는 경우가 있다. 엄밀히 따지면 다가구 주택과 다세대 주택은 소유 형태에서 큰 차이가 있다. 이 차이점은 다세대 주택을 설명한 후에 자세히 설명하도록 하겠다. 지금은 집주인이 한 사람인 하숙집이나 원룸 건물은 다가구 주택이라는 것 정도만 알면 충분하다.

② 다중 주택: 단독 주택의 일종이며 공동 주방(취사 시설) 사용

학생과 직장인이 장기간 거주할 목적으로 사용할 수 있는 주택을 말한다. 일명 '벌집 주택'이라고도 하는데, 각 호실에 개별적으로 화장실(욕실 포함)을 설치하는 것은 가능하지만 취사 시설은 개별 설치가 안 되는 주택을 가리킨다. 집값이 비싼 뉴욕의 하우스 쉐어 형태라 보면 된다. 형태는 뉴욕 스타일이지만 실제 내용은 그와 다르기는 하다.

2. 공동 주택: 아파트, 다세대 주택(빌라) 연립 주택, 오피스텔 등등

공동 주택은 한 건물에 여러 가족이 공동으로 살아가는 주택 형태를 가리킨다. 아파트를 생각하면 쉽다. 흔히 A 아파트 101동 한 건물에 101호, 201호가 각각 나뉘어 있고 다른 가족이 살아가는 형태다. 이때 101호와 201호의 집주인은 각각이다. 집주인도 각각, 사는 가족도 각각인데 함께 한 건물에 모여 살면서 공동으로 계단, 엘리베이터, 주차장을 이용하기 때문에 공동 주택이라고 부른다.

공동 주택은 크기와 층수에 따라 명칭이 다르다. 가장 작은 것은 다세대 주택(빌라)이고 그다음은 연립 주택, 마지막은 아파트다. 이를 정리해 보도록 하자.

① 아파트: 주택으로 사용하는 층수가 5개 이상인 것

아파트는 주택으로 사용하는 층수가 5개 이상인 경우를 가리킨다. 즉 최소 5층부터 아파트라 인정된다는 것이다. 핵심은 '주택으로 사용하는 층수'라 할 수 있다. 요새 빌라들은 1층을 주차장으로 사용하는 필로티 구조인 경우가 많다. 주로 나머지 2층부터 5층까지 4개 층을 주택으로 사용한다. 이렇게 되면 주택으로 사용하는 층수가 총 4개 층이기 때문에 아파트에 포함되지 않는다. 또한, 반지하는 빌라의 층수를 계산할 때 포함하지 않는다. 때문에 반지하가 있고 그 위에 4층까지 있다 해도 서류상으로는 4층 건물로 계산된다.

"내가 사는 곳은 1층을 포함한 5층짜리 건물인데 왜 아파트가 아닌 빌라인가요?"

간혹 이런 질문을 하는 사람도 있다. 하지만 빌라인지, 아파트인지 정할 때 판단해 봐야 할 것은 그 빌라의 1층이 '집'으로 쓰이고 있냐의 문제다. 건물을 지을 때 주택이 아닌 상가로 지으면 조금 더 이익을 볼 수 있기 때문에 1층 한 귀퉁이는 상가로 지어놓고 나머지 4개 층을 주택으로 짓는 경우가 있다. 빌라가 많은 동네에 가보면 1층에 부동산 중개업소 또는 무인 아이스크림 가게가 있는 경우를 볼 수 있을 것이다. 상가는 주택에 포함되지 않기 때문에 이런 경우에는 아파트라고 할 수 없다.

아파트가 주택 용도 층수 5개 이상이라는 점을 알게 된다면 이제 3층짜리 아파트라는 말은 세상에 없다는 것을 이해할 수 있을 것이다. 아파트는 무조건 5개 층 이상이기 때문에 3층이나 4층짜리 아파트라는 말은 있을 수 없다. 이는 따뜻한 아이스 아메리카노가 세상에 없는 것과 마찬가지다.

② 다세대 주택: 주택으로 사용하는 층수가 4개 층 이하

다세대 주택은 속칭 빌라라고 부르며, 주택으로 사용하는 층수가 4개 층 이하인 경우를 가리킨다. 아파트처럼 각각 소유주가 다르고 각기 다른 세대가 주거하는 형태이기 때문에 아파트의 하위 버전이라 보면 된다. 잠시 후에 설명할 연립 주택과 구별되는 것은 면적이다. 다세대 주택은 건물의 부지 면적이 전체 660㎡(대략 200평) 이하인 경우를 가리키고 연립 주택은 건물의 주택용도 면적이 660㎡(200평)를 초과하는 경우를 가리킨다.

③ 연립 주택: 다세대 주택의 확장 버전

다세대 주택과 마찬가지로 주택으로 사용하는 층수가 4개 층 이하인 공동 주택을 가리킨다. 다세대 주택과 층수 기준은 동일하지만 건물의 주택용도 면적이 660㎡(200평)를 초과하는 경우가 해당된다. 즉 다세대 주택은 4층 이하의 작은 집들이 모여 있고, 연립은 그보다 좀 크다고 보면 된다. 연립은 연속할 연聯과 설 립立을 합친 말이다. 이름 그대로 연달아 세워져 있는 주택이라 보면 된다. 그래서 보통 연립은 몇 개의 다세대 주택이 늘어서 있는 경우가 많다. 통상적으로 연립 주택도 빌라라고 부르는 경우가 많은데, 틀린 말은 아니다.

단독 주택: 하나의 건물, 한 명의 소유주

	소유	거주
단독 주택	건물 소유주 1인	1가족
다중 주택	건물 소유주 1인	학생, 직장인 등 다수(단, 공동주방)
다가구 주택	건물 소유주 1인	학생, 직장인 등 다수(개별주방 가능)

공동 주택: 각 호실별 개별 소유주

아파트	주택 층수 5개층 이상
연립 주택	주택 층수 4개층 이하(전체 주택면적 200평 초과)
다세대 주택	주택 층수 4개층 이하(전체 주택면적 200평 미만)

간략하게 종합해 보자. 주택은 단독 주택과 공동 주택이 있다. 단독 주택과 공동 주택의 가장 큰 차이점은 소유주의 수, 즉 건물 전체를 한 사람이 가지고 있는가 아니면 여러 사람이 각기 쪼개서 가지고 있느냐로 구분된다. 단독 주택은 말 그대로 단독 소유로 소유주 1인이고, 공동 주택은 건물에 있는 각 호실의 수만큼 소유주가 있다. 아파트 1동에 총 50개의 호실이 있다면 그 아파트의 소유주는 총 50명이다.

또한 다가구 주택과 다세대 주택의 차이를 정리하자면 다가구 주택은 1인 소유의 주택이기에 층별로 또는 호실별로 나누어 매매할 수는 없다. 다세대 주택은 소유주가 각기 다르기 때문에 호실별로 거래가 가능하다. 이것 외에 특별한 차이는 없다.

영화나 드라마에서 보면 가난하지만 밝게 사는 주인공이 시원한 가을 저녁, 옥탑방에 있는 평상에 앉아 맥주를 마시는 장면이 나온다. 앞서 설명했던 내용에 의하면, 이러한 주택은 1인 소유주가 가지고 옥상층만 따로 세를 놓은 단독 주택일 확률이 높다. 단독 주택의 거주는 1가족이 원칙이지만 2층, 3층, 그리고 옥상에 전세와 월세를 놓는 것이 불법이 아니기 때문에 세를 놓는 주인이 많다.

어쨌든 이런 드라마의 장면은 옥탑방에 대한 환상을 심어주는 장면이라 할 수 있는데 실제 옥탑방에 살면 여름에 덥고 겨울에 춥다. 또한 모기와 벌레 때문에 시원한 가을 맥주 한잔은 생각할 수 없다. 로맨틱 코미디 장르에 속으면 큰일 난다. 평상에서 구워 먹는 삼겹살이 이론적으로 가능하기는 하지만 실제로는 1년에 한두 번이다.

면적 단위: 한 평은 몇 ㎡일까?

"xx지역의 아파트 거래가격이 3.3㎡당 1천만 원에서 1천5백만 원으로 상승했습니다."

가끔 뉴스에서 이런 멘트를 들어본 적이 있을 것이다. 많고 많은 크기 중에 왜 하필이면 3.3일까? 왜냐하면 1평이 곧 3.3㎡이기 때문이다.

옛날엔 집의 크기를 이야기할 때 몇 평 단위로 이야기했기 때문에 아직 그 영향이 남아있다. 2007년, 정부에서는 집의 크기를 이야기할 때 '평'이라는 단위 대신 '제곱미터(㎡)'를 쓰도록 했다.

사람들의 마음속에는 '평'이 익숙한데 강제로 제곱미터 단위를 써야 하니 어쩔 수 없이 지금까지 뉴스에서는 3.3㎡당 얼마 올랐다 내렸다는 식으로 표현한다. 마치 아버지를 아버지라 부르지 못하는 홍길동의 심정이 이랬지 않았나 싶다. 평당 얼마 올랐다, 내렸다고 하면 서로 이해가 빠른데 그렇게 할 수 없으니 서로 답답할 수밖에 없다. 그냥 평당 3천만 원이라 표현하면 될 것을 굳이 3.3㎡로 바꿔야 한다. 그래서 부동산 업계에서는 꼼수로 '평' 대신 'py'로 표기하는 경우가 많다.

계산해 보면 3.3㎡는 정확하게는 가로, 세로 각 1.81659cm의 면적이다. 이렇게 하면 머리에 잘 들어오지 않는다. 쉽게 이해하기 위한 예를 들면 이렇다. 3.3㎡는 키 182cm인 사람이 가로 세로로 누울 수 있는 정도의 공간이다. 즉, 1평은 키가 182cm인 사람이 가로, 세로로 누워있는 공간이라 생각하면 된다.

초보자를 위한 주택 면적 상식

아파트의 면적은 크게 보면 공급면적과 전용면적으로 구분된다. 전용면적은 순수한 우리 집의 크기를 가리키는 것이고, 공급면적은 우리 집 크기와 더불어 복도와 외부 계단까지 포함한 면적이다.

예를 들어 우리 집의 크기가 공급면적 25평형이라 했을 때 순수한 집의 크기인 전용면적은 18평이다. 여기에 계단, 복도 등의 면적이 7평 붙어서 총 25평형이라는 공급면적이 완성되는 것이다. 이를 자세히 살펴보도록 하자.

아파트 면적 구분 요령

공급면적 = 주거전용면적 + 주거공용면적	
주거전용면적	현관문부터 시작해서 방과 화장실 등을 포함한 순수한 집의 크기
주거공용면적	계단, 복도, 비상구, 엘리베이터 등 입주민이 공용으로 사용하는 시설의 면적
계약면적 = 공급면적 + 기타공용면적	
기타공용면적	관리사무소, 주차장, 커뮤니티시설 등 주거 이외의 용도로 사용하는 입주민 편의 시설의 면적

*서비스 면적: 발코니 면적은 계약면적 또는 공급면적에 들어가지 않는다.

글로 표현하려니 어려워서 표로 정리해봤다. 공급면적과 계약면적의 구성은 아래의 표와 같다.

아파트 면적 구성	전용면적	순수한 우리 집의 크기
	주거공용면적	건물 현관, 계단, 복도, 비상구, 엘리베이터 등 공용으로 사용하는 면적
	기타공용면적	관리사무소, 주차장, 커뮤니티 시설 등 주거면적을 제외한 공용 시설물
	서비스면적	발코니

	주거전용면적	주거공용면적	기타공용면적
공급면적	순수한 우리 집의 크기	계단, 복도, 비상구, 엘리베이터	
계약면적	순수한 우리 집의 크기	계단, 복도, 비상구, 엘리베이터	관리사무소, 주차장, 커뮤니티 시설 등

다시 정리하면 이렇다. 우리 집이 32평형이라고 생각해 보자. 그럼 순수한 우리 집의 크기는 대략 26평쯤 되고 나머지 6평은 주거 공용면적과 기타 공용면적이라고 보면 된다.

건설사들은 25평형 또는 32평형 아파트라고 표기하지 않는다. 아니 못한다. 이유는 2007년부터 '평'을 쓰면 안 되기 때문이다. 그래서 생각해 낸 꼼수가 'Type'이라는 표현이다. 예를 들면 32평형 아파트에 대해 계약 면적은 105㎡이고 전용면적이 85㎡인 경우, 정직하게 표기하면 사람들이 '그래서 몇 평형이라는 거야?'라고 자꾸 물어보기 때문에 105㎡(32Type)이라고 한다. 법을 어기지 않으면서도 완벽하게 과거의 '평'을 사용하는 합법적인 방법이기도 하다.

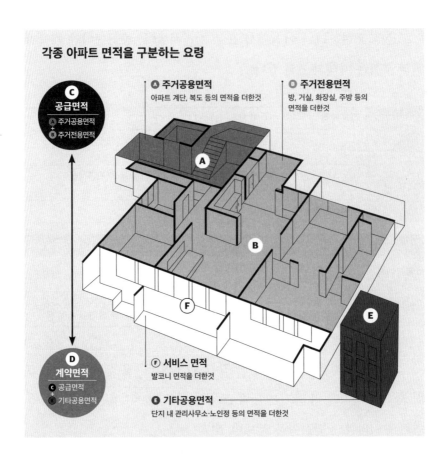

각종 아파트 면적을 구분하는 요령

ⓒ 공급면적
- ⓐ 주거공용면적
- +
- ⓑ 주거전용면적

ⓐ 주거공용면적
아파트 계단, 복도 등의 면적을 더한것

ⓑ 주거전용면적
방, 거실, 화장실, 주방 등의 면적을 더한것

ⓓ 계약면적
- ⓒ 공급면적
- +
- ⓔ 기타공용면적

ⓕ 서비스 면적
발코니 면적을 더한것

ⓔ 기타공용면적
단지 내 관리사무소·노인정 등의 면적을 더한것

| 보다 확실하게 알아보는 아파트 평형 |

앞서 설명한 바와 같이 아파트가 32평형이라고 하면 실제 집으로 쓰는 면적은 이보다 작은 26평쯤 된다. 이를 제곱미터로 환산하여 정식으로 표현하면 공급면적 105㎡ 아파트의 전용면적은 85㎡라고 이야기할 수 있다.

세상이 이렇게 간단하면 얼마나 좋을까. 그러나 건설사들이 공급면적과 전용면적에 약간의 장난질을 하는 경우가 많다. 실내인 전용면적은 그대로 두고 나머지 공용면적을 넓혀서 공급면적이 더 넓게 표기되도록 한다. 이왕이면 더 크게 보이기 위한 잔기술인 셈이다.

전용면적이 85㎡(평으로는 25.7평)인 아파트는 31평형이기도 하고 32평형인 경우도 있고 심지어 35평형으로 표현되기도 한다. 잘 모르는 사람이 보면 31평보다 35평 아파트가 더 크다고 오해할 수 있다. 그러나 알고 보면 내부 면적, 즉 주거전용면적은 다 25.7평으로 동일하다.

업계의 암묵적인 규칙은 전용면적 85㎡는 32평형으로 하는 것인데, 어떤 경우엔 32평형보다 더 크게 33평형에서 35평형까지 몸집을 키울 때도 있다. 사람들은 평당 얼마에 거래되는지로 계산하니까, 같은 평당 2천만 원이라 했을 때 32평형은 6억 4천만 원이고 35평형이면 7억 원으로 계산된다. 더 비싸 보이도록 평형을 표기하면 아파트 가격이 원래보다 낮아 보이니 건설사 입장에서는 분양도 잘 되고, 분양받은 사람들은 나중에 팔 때 더 비싸게 받을 수 있어 아무도 불만을 제기하지 않는다.

실제로 우리나라에서 재건축 예정 아파트 하면 항상 거론되는 서울 강남구의 대치동 은마아파트를 보면 네이버 부동산과 호갱노노에서 각각 평형이 다르게 표시된다. 호갱노노를 보면, 대치동 은마 아파트 35평형은 공급면적 115㎡, 전용면적 84㎡로 표기된다. 같은 아파트를 네이버 부동산에서 보면 34평형이라 나온다.

이런 식으로 같은 면적에 대해서도 어느 곳에서는 34평형, 35평형으로 다르게 표시된다. 나라님들이 평 대신 제곱미터를 쓰도록 한 이유를 이해할 수 있을 것 같다.

이 와중에 눈썰미 좋은 사람이라면 대치동 은마 아파트 35평형의 전용면적이 84㎡임을 확인했을 것이다. 다른 아파트들은 전용면적이 84㎡일 경우 32평형으로 표기하는데 은마아파트는 35평형으로 표기하고 있다. 꼼수와 반칙의 냄새가 난다. 물론 아파트 평형은 전용면적으로만 결정되는 것이 아니라 주거공용면적과 기타공용면적이 더해지기 때문에 평형은 달라질 수 있다는 점을 감안하면 무조건 커 보이게 평형을 적은 것은 아니라는 점도 미리 염두에 두어야 한다.

참고할 것이 또 있다. '국평'이라고도 하는 국민 평형이다. 대부분의 아파트는 32평형들의 전용면적이 84.91~84.99㎡ 사이에 있다. 원래대로라면 85㎡인데 어떻게든 85를 넘기지 않으려는 눈물겨운 노력이 보일 정도다. 이유는 간단하다. 85㎡를 초과하면 중대형 아파트가 되기 때문이다. 세금과 청약 방식의 기준이 되기 때문에 건설사들은 이 악물고 85를 초과하지 않으려고 설계한다. 즉 전용면적을 85㎡에 최대한 가까운 84.91~84.99㎡가 되도록 하는 것이다.

서울 강남구 개포동의 신축 아파트인 디에이치 퍼스티어 아이파크 단지를 대상으로 아파트 전용면적에 따라 아파트 평형이 어떻게 되는지 표로 정리해 보았다. 앞으로 아파트 평형을 파악할 때 깜찍한 과대 포장에 속지 않기를 바라는 마음에서 준비했다.

15A~51C 평형 정리

평형	공급면적		전용면적	
	(평)	(㎡)	(평)	(㎡)
15A	15	50.73	11	34.99
15B	15	50.87	11	34.99
21A	21	70.91	15	49.69
21B	21	70.87	15	49.69
25A	26	85.59	18	59.97
26B	26	86.99	18	59.98
33A	33	110.41	26	84.82
33B	34	111.53	26	84.85
33C	34	111.91	26	84.9
33D	34	111.88	26	84.88
37A	38	125.44	29	96.82
38B	38	125.69	29	96.62
38C	38	125.95	29	96.52
43A	44	144.05	34	112.85
43B	44	145.25	34	112.99
51A	51	169.52	40	132.81
51B	51	169.32	40	132.99
51C	52	170.24	40	132.99

표 보는 법을 잠깐 정리해보자. 음영 처리한 곳은 일반적으로 많이 공급되는 사이즈들이다. 25A를 보면 공급면적은 85.59㎡(26평)이다. 전용면적은 그보다 작은 59.97㎡(18평)이다. 이를 정리하면 25평형으로 표기된 이 아파트는 전용면적 18평이고 공용면적이 7평이라 보면 된다. 같은 방식으로 33A로 표기된 공급평형 33평은 전용면적은 26평이고 여기에 공용면적 7평이 더해졌다고 보면 된다. 탄력 받아서 43평형을 보자. 전용면적은 34평이고 여기에 9평의 공용면적이 더해진 면적이다. 대충 보면 전용 60㎡은 25평형, 전용 85㎡은 32평형 이렇게 보면 된다.

| 테라스와 베란다, 그리고 발코니 |

영화 〈로미오와 줄리엣〉은 영원한 고전이다. 로미오는 사랑 고백을 하는데 창밖에 나와서 미소 가득한 얼굴을 하고 있는 줄리엣. 여기서 퀴즈! 줄리엣이 있는 곳은 과연 베란다일까, 테라스일까? 아니면 발코니일까? 정답은 바로 발코니다. 흔히들 베란다와 테라스, 그리고 발코니를 많이 헷갈려 한다. 이를 정확하게 구분하자면 다음과 같다.

> **테라스**: 1층 바닥에 설치
> **베란다**: 아래층 지붕을 바닥으로 사용
> **발코니**: 아래층 지붕을 사용하지 않고 건물 밖으로 돌출된 공간

좀 더 자세하게 들어가 보면 베란다와 발코니에 대해 확장이 불법이니 합법이니 하는 기준이 있고 각 용어마다 건축법상에 어떻게 정의되어 있는지 구분해서 설명 가능하지만, 생략해도 될 듯하다. 업계에서는 3가지 용어들이 마구 혼용되어 사용되고 있기 때문이다.

03 용적률과 건폐율

용적률과 건폐율은 이미 지어진 건물에 대해서는 그다지 중요한 개념
은 아니다. 그러나 아파트를 재건축 하거나 재개발 지역에서 아파트를
새로 지을 때는 매우 중요해진다. 사람들은 재건축 또는 재개발을 할
때 용적률과 건폐율을 목숨 걸고 올리고자 한다. 간략하게 용적률과
건폐율을 알아보기로 하자. 건물을 몇 층까지 지어 올릴 수 있는가를
결정하는 항목이라고 보면 된다.

│ 용적률 │

용적률은 그 땅에 몇 층까지 집을 지을 수 있는지를 말한다. 즉, 건축
면적을 어떻게 할 수 있는가를 결정한다.

예를 들어 어느 지역에 집을 지을 수 있는 땅이 있다고 하자. 토지

의 면적이 100평이라고 했을 때 100평 토지의 용적률이 최대 150%라 하면 그 토지에는 총 150평(100평×150%)까지 건축 면적이 되도록 집을 지을 수 있다. 한 층에 50평이 되도록 건물을 짓는다고 하면 3층까지 지어서 총 150평(한층 50평×3개층=150평)을 채울 수 있다. 만약에 용적률이 200%로 올라간다면? 건물을 지을 수 있는 최대 건축 면적은 200평이 된다. 즉, 한 층에 50평씩 총 4개 층 까지 해서 총 200평을 지을 수 있다. 그림으로 정리해보면 이렇다.

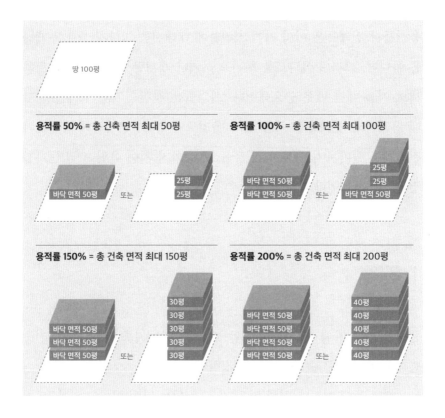

총 건축 면적이 주어지면 그 안에서 면적을 어떻게 하고 몇 층까지 하느냐 하는 것은 땅 주인 마음이다. 그래서 같은 용적률 200%라 했을 때 바닥 면적은 50평씩 4개층으로 하느냐 아니면 40평씩 5개 층으로 하느냐 하는 것은 자유롭게 선택할 수 있다. 단, 토지에 꽉 차게 건물을 지을 수는 없다. 건폐율이라는 것이 적용되기 때문이다.

| 건폐율 |

몇몇 낙후된 지역에는 창문을 열면 옆집 창문과 집이 맞닿아있는 빨간 벽돌집이 더러 존재한다. 약간 과장 섞어 말하자면 옆집 사람과 손이 맞닿을 정도인데, 이것은 과거 우리나라에 집을 지을 때 별도의 규제가 없었던 시절이 있었기 때문이다. 일조권, 채광 같은 것은 모르겠고 빈 땅이 있으면 아무렇게나 집을 지어도 되는 시절의 이야기다.

그렇다면 옆집과 손이 닿지 않도록 해주는 건폐율의 정확한 뜻은 무엇일까? 쉽게 풀어보자면 토지 면적을 100이라고 봤을 때 건물의 바닥 면적을 어느 정도까지 할 수 있느냐를 정하는 최대치 비율이다.

예를 들어 건폐율이 50%라고 하면 최대 토지의 절반 정도 건물을 지을 수 있다. 주택 밀집 지역은 대략 70%까지 건폐율이 허용되고, 상업지역은 최대 90%까지 적용된다. 같은 100평의 토지가 있다고 해도 주택가에서는 100평 중 최대 70평만 바닥 면적으로 할 수 있고, 상업

지역에서는 90%까지 허용된다. 주택가는 골목길이 있고 띄엄띄엄 집이 있는데, 상업지역에서는 건물이 빈틈없이 들어가는 이유가 건폐율 때문이다.

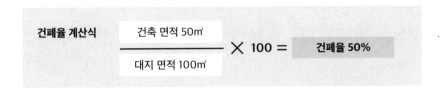

건폐율이 높다는 것은 건물을 지을 때 토지의 많은 비중을 차지할 수 있다는 뜻이다. 바꿔 말하면 건폐율이 올라갈수록 건물을 빽빽하게 지을 수 있다는 뜻이다. 상업지역의 건폐율이 최대 90%라는 것은 상업 건물 부지에 대해 90%까지 건물로 채울 수 있다는 것이다.

참고로 아파트들은 건물을 지을 때 너무 가까이 붙어 있으면 사생활 침해도 되고 일조권도 방해받기 때문에 통상적으로 20~30%내외의 건폐율을 적용한다. 부촌인 서울 강남구 삼성동 '아이파크'는 건폐율 9%로 지었다. 전체 아파트 부지의 $\frac{1}{10}$ 정도만 건물을 짓고 나머지 $\frac{9}{10}$는 정원이라는 뜻이다.

반대로 주상복합인 경기도 부천시의 '힐스테이트 중동'은 건폐율 74%를 적용받아 전체 부지의 70% 넘게 건물이 지어졌다. 심지어 용적률은 927%로 49층까지 지어져 일반 아파트에 비해 더 빽빽하고 더 높게 지어져 있다.

| 건폐율과 용적률 응용하기 |

건폐율과 용적률의 기본 개념을 확인해 보았으니 이제 응용해 보도록 하자. 200평짜리 땅이 있고, 여기는 주거지역으로 건폐율 60%, 용적률 250%를 적용받는다. 그렇다면 바닥 면적을 최대로 했을 때 몇 층까지 올릴 수 있을까?

정답은 최대 면적 120평(200평×60%=120평) 이고 지을 수 있는 최대 층수는 5층이다. 총 가능 건축 면적은 500평(200평×250%=500평)이니 바닥 면적 120평으로 4개 층을 지어서 480평을 채우고 나머지 가장 위층인 5층은 20평으로 하면 된다. 이와 같은 복잡한 계산법은 건축설계 전문가들의 영역이고, 우리 같은 보통 사람들은 용적률이 높아지면 좋은 거구나 정도만 알면 된다. 현실 세계의 사례를 들어보면 서울 강남의 대치동 은마아파트는 현재 용적률 204%로 지어진 건물이다. 재건축 계획에 따르면 용적률 300%를 적용하거나 더 높여서 360% 또는 500%까지 다양한 시뮬레이션을 하고 있는 상황이다.

용적률 완화 효과(대치동 은마아파트)　　　　　　　　　출처: 중앙일보

구분	300%(현정비계획)	360%	500%
주택공급 확대(가구수)			
가구수	5578	7613	1만1525
일반분양분	771	1766	3722
공공분양(나눔형)	-	759	1737
공공임대	678	759	1737

구분	300%(현정비계획)	360%	500%
분양가 인하(3.3㎡당 원)			
일반분양분(분양가상한제)	7100만	6100만	4800만
공공분양(나눔형)	-	4900만	3800만

　용적률이 2023년 8월 기준인 300%를 적용받을 때 총 5천8백 가구를 지을 수 있는데, 용적률이 늘어나서 360%가 되면 가구 수가 7천6백까지 올라간다. 여기서 더 올리면 1만 1천5백 세대까지 지어 올릴 수 있으니 용적률이 늘어나는 만큼 현재의 재건축 조합원들의 이익이 늘어난다. 용적률이 늘어난다는 것은 그만큼 더 집을 많이 지을 수 있다는 뜻을 알게 되면 왜 그리 많은 재건축 추진 단지들이 용적률을 높여 달라 요구하는지 이해할 수 있을 것이다.

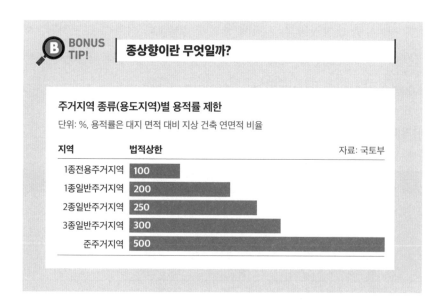

BONUS TIP!

종상향이란 무엇일까?

주거지역 종류(용도지역)별 용적률 제한

단위: %, 용적률은 대지 면적 대비 지상 건축 연면적 비율

지역	법적상한	자료: 국토부
1종전용주거지역	100	
1종일반주거지역	200	
2종일반주거지역	250	
3종일반주거지역	300	
준주거지역	500	

주거지역에 따라 교통 등의 여건을 고려해 클래스를 따로 구분한다. 어떤 곳은 전용주거지역이라 하여 낮은 단독 주택만 지을 수 있는 곳이 있는가하면 또 어떤 곳은 상업지역스러운 주택가로 보고 준주거지역으로 지정한다.

일반주거지역을 보자. 1종이면 최대 용적률이 200%이고 2종이면 250%, 3종이면 300%까지 늘어난다. 종이 올라갈수록 최대 용적률이 늘어난다. 이제 종상향의 감이 슬슬 올 것이다. 그렇다. 종상향은 지금보다 종을 높여서 더 많은 용적률을 받을 수 있는 마법의 도구인 것이다. 자세히 따져보면 주거지역, 녹지지역 등 수많은 종류가 있는데 여기에 표를 옮긴다 해도 지면의 낭비가 될 것 같아 핵심적인 내용만 줄여서 설명했다. 혹시 추가적인 내용이 궁금하다면 '용도지역별 용적률'을 검색해 보자. 용적률과 건폐율이 잘 정리되어 있으니 참고하면 된다.

오피스텔은
주택인가, 아닌가

이는 세상에서 가장 어려운 질문이다. 오피스텔은 때로는 집이 되기도 하고 사무실이 되기도 한다. 같은 오피스텔 건물이라고 하더라도 거주자의 용도에 따라 301호는 집, 302호는 사무실이 될 수도 있기 때문이다.

이러한 고민은 나라 입장에서도 마찬가지다. 주택으로 본다면 주택 세금을 받아야하고, 사무실로 본다면 상가 세금을 받아야 하기 때문이다.

이 질문에 대해 나라에서는 솔로몬의 지혜를 발휘했다. 결론부터 말하자면 집으로 쓰면 주택이고, 사무실로 쓰면 사무실이다. 약간 허무할 정도지만 기가 막힌 분류법이다. 이제 오피스텔에 대해 자세히 알아보고 허무한 저 대답이 왜 현명한 대답인지 확인해 보도록 하자.

| 오피스텔의 정의 |

오피스텔은 처음 도입될 때 '오피스+호텔'로 소개되었다. 즉 사무실인데 샤워를 할 수 있고 잠도 잘 수 있다는 것이 오피스텔의 초기 콘셉트였다. 지금도 그 개념이 유지되고 있어 법에서는 간략하게 '업무를 주로 하며 숙식을 할 수 있는 건축물'이라 정의하고 있다.

1985년에 처음 도입된 이후 많은 혼선을 겪었다. 이게 사무실이냐 집이냐를 두고 다들 고민이 많았다. 결과적으로 전용면적 85㎡(27.7평) 미만이면 주거 용도의 욕조 설치, 바닥 난방이 허용된다. 전용 85㎡는 국민 평형이면서 아파트 32평형 사이즈라는 걸 기억할 것이다. 그렇다. 바꿔 말하면 그보다 큰 오피스텔에 대해서는 '이건 사무실로 써야합니다'라는 법이 적용되어 샤워실, 바닥 난방 설치가 불가하다는 뜻이기도 하다.

최근 트렌드는 오피스텔보다는 '아파텔'로 홍보되고 있다. 아파트와 호텔을 결합한 것이다. 건설사들은 전용면적 25.7평까지 집처럼 만들 수 있다는 점을 이용해서 오피스텔을 고급스럽게 32평형 아파트처럼 만들어 분양한다.

그럼 여기서 의문이 하나 들 것이다. 건설사들은 그냥 아파트로 짓지 뭐 하러 오피스텔, 아파텔로 마케팅을 하는 수고를 할까? 답은 매우 단순하다. 아파트는 규제도 많고 높이 지을 수 없는 반면 오피스텔은 비교적 규제가 덜하고 건물을 높이 올릴 수 있기 때문이다.

웬만한 지하철역 인근의 역세권에는 항상 무언가 오피스텔이 지어지고 있는 장면을 볼 수 있을 것이다. 주택지역에 아파트를 지으면 용적률 300%를 받기 힘든데, 역세권 상업지역은 용적률 1000%까지 적용받을 수 있으니 단순하게 보면 아파트보다 건물을 3배 더 높이 올리고 그만큼 집을 많이 지어 팔 수 있기 때문에 건설사들은 신나게 오피스텔과 아파텔을 만들어 팔고 있다.

| 오피스텔의 핵심은 세금 |

오피스텔이 주택이냐, 사무실이냐 하는 소소한 논란이 발생하는 이유는 바로 이것이 세금과 연결되기 때문이다. 주택에 대해서는 1주택만 가지고 있으면 세금이 적지만 집이 두 채가 되면서는 이것저것 세금이 늘어난다. 따라서 집을 한 채 가지고 있던 사람이 오피스텔을 추가로 매매할 경우 이 오피스텔이 주택으로 분류되면 그 사람은 집을 두 채 가지고 있는 것으로 세금을 내야하고, 이 오피스텔이 상가라면 다주택자에 적용되는 세금을 피할 수 있다. 오피스텔이 집이냐 아니냐하는 것이 소유자들에게는 상당히 중요한 문제가 된다.

현재 정부에서는 오피스텔에 대해 거주 목적으로 사용하면 집으로 보고, 사무실 용도로 쓰면 상가로 본다. 그렇다면 거주 목적인지 업무 목적인지는 어떻게 구별해낼까? 비밀은 임대차 신고와 부가세의 여부다. 주택 용도로 누가 세를 얻는다고 하면 특별한 경우를 제외하고는 새로 이사한 오피스텔로 전입 신고를 한다. 즉 주소지를 오피스텔로 옮긴다는 뜻인데, 이렇게 하면 '여기는 주거용'이라고 판단할 수 있다. 반대로 상가로 누가 세를 얻는다고 하면 사업자 등록을 하고, 임대료에 대해 부가세를 낸다. 그러면 '여기는 상가용'이라고 등록된다.

몇 년 전에는 오피스텔 주인들이 약간의 횡포를 부렸었다. 전입 신고를 하면 안 된다거나 사업자 등록을 하면 안 되는 조건으로 세를 놓았던 것. 왜냐하면 전세나 월세를 놓았어도 전입 신고 또는 사업자 등록이 되어 있지 않으면 집주인들은 세금 신고할 때 "저 오피스텔은 공실이라서 따로 임대료 수입이 없습니다"라고 신고할 수 있었기 때문이었다.

그러나 지금은 그렇게 하지 못한다. 세를 놓으면 무조건 임대차 신고를 해야 하기 때문이다. 만약 전세나 월세 신고를 집주인이 게을리 한다면 과태료 5백만 원이 부과된다. 집주인들을 정직하게 만든 것은 양심이나 정직함이 아닌 과태료 5백만 원의 힘이었다.

요새 오피스텔 주인들은 주택 용도로 쓰겠다는 세입자보다 사업자등록을 하겠다는 세입자를 더 반긴다. 어차피 임대차 신고는 해야 하는 것이니 주택용으로 사용해서 다주택자에게 부과되는 추가 세금을 낼 바에야, 사무실로 정식 등록되도록 사업자 등록을 해서 주택이 아닌 상가로 인정받는 것이 세금 측면에서 더 유리하기 때문이다.

BONUS TIP! | **주택은 알겠는데, '근생'은 뭔가요?**

'근생'은 '근린생활시설'을 줄인 말이다. 흔히 상가와 사무실 용도로 쓰이는 시설을 가리킨다. 주택가를 걷다보면 빌라(다세대 주택) 1층에 부동산 사무소가 있거나, 빵집, 카페 등이 있는 경우가 이에 해당된다.

↑ 서울 어느 지역의 부동산 중개 사무소　　↑ 서울 어느 지역의 다세대 주택

왼쪽 그림에 나온 부동산을 보자. 이 건물 2층부터 5층까지는 주택이다. 1층은 보는 바와 같이 부동산 중개 사무소로 쓰이고 있다. 흔한 주택가의 부동산이라 할 수 있다. 이렇게 보면 이 곳이 상가 또는 사무실로 사용되는 근린생활시설이라는 점을 쉽게 알 수 있다. 이번에는 오른쪽 그림을 보자. 이 건물 역시 2층부터 5층까지는 주택으로 사용되고 있는 다세대 주택이다. 그런데 1층은 주택으로 쓰이는 근생이다. 저곳에서 밥도 하고 샤워도 하고 잠도 잔다. 겉으로 보면 그냥 보통의 작은 원룸이지만 서류상으로는 근생이다. 조금 더 복잡하게 들어가면 제1종 근린시설과 제2종 근린생활시설로 분류되는데 굳이 알 필요는 없다. 그래서 이게 근린생활시설이냐 아니냐만 확인하면 된다.

근생(근린생활시설)은 원래는 상가와 사무실이기 때문에 '집'으로 오해할 일은 없는 게 맞다. 그럼에도 이렇게 설명하는 이유는 가끔 어떤 경우엔 주택의 탈을 쓴 근생들이 있기 때문이다. 그렇다. 거짓말과 사기가 발달한 대한민국 아니던가. 멀쩡하게 집같이 생겨가지고 알고 보면 근생인 경우가 있다. 근생이 위험한 이유는 '주택'이 아니기 때문에 주택 관련 전세, 매매 대출을 받을 수 없다는 점에 있다. 부동산 사무소에 가서 원룸이나 투룸 전세를 계약했는데 알고 보니 근생이어서 대출을 받을 수 없는 난감한 경우가 생기기도 한다. 근생은 서류상으로는 '상가'로 분류되기 때문에 '사람이 살고 있으니 주택으로 인정해주세요'라고 해도 받아들여지지 않는다. 부동산 중개업소 사장님들 역시 사람인지라 집처럼 보이면 집이라고 오해하고 계약하는 경우가 종종 있기 때문에 조심해야 한다. 좀 더 부동산 공부를 하고 싶다면, 아래에 정리된 제1종 및 제2종 근린생활 구분 내역을 살펴보면 된다. 필자도 다 외우지는 못한다. 그냥 이런 정도가 있다만 알아두면 된다.

제1종 근린생활시설

1. 수퍼마켓과 일용품(식품·잡화·의류·완구·서적·건축자재·의약품류 등) 등의 소매점으로서 동일한 건축물(하나의 대지안에 2동이상의 건축물이 있는 경우에는 이를 동일한 건축물로 본다. 이하 같다)안에서 당해 용도에 쓰이는 바닥 면적의 합계가 1천제곱미터미만인 것
2. 휴게음식점으로서 동일한 건축물안에서 당해 용도에 쓰이는 바닥 면적의 합계가 300㎡ 미만인 것
3. 이용원·미용원·일반목욕장 및 세탁소(공장이 부설된 것을 제외한다)
4. 의원·치과의원·한의원·침술원·접골원 및 조산소
5. 탁구장 및 체육도장으로서 동일한 건출물안에서 당해 용도에 쓰이는 바닥 면적의 합계가 500㎡ 미만인 것
6. 동사무소·경찰관파출소·소방서·우체국·전신전화국·방송국·보건소·공공도서관·지역의료보험조합 기타 이와 유사한 것으로서 동일한 건축물안에서 당해 용도에 쓰이는 바닥 면적의 합계가 1천㎡ 미만인 것
7. 마을공회당·마을공동작업소·마을공동구판장 기타 이와 유사한 것 아. 변전소·양수장·정수장·대피소·공중화장실 기타 이와 유사한 것

제2종 근린생활시설

1. 일반음식점·기원
2. 휴게음식점으로서 제1종 근린생활시설에 해당하지 아니하는 것
3. 서점으로서 제1종 근린생활시설에 해당하지 아니하는 것
4. 테니스장·체력단련장·에어로빅장·볼링장·당구장·실내낚시터·골프연습장 기타 이와 유사한 것으로서 동일한 건축물안에서 당해 용도에 쓰이는 바닥 면적의 합계가 500㎡ 미만인 것
5. 종교집회장 및 공연장으로서 동일한 건축물안에서 당해 용도에 쓰이는 바닥 면적의 합계가 300㎡ 미만인 것
6. 금융업소, 사무소, 부동산중개업소, 결혼상담소 등 소개업소, 출판사 기타 이와 유사한 것으로서 동일한 건축물안에서 당해 용도에 쓰이는 바닥 면적의 합계가 500㎡ 미만인 것
7. 제조업소·수리점·세탁소 기타 이와 유사한 것으로서 동일한 건축물안에서 당해 용도에 쓰이는 바닥 면적의 합계가 500㎡ 미만이고, 대기환경보전법, 수질 환경보전법 또는 소음·진동규제법에 의한 배출시설의 설치허가 또는 신고를 요하지 아니하는 것
8. 게임제공업소(음반·비디오물및게임물에관한법률 제2조제5호 다목의 규정에 의한 게임제공업에 사용되는 시설을 말한다. 이하 같다)로서 동일한 건축물안에서 당해 용도에 쓰이는 바닥 면적의 합계가 500㎡ 미만인 것
9. 사진관·표구점·학원(동일한 건축물안에서 당해 용도에 쓰이는 바닥 면적의 합계가 500㎡ 미만인 것에 한하며, 자동차학원 및 무도학원을 제외한다)·장의사·동물병원·독서실·총포판매소 기타 이와 유사한 것
10. 단란주점으로서 동일한 건축물안에서 당해 용도에 쓰이는 바닥 면적의 합계가 150㎡ 미만인 것
11. 의약품도매점 및 자동차영업소로서 동일한 건축물안에서 당해 용도에 쓰이는 바닥 면적의 합계가 1천㎡ 미만인 것
12. 안마시술소 및 노래연습장

출처: 건축법시행령 별표1

05 부동산 세금 용어 정리

부동산이 어렵다고 느끼는 것은 용어가 익숙하지 않은 데다가 세금 관련 내용까지 복잡하기 때문이다. 특히 뉴스에서 자주 언급되는 용어들은 관심을 가지고 보지 않으면 어렵다고 느껴질 수밖에 없다. 정부에서 부동산 관련 대책을 내놓을 때 항상 거론되는 것이 부동산 세금 체제를 어떻게 바꾼다는 식의 정책들인데 용어를 모르면 뭐가 어떻게 변할지 알 수 없다. 우선 부동산 관련하여 세금 용어만 간략하게 미리 정리해 두면 경제 뉴스의 부동산 관련 소식이나 정부의 부동산 대책 발표를 더 깊게 이해할 수 있을 것이다.

| 집을 살 때 내는 세금: 취득세 |

취득세라는 단어가 의미하듯 부동산을 '취득'할 때 내는 세금이다. 세금을 계산하는 기준은 집값이다. 대략 집값의 1~3%정도 적용된다. 5억으로 집을 산다고 했을 때 대략 1천만 원의 취득세가 나온다고 보면 된다.

다주택자들은 같은 값의 집을 살 때 취득세를 더 내야 하는 경우가 있다. 이를 취득세 중과세(취득세를 무겁게 내도록 하는 것) 제도라도 하는데 이 중과세 비율을 어떻게 할지 매번 부동산 관련 대책이 나올 때마다 비율은 바뀐다. 참고로 2023년 말까지는 집이 두 채 있는 사람이 한 채 더 사서 세 채가 되는 경우 집값의 12%를 취득세로 부과했다. 2024년에 퍼센티지가 낮아질 가능성이 높다.

5억짜리 집을 살 때 집이 없는 사람이 사는 경우라면 1천만 원의 취득세를 적용하고, 3번째 집인 사람에게는 6천만 원의 취득세를 적용하는 것이 2023년 말까지 이어지고 있다. 집이 여러 채 있는 사람이 아닌 무주택자의 경우에는 취득세가 집값의 1~3%(이를 취득세 기본세율이라 부른다) 적용되는 것으로 보면 된다.

참고로 옛날 어른들은 집살 때 내는 세금을 '취등록세'라고 부르는 경우가 있다. 옛날엔 취득세와 등록세가 각각 나뉘어 부과되었는데 2011년부터 취득세로 통합했기 때문이다. 물론 예상하는 바와 같이 이름만 통합되었고, 내야 하는 금액은 줄어들지는 않았다. 어르신들이 취등록세라하면 '그건 2011년 이후부터는 취득세로 통합되었습니다'라고 굳이 말할 필요는 없을 것이다.

| 집을 가지고 있을 때 내는 세금: 재산세, 종합 부동산세 |

재산세는 가지고 있는 재산에 대해 부과하는 세금이다. 1년에 한 번 매년 6월 1일 기준으로 부동산을 소유하고 있는 소유주들에게 재산세를 내도록 한다. 재산세는 복잡한 계산이 필요한데 2022년 말 기준으로 시세 5억 원 정도의 아파트는 30만 원 내외, 시세 10억 정도 아파트는 60만 원, 시세 15억 원 아파트는 3백50만 원 내외의 재산세가 부과되었다. 대략 집값의 0.1~0.2%정도 매년 납부해야 한다.

종합 부동산세는 일정 규모 이상의 부동산을 가지고 있는 일명 부동산 부자에게 추가로 더 세금을 내도록 하는 항목이다. 주택은 시세를 기준으로 15억 원이 넘으면 종합 부동산세 대상이 된다. 정확히 표현하자면 1주택자는 주택공시가격 12억 원 이상, 다주택자는 공시가격 9억 초과다. 다만 이러한 내용은 지금 단계에서 그렇게 자세히 알아볼 필요는 없고, 대략 집값 15억이 넘으면 '부동산 부자다' 라고 보면 된다. 앞서 오피스텔 주인들이 왜 그렇게 탈세를 하고 싶어 하고, 자신의 오피스텔이 주택이 아닌 상가로 인정받고 싶어 하는지 이 부분에서 설명된다. 보유하고 있는 오피스텔이 주택으로 분류되면 집을 살 때의 취득세도 더 비싸고, 재산세, 종합 부동산세도 더 부과되기 때문이다.

| 집을 팔 때 내는 세금: 양도소득세 |

양도소득세는 이 세상에서 가장 어려운 세금이다. 심지어 정부 대책이 자주 발표되던 시기에는 최고의 세금 전문가인 세무사님들 마저도 양도소득세 계산을 포기하고 상담 전화를 기피했을 정도다.

양도소득세의 뜻부터 살펴보면 이렇다. 양도는 '물건을 넘거준다'는 뜻이고 소득은 '재산적인 이익'을 가리킨다. 부동산 양도소득세는 부동산을 팔면서 생긴 이익에 대해 세금을 부과하는 것으로 이해하면 된다.

양도소득세의 핵심은 '1세대 1주택 비과세'다. 집 하나만 가지고 있는 사람에게마저 '부동산으로 돈을 벌었으니 세금내세요'하는 것은 너무 무자비하기 때문에 세금을 내지 않도록 하고 있다.

우선 간략하게 정리하면 양도소득세는 샀을 때와 가격과 팔았을 때의 가격을 비교한 시세차익에 대해 부과되는 세금이다. 세율은 시세차익에 대해 작게는 6%에서 45%까지 다양하다.

정리해보면 부동산은 집을 살 때부터 가지고 있는 동안, 그리고 팔 때까지 계속해서 세금이 발생한다. 다른 보통의 것들은 인터넷이나 유튜브를 통해 지식을 얻고 활용할 수 있지만 세금만큼은 그러면 큰일 난다. 진료는 의사에게, 약은 약사에게 아니던가. 집을 사려고 할 때나 팔려고 할 때 부동산 세금은 세무사님들의 도움을 받는 것이 좋다.

06 계약서 용어 겉핥기

부동산을 계약할 때 부동산 중개업소 사장님들이 작성도 해주고 설명도 해주기 때문에 계약서 용어를 몰라도 부동산을 사고파는 데 큰 상관은 없다. 전세 가격도 오르고 부동산 매매 가격도 오르는 시기에는 부동산 관련 사고가 발생할 확률이 적다.

문제는 부동산 불황기가 되면 다음 사람이 들어오기 전까지는 보증금을 빼주지 못하겠다는 집주인, 그냥 배 째라고 나오는 집주인 등등 집주인의 밑바닥을 보게 된다는 것이다. 이때 계약서가 잘 작성되어 있으면 법적으로 권리를 보장받을 수 있지만, 그렇지 못한 경우 손해만 보는 상황이 생길 수 있다. 그 첫걸음으로 계약서 관련한 몇 가지 용어들을 살펴보기로 하자.

| 매매 및 임대 기초 용어 |

① 부동산 매매: 부동산을 사고파는 것

· 매도인: 부동산을 파는 사람

· 매수인: 부동산을 사는 사람

② 부동산 임대: 부동산에 대해 전세 또는 월세를 놓는 것

· **임대인**: 부동산 집주인 및 건물주

· **임차인**: 세입자라고도 표현되며 부동산을 전세/월세로 빌리는 사람

· **임대차 계약**:

　임대/임차 계약을 가리키며 전세, 월세 계약 모두 임대차 계약이라 한다.

· **전세 계약**:

　임대보증금만 내고 2년간 부동산을 사용하는 계약. 월세를 따로 받지 않는
만큼 임대보증금이 아주 크게 책정된다.

· **월세 계약**:

　임대보증금에 더해 월세(월차임)을 매월 납부하는 계약. 전세 계약에 비해 임
대보증금이 상대적으로 낮게 책정되는 것이 일반적이다. 월세 계약은 보통
1~3년 치의 월세를 임대보증금으로 책정한다.

· **반전세 계약**:

　전세스러운 월세 계약이다. 임대보증금은 전세처럼 목돈이면서 동시에 월세
도 납부한다. 전세 시세 또는 매매 시세 등이 급등하는 시기에 많이 이루어지
는 계약 형태다. 전세 시세가 오를 때 한꺼번에 몇 천만 원~몇 억 원의 인상된
임대보증금을 올려주기 어려운 경우 기존 전세계약의 임대보증금은 그대로
두고, 월세를 추가적으로 납부하는 계약을 맺는 것이 일반적이다. 반대로 부
동산 전세/매매 가격이 하락하여 일명 역전세, 깡통전세 현상이 발생하면 임
대인(집주인)이 반대로 전세 금액은 그대로 두고 세입자에게 월세 형식으로
돈을 주는 경우도 있다.

③ **상가양수도**: 상가에 적용되는 표현이며, 지금 장사중인 상점을 다른 사람이 이어받아서 장사하려고 들어올 때 '상가양수도'라고 한다. 권리금을 주고받는 경우 양도인, 양수인이 각각 구별된다.

· 양도인: 장사의 권리를 넘기는 사람(기존 장사하던 사장님)
· 양수인: 장사의 권리를 넘겨받는 사람(새로 장사할 사장님)

| 금액 관련 용어 |

부동산 거래는 총 매매대금이나 총 보증금 또는 월차임(월세) 금액이 필수로 들어가고 여기에 더해 계약금, 중도금, 잔금 항목이 함께 표시된다.

① **매매대금**: 부동산 매매시 총 거래 금액

② **임대보증금**: 임차보증금

법적으로 접근하면 "일정한 채무를 담보하기 위해 계약 이행의 담보로 제공하는 유가증권 등"이라고 표현하는데 너무 어렵다. 그냥 쉽게 말하면 보증금이란 월세를 내기로 했는데 안내면 보증금에서 제하거나, 전세 계약에서 세입자가 집을 파손하는 경우 수리비를 충당하기 위해 보증금에서 제하기 위해 미리 목돈 또는 2년 정도의 월세를 미리 받아두는 금액이라 보면 된다.

③ 계약금

계약금은 '자, 계약합시다'하면서 전달하는 금액이다. 법에서 계약금은 전체 금액의 몇%인지 따로 정해놓지는 않았다. 나름대로의 국룰은 10%다. 부동산을 사고파는 매매 계약에서도, 전세나 월세 계약하는 임대차 계약에서도 계약금은 10%로 정해지는 경우가 많다. 계약금은 분쟁의 불씨가 많다. 계약한대로 진행되면 분쟁할 일이 없지만 가끔 둘 중 하나의 어쩔 수 없는 상황이나 단순 변심에 의해 계약이 취소되는 경우 그때부터는 서로 머리채를 잡고 싸우게 된다. 마치 사랑하는 연인이 서로 헤어지듯 먼저 '헤어지자'고 말하면 지는 게임이기 때문이다. 먼저 계약을 취소하자고 하는 쪽이 무조건 손해를 보도록 법으로 정해져 있다.

④ 가계약금

계약을 당장하고 싶은데 계약금 준비가 좀 늦어질 것 같을 때, 일종의 계약의 예약으로서 미리 지급하는 금액이다. 마음에 드는 부동산을 '찜'해서 다른 사람과 거래하지 못하도록 하는 것과 비슷하다. 가계약금 역시 얼마를 해야 한다는 것이 따로 정해지지는 않았지만 보통 계약금의 10%로 한다. 예를 들어 5억 원짜리 집을 사고 싶어서 가계약금을 걸겠다면 계약금은 5억 원의 10%인 5천만 원이고, 가계약금은 그 10%인 5백만 원이다. 정리하면 가계약금은 부동산 금액의 1%라고 보면 된다. (계산: 계약금은 10%이고, 가계약금은 계약금의 10%로 산정되니 10%의 10%=1%)

⑤ 중도금

계약중간에 '계약 확실히 마무리하겠습니다'라는 의지를 보여주는 금액이다. 중도금을 낼지 말지는 당사자들끼리 결정하면 된다. 참고할 것은 일단 중도금이 들어가면 그다음에는 하늘이 무너져도 계약은 진행된다는 점! 대통령이 와도 깰 수 없다.

⑥ 잔금

계약의 마무리다. 전체 금액에서 계약금과 중도금을 제한 나머지 금액을 주고받으면서 거래가 완료된다. 부동산 매매를 하는 경우 잔금을 치루는 순간이 주인이 바뀌는 순간이고 전세나 월세는 잔금을 치르는 그 순간부터 거주할 있는 권리가 생긴다.

PART

부동산을 거래할 때 기초적으로 필요한 서류는
'등기부등본(등기사항전부증명서)'과 '건축물대장', 그리고
부동산 사무소에서 작성하는 '중개대상물 확인설명서'까지
총 3가지라고 할 수 있다. 뉴스에서 부동산 사장님이 집주인의 신분이
확실하니까 자신만 믿으면 된다며 등기부등본을 보여주지 않았다고
토로하는 피해자 인터뷰가 나오면 늘 안타까운 마음이 든다.
아무리 부동산 사장님이 안전한 물건이니까 안심하라고 해도
서류는 꼭 확인해 봐야 한다. 부동산은 전세, 매매 모두
인생이 걸린 목돈이 걸려있기 때문이다.

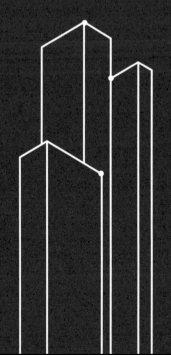

01 등기사항전부증명서 (등기부등본) 보는 법

등기사항전부증명서는 부동산에서 가장 기본적으로 활용되는 서류다. 단돈 7백 원이면 떼어볼 수 있다. 등기사항전부증명서를 통해 집주인이 얼마나 많은 대출을 받았는지, 위험한 물건은 아닌지 확인해 볼 수 있다.

물론 부동산 거래를 할 때 부동산 사장님들이 알아서 출력하고 친절하게 설명해 주겠지만, 아무것도 모르는 상태에서 설명을 듣는 것보다는 기본적인 내용을 미리 알고 있는 상태에서 설명을 듣는 것이 좋다.

참고로 해당 서류의 명칭은 과거에는 '등기부등본'이라고 했었지만 현재는 '등기사항전부증명서'라고 한다. 어르신들은 옛날 버전의 명칭인 '등기부등본(이하 등기부)'이 입에 붙어서 '등기부 하나 뽑아봅시다!'라고 말하는 경우가 많은데, 등기사항전부증명서에 대한 이야기라고 이해하면 된다.

| 등기사항전부증명서의 생김새 |

등기사항전부증명서는 크게 세 부분으로 구분된다. 표제부와 갑구, 을구가 그것이다. 하지만 각 명칭이 어떤 항목을 가리키는지 직관적으로 이해하기는 쉽지않다. 부동산 계약이 처음인 초보자들에게는 특히 그렇다. 일단 각 항목에 어떤 내용이 포함되는지 알아볼 필요가 있다.

간단히 설명하자면 표제부는 해당 주택의 주소와 면적을, 갑구는 소유주가 누구인가를 가리키는 소유권 설명을, 을구는 해당 부동산에 혹시 대출이 잡혀있는지를 나타낸다고 보면 된다. 정리하면 이렇다.

> **표제부**: 제목(해당 부동산의 주소)
> **갑구**: 소유자
> **을구**: 대출 여부

물론 실제 등기사항전부증명서는 훨씬 더 많은 내용을 포함하고 있다.

1. 표제부

표제부는 '제목'이라고 보면 된다. 계약서상 집의 주소를 가리키는데, '서울특별시 ○○구 ○○동 ○○○-○○○번지 ○○아파트 ○동 ○○○호' 또는 '서울특별시 ○○구 ○○동 ○○○-○○○번지 ○○빌라 ○○○호' 등으로 나타난다. 집의 크기와 대지지분도 표제부 항목에 표시된다.

참고로 표제부에는 신주소가 아닌 구주소를 이용하여 표기한다.

'○○○길'로 표시되는 신주소 체계가 아직은 등기사항전부증명서에는 완전히 정착되지 않았기 때문이다.

서류를 보면 맨 위에 '등기사항전부증명서(말소사항 포함)'라고 적혀 있는 것을 확인할 수 있다. '말소사항 포함'의 뜻은 과거의 이력을 전부 표시한다는 뜻이다. 과거 이력 표시 없이 현재 상태만 보고 싶다면 등기사항전부증명서를 출력할 때 따로 선택할 수 있다. 그 외 등기사항전부증명서의 자세한 설명은 다음과 같다.

등기사항전부증명서(말소사항 포함)
- 집합건물 - ❶

고유번호 1160-1996-028829

[집합건물] ❷ 서울특별시 강북구 우이동 □□□ □□□아파트 제101동 제1층 제□□호

【 표 제 부 】	(1동의 건물의 표시) ❸			
표시번호	접 수	소재지번,건물명칭 및 번호	건 물 내 역	등기원인 및 기타사항
~~1~~ (전 1)	2000년11월17일	~~서울특별시 강북구 우이동 □□□ □□□아파트 제101동~~	~~철근콘크리트조 기와지붕 5층 아파트 1층 384.33m² 2층 384.33m² 3층 373.54m² 4층 373.53m² 5층 373.53m²~~	~~도면편철장 제3책제546장~~
				부동산등기법 제177조의 6 제1항의 규정에 의하여 2001년 05월 17일 전산이기
2		서울특별시 강북구 우이동 □□□ □□□아파트 제101동 [도로명주소] 서울특별시 강북구 삼양로□□길 □□	철근콘크리트조 기와지붕 5층 아파트 1층 384.33m² 2층 384.33m² 3층 373.54m² 4층 373.53m² 5층 373.53m²	도로명주소 2013년5월24일 등기

(대지권의 목적인 토지의 표시) ❹				
표시번호	소 재 지 번	지 목 ❺	면 적 ❻	등기원인 및 기타사항
1 (전 1)	1. 서울특별시 강북구 우이동 □□□	대	20593.9m²	2000년11월17일
				부동산등기법 제177조의 6 제1항의 규정에 의하여 2001년 05월 17일 전산이기

❼ 열람일시 : 2023년09월25일 22시03분57초   ❽ 1/3

[집합건물] 서울특별시 강북구 우이동 342 대우아파트 제101동 제1층 제101호

【 표 제 부 】	(전유부분의 건물의 표시) ⑨			
표시번호	접 수	건 물 번 호	건 물 내 역	등기원인 및 기타사항
1 (전 1)	2000년11월17일	제1층 제⬛⬛호	철근콘크리트조 59.94㎡ ⑩	도면편철장 제3책제546장
				부동산등기법 제177조의 6 제1항의 규정에 의하여 2001년 05월 17일 전산이기

(대지권의 표시)			
표시번호	대지권종류	대지권비율	등기원인 및 기타사항
1 (전 1)	1 소유권대지권	20593.9분의 57.49 ⑪	2000년11월16일 대지권
			2000년11월17일
			부동산등기법 제177조의 6 제1항의 규정에 의하여 2001년 05월 17일 전산이기

① 해당 부동산의 구분

서류 맨 위에 적힌 '등기사항전부증명서(말소사항 포함)' 아래에는 해당 부동산이 어떤 형태인지 적혀있다. '집합건물'이란 아파트, 빌라처럼 여러 건물이 모여 있는 것을 뜻한다.

② 해당 부동산의 주소

본격적으로 서류 내용이 나타나기 전에 해당 부동산의 주소가 표기된다. 보통 '서울특별시 강북구 우이동 ○○○ ○○아파트 제101동 제1층 제○○○호' 이런 형식으로 표시되어 있다. 앞서 설명한대로 구주소 버전으로 주소가 표기된다.

③ 구분 항목(건물 전체)

집합건물(아파트 또는 빌라)일 경우 해당 건물 전체의 내역을 보여주고 해당 호수에 대한 내역을 따로 보여준다. 샘플을 보면 이 건물은 철근 콘크리트 구조이고 전체 5층 건물이라는 것을 알 수 있다. 그런데 왜 선이 그어져 있을까? 바

로 아래에 수정 사항이 있기 때문에 그렇다. 기존에는 구주소 버전으로 주소가 표시되었는데, 2013년 5월 24일 도로명주소가 추가되면서 1번 항목에는 줄이 그어지고 2번 항목이 추가되었다. 다른 것들은 다 동일하고 도로명주소만 추가되었음을 볼 수 있다.

④ 구분 항목(대지권의 목적인 토지의 표시)

해당 건물이 들어선 토지에 대한 설명이다. '대지권'은 요약하면 이 땅에 건물을 지을 수 있는 권리에 대한 것인데, 아파트 또는 빌라의 경우에는 특별히 신경 쓸 것은 없다. 초급 과정에서는 전체 부지에 대한 대략적인 설명이라는 점만 알아두면 된다.

⑤ 부동산 부지의 지목

지목은 해당 부지의 성격을 나타낸다. '대'는 건물을 지을 수 있음을 의미하고, '전'과 '답'은 농사지을 땅이라는 뜻이다. 아파트와 빌라는 무조건 '대'라고 보면 된다.

⑥ 부동산 부지의 면적

단지 전체의 면적을 가리킨다. 샘플에서는 20,593.9㎡ 즉, 6천2백40평이라고 볼 수 있다. 강북구 우이동 '○○아파트'는 단지 전체가 6천2백40평의 부지에 옹기종기 지어졌다는 뜻이다.

⑦ 문서 열람 일시

등기사항전부증명서를 열람하고 출력한 일시를 나타낸다.

⑧ 페이지 구분

⅓로 표기된 것은 전체 3장으로 구분되어 있으며 지금 보시는 것은 첫 번째 페이지라는 의미다.

⑨ 구분 항목(전유부분 건물의 표시)

앞서 보았던 구분항목 '대지권의 목적인 토지의 표시'는 건물 전체의 면적, 단지 전체의 토지 면적이 정리되어 있고, 지금 보는 '전유부분 건물의 표시'에는 실제 해당 동, 호수 주택 내부에 대한 사항을 표시한다. 여기서부터 실제 거래하는 아파트 또는 빌라의 동, 호수에 대한 설명이 시작되는 것이다.

⑩ 전유부분 면적

해당 주택의 내부 면적, 즉 전용면적의 크기를 표시한다. 샘플에서는 59.94㎡ (18.2평)이다. 해당 주택의 전용면적은 18평 정도라고 보면 된다. 기타 면적까지 포함하여 24평형으로 표시된다.

⑪ 대지지분 크기

해당 주택에 배정된 토지의 크기를 나타낸다. 일명 대지지분은 재건축, 재개발 등 투자 목적으로 접근할 때 가장 중요하게 활용된다. 해당 주택의 대지지분의 크기가 57.49㎡ (17.4평)이라는 것은 이 집을 사면 강북구 우이동의 땅 17.4평을 사는 것이라는 뜻이기도 하다.

2. 갑구

'갑구'는 소유주에 대한 사항을 정리하여 표시한다. '결국 이 부동산은 누구의 것이냐?'라는 것을 나타내는데, 이러저러한 과정을 거쳐 맨 아래에 표시되는 사람이 현재 소유주라고 보면 된다.

말소사항이 포함된 등기사항전부증명서는 그간의 소유자 이력이 전부 표시되고, 2006년 이후부터는 등기사항전부증명서 갑구 항목에 거래가액이 표시된다. 즉, 얼마에 거래된 것인지 내역을 확인할 수 있다는 말이다. 우선 어떤 항목들이 '갑구'에 표시되는지 보자.

【 갑 구 】 (소유권에 관한 사항)				
❶ 순위번호	❷ 등 기 목 적	❸ 접 수	❹ 등 기 원 인	❺ 권리자 및 기타사항

① 순위번호
맨 위부터 순서대로 나온다. 오래된 것은 맨 위에 나오고 업데이트할 때마다 번호가 붙으면서 아래로 내려간다.

② 등기 목적
등기사항이 변경되는 경우 그 사유를 나타낸다. 소유권이 이전된다거나 주인의 주소가 변경되는 경우가 표시된다.

③ 접수
등기 변경을 신청한 날짜를 나타낸다.

④ 등기 원인

소유자가 변경되는 원인, 즉 매매 또는 상속 등의 원인을 나타낸다. 앞서 보았
던 등기 목적과 연결된다.

⑤ 권리자 및 기타사항

소유자의 인적정보(이름, 주민번호, 주소)가 표시된다.

　　자, 이제 실제 등기사항전부증명서에 표시된 내용을 보도록 하자.

【 갑　　구 】	(소유권에 관한 사항)			
순위번호	등 기 목 적	접　수	등 기 원 인	권리자 및 기타사항
1 (전 2)	공유자전원지분전부 이전	2000년11월17일 제75286호	1999년6월2일 매매	소유자 김□□ 220824-******* 　　서울 성북구 석관동 □□-□ 부동산등기법 제177조의 6 제1항의 규정에 의하여 2001년 05월 17일 전산이기
1-1	1번등기명의인표시 변경		2011년10월31일 도로명주소	김□□의 주소 서울특별시 성북구 한천로73길 　□□(□□동) 2013년11월12일 부기
2	소유권이전	2023년8월31일 제130771호	2023년1월11일 상속	공유자 지분 5분의 1 신□□822-******* 　　서울특별시 노원구 화랑로 □□-□ (공릉동) 지분 5분의 1 신□□ 460□-******* 　　서울특별시 송파구 오금로 □□,

　　1번 항목을 보면 등기 목적에는 공유자전원지분전부이전, 접수는
2000년 11월 17일, 등기 원인은 1999년 6월 2일 매매, 권리자 및 기타
사항은 소유자 김○○으로 나온다.

　　1번 항목을 풀어 설명하자면 다음과 같다. 소유자인 김○○님이
99년 6월에 해당 부동산을 분양받았고, 1년 6개월이 지난 2000년 11

월에 아파트가 완공되어 등기 변경을 신청했다는 뜻이다.

1-1번 항목은 나라에서 도로명주소를 실시함에 따라 등기사항전부증명서에도 소유자 주소가 기존에는 그냥 석관동 ○○○-○○○으로 표시되었다가 2013년 11월에 ○○구 한천로 ○○길로 신주소가 추가되었음을 나타낸다.

2번 항목의 내용을 보면 등기 목적은 소유권 이전, 등기 원인은 상속으로 나온다. 관리자 및 기타사항은 공유자 5명이 정리되어 있다. 해당 아파트의 원래 소유주였던 김○○님이 2023년에 사망했고, 이에 따라 5명의 자녀들이 공평하게 ⅕씩 아파트를 물려받았다는 내용이다.

샘플을 보면 이 아파트는 2023년 9월 25일 기준으로 5명의 자녀들이 공동소유(공유)하고 있는 것으로 나타난다. 여기까지가 '갑구'에 대한 설명이었다. 갑구는 매우 단순하다. 그래서 '이 부동산이 누구의 것이냐?'하는 것을 확인하려면 가장 아래에 표기된 것을 보면 된다.

3. 을구 (소유권 이외의 권리에 관한 사항)

주택의 소유자는 '갑구'에 표시되고, 기타 나머지 사항은 '을구'에 표시된다. 혹시 이 집이 은행 대출을 받아 산 것이라면 은행에서 얼마 빌려주었는지 나타난다.

【 을 구 】 (소유권 이외의 권리에 관한 사항)
기록사항 없음
-- 이 하 여 백 --

사례를 보면 이 집은 현재 대출이 없다. 이렇게 '을구'에 기록사항이 없다는 것은 이 집에 대해 대출이 잡히거나 전세보증금을 돌려주지 못한 사례가 있지 않다는 뜻이다. 전문 용어로 '매물이 깨끗하다'라고 표현한다.

실제로 이와 같이 '갑구'나 '을구'가 깨끗한 등기부는 별로 없다. 은행 대출을 받아 집을 사서 근저당이 잡혀 있거나 신탁이라 하여 소유주는 있으나 일종의 '바지사장'인 경우도 있다. 심지어 전세보증금을 되돌려주지 못해 등기부(등기사항전부증명서)에 임차권등기명령이 표기된 경우 등 여러 가지 기출변형 문제가 있다. 관련된 사례를 짧게 살펴보도록 하자.

기출 변형 1. 신탁등기

【 갑 구 】 (소유권에 관한 사항)				
순위번호	등 기 목 적	접 수	등 기 원 인	권리자 및 기타사항
2	공유자전원지분전부 이전	2017년10월13일 제59293호	2017년5월15일 매매	소유자 박○○ 82○○○-******* 경기도 고양시 덕양구 통일로○○○번길 6-22, 104동 401호(내유동,[ ])
2-1	2번등기명의인표시 변경	2018년1월30일 제4262호	2017년12월6일 전거	박○○의 주소 서울특별시 도봉구 우이천로47길 ○○, ○○호 (쌍문동,[ ]뷰)
3	소유권이전	2018년3월14일 제11551호	2018년2월13일 매매	소유자 이○○ 95○○○-******* 서울특별시 중랑구 중랑역로 ○○, ○○○호(목동,[ ]) 거래가액 금150,000,000원
4	소유권이전	2018년3월14일 제11552호	2018년3월14일 신탁	수탁자 주식회사생보부동산신탁 110111-1617434 서울특별시 강남구 테헤란로 ○○ (대치동)
	신탁			신탁원부 제2018-529호
4-1	4번등기명의인표시 변경	2022년8월17일 제119864호	2020년1월22일 상호변경	주식회사생보부동산신탁의 성명(명칭) 교보자산신탁주식회사

내역을 하나씩 날짜에 맞추어 정리해보면 다음과 같다.

2017년 5월:
82년생 박○○씨는 해당 주택을 기존 공동 소유주들로부터 매수하였다.

2017년 12월:
소유자 박○○씨가 이사를 가서 서류상 주소가 변경되었다.

2018년 2월:
95년생 이○○씨가 기존 소유주 박○○에게서 1억 5천만 원에 집을 샀다.

2018년 3월:
소유주가 이○○에서 ㈜생보부동산 신탁으로 변경되었다.

2018년 4월:
소유주(생보부동산신탁)의 상호가 교보자산신탁㈜으로 변경되었다.

여기서 생소한 용어가 나온다. 바로 신탁등기다. '신탁'은 은행 대출과 비슷하면서 다르다. 은행은 돈을 대출해주고 나머지는 건드리지 않는다. 원금과 이자만 받으면 나머지는 소유자 마음대로 할 수 있다.

반면 신탁은 소유주 마음대로 할 수 있도록 놔두지 않는다. 신탁을 받은 수탁회사(사례에서는 교보자산신탁주식회사)의 허락을 받아야 매매도 하고 전세, 월세를 놓을 수 있다. 서류를 보면 소유자는 이○○으로 계속 유지되지만, 실질적인 재산권은 교보자산이 행사하는 셈이다.

그렇다면 왜 이○○씨는 은행 대출 대신 신탁을 선택했을까? 이유는 간단하다. 대출을 더 많이 받을 수 있기 때문이다. 세입자가 있는 상태에서 주택을 매입하는 경우 은행에서 대출을 받고자하면 방이 몇 개인가에 따라 대출 금액을 차감한다. 일명 '방 빼기'라고 하는데 서울의 경우 대략 방 1개에 5천5백만 원을 대출한도에서 차감하기 때문에 방이 2개면 1억 원 넘게 대출금액이 줄어들게 된다.

신탁은 이러한 '방 빼기'를 하지 않는다. 즉 방이 몇 개인가에 따라 대출금액을 차감한다거나 하지 않는다는 말이다. 그만큼 대출을 더 많이 받을 수 있다.

방 3개인 집을 보증금 5천만 원에 월세 1백만 원을 받고 있는 시세 6억 원 아파트가 있다고 생각해 보자. 시세 대비 70%까지 대출을 받을 때 비교하면 다음과 같다.

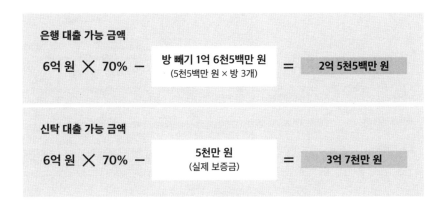

대출 가능 금액의 차이 말고도 은행 대출과 또 다른 점이 존재한다. 보통 은행 대출을 받으면 '을구', 즉 소유권 이외의 권리 항목에 "이 집은 대출이 얼마 있습니다!"라는 것이 표시 되고 영원히 기록에 남는다. 반면 신탁은 대출이 얼마 있다는 표시를 하지 않는다. 왜냐하면 소유권 자체가 신탁주식회사로 넘어가기 때문이다.

소유자에 대한 사항은 '갑구'에 표시되기에 신탁으로 대출을 받으면 소유자에 대한 '갑구'에 표기되고 은행에서 대출받으면 소유권 이외의 '을구'에 표시된다. 소유자 관련 사항이 많고 복잡해도 결국 가장 마지막 항목만 보는 것이니 '지저분해진다'고 표현하지 않는다. 반면 대출 기록이 많으면 뭔가 신용에 이상이 있는 것 같은 느낌을 준다.

기출 변형 2. 은행 근저당권

【 을 구 】	(소유권 이외의 권리에 관한 사항)			
순위번호	등 기 목 적	접 수	등 기 원 인	권리자 및 기타사항
1	근저당권설정	2022년2월23일 제26153호	2022년2월21일 설정계약	채권최고액 금60,000,000원 채무자 이□□ 　경기도 고양시 덕양구 해음로87번길 근저당권자 주식회사□□□저축은행 　110111-0126014 　서울특별시 강남구 선릉로□□, 3층, 6층, 　7층, 8층(삼성동, □□타워)
2	근저당권설정	2022년7월8일 제100087호	2022년7월7일 설정계약	채권최고액 금162,000,000원 채무자 이□□ 　경기도 고양시 덕양구 해음로87번길 근저당권자 주식회사□□□□저축은행 　110111-0121981 　서울특별시 중구 을지로5길 　□,□□□층,10층,11층(수하동,□□□□□ 　□빌딩)

근저당권은 은행에서 얼마를 대출 받았는지 알 수 있는 것이 특징이다. 소유자는 변경 없으므로 '을구'에 표시된다.

앞의 사례를 살펴보도록 하자. 시간순으로 정리하면 2022년 2월에 채무자 이○○씨는 E 저축은행에서 6천만 원을 대출 받았다. 대략 다섯 달이 지난 2022년 7월 채무자 이○○씨는 S 저축은행에서 1억 6천2백만 원을 대출받았다. 순위번호 1번에 있던 E 저축은행의 대출 내역은 줄이 그어져 삭제(말소)된 것으로 판단하면 22년 7월에 1억 6천 2백만 원을 빌리면서 기존 6천만 원의 대출을 갚은 것으로 추정된다. 현재 이 집에 잡힌 대출은 대략 1억 3천만 원 내외가 아닌가 짐작된다. 비록 서류에는 채권최고액이 1억 6천2백만 원으로 적혀있지만, 실제 대출받은 금액은 그보다 더 적다는 뜻이다.

채권최고액이라는 말은 '채권(빌려준 돈)'과 '최고액(한도액)'을 합친 것이다. 은행에 매월 원금과 이자를 갚을 때마다 등기부에 적기에는 번거롭기 때문에 은행에서는 대출을 할 때 대출 원금의 120~130% 사이로 채권최고액을 표기한다.

그렇기에 흔한 경우는 아니지만 은행 대출을 다 갚았는데도 서류에는 채권최고액이 그대로 남아있는 경우도 있다. 나중에 다시 같은 은행에서 돈을 빌릴 계획이 있는 경우일 때도 있고, 채무자 성격이 느긋해서 어차피 돈을 다 갚았으니 등기를 굳이 수정할 필요 없다고 생각했을 수도 있다. 이렇게 은행에서 돈을 빌리고 등기부등본(등기사항전부증명서)에 채권최고액이 적혀 있으면 그 집에 전세로 들어가는 것은 위험할 수 있다. 만일의 경우 집주인이 은행 대출을 제대로 갚지 못해서 경매에 넘어가면 내 돈을 받는 순위가 은행에 비해 밀리기 때문이다. 이와 관련된 부분은 전세보증금을 지키는 방법에서 자세히 다루도록 할 것이니 우선 이렇게 은행에서 주택담보대출을 하고 채권최고액을 서류(등기사항전부증명서)에 기록하는 것을 '근저당권 설정'이라고 부른다는 점만 참고하면 된다.

기출변형 3. 임차권 등기 명령

순위번호	등 기 목 적	접 수	등 기 원 인	권리자 및 기타사항
4	주택임차권	2023년7월26일 제109896호	2023년7월14일 서울북부지방법 원의 임차권등기명령 (2023카임□□)	임차보증금 금283,000,000원(2021년6월8일 　　　　　금13,000,000원 증액) 범　위　제2층 제201호 전부 임대차계약일자　2019년6월27일(1차), 　　　　　2021년6월8일(2차) 주민등록일자　2019년7월9일 점유개시일자　2019년7월9일 확정일자　2019년7월1일(금270,000,000원), 　　　　　2021년6월11일(증액된 　　　　　금13,000,000원) 임차권자　김□□　850□□-******* 　　서울특별시 도봉구 삼양로 □□-□□, 101동 　　□□호(쌍문동, [　　　　　　]아파트)

집주인이 전세보증금을 세입자에게 돌려주지 못하면 세입자는 '임차권 등기 명령'을 법원에 신청할 수 있으며, 이는 기록으로 남게 된다. 한마디로 '이 집의 소유자는 세입자에게 보증금을 제대로 돌려주지 않는 나쁜 집주인입니다!'라고 국가의 인증을 받는다는 뜻이기도 하다. 샘플에 기록된 내용을 시간대 별로 해석해보면 이렇다.

임차권자 김○○씨는 2019년 6월 27일에 2억 8천3백만 원으로 전세 계약을 하고 입주했다. 2년이 지나 전세 만료되는 시점에 5%의 법정 한도 이내인 4.6%(1천3백만 원)을 2021년 6월 8일 추가로 집주인에게 지급했다. 결과적으로 세입자 김○○씨는 2억 9천6백만 원(2억 8천3백만 원+1천3백만 원)의 전세보증금을 2023년 6월에 돌려받아야 했지만, 집주인이 돌려주지 않아 23년 7월에 임차권 등기 명령이 실행되었다.

이와 같이 '을구'에 임차권 등기 명령이 있으면 집주인은 이것을 해결하기 전까지는 세입자를 받을 수 없다. 기존 세입자의 보증금을 해결 못 한 집주인에게 보증금을 줄 용기 있는 세입자는 세상에 없기 때문이다.

임차권 등기 명령의 이력이 한 번이라도 있는 집이라면 아무리 집이 예쁘고 마음에 든다고 하더라도 전세 또는 월세로 입주하는 것은 포기해야 한다. 일이 잘못되면 당신도 2년이나 4년 후, 법원에 임차권 등기 명령 신청서를 작성하게 될지도 모르기 때문이다.

│ 저당권과 근저당권 차이 │

앞에서 은행 대출을 설명할 때 '근저당권'이라는 용어가 나왔던 것을 기억할 것이다. '저당권'이라는 말도 있고 '근저당권'이라는 말도 있는데 어떻게 구분되는지 알지 못하는 이들을 위해 한 번 정리해 보았다.

우선 저당권은 우리가 일상생활에서 '저당 잡혔다!'라고 할 때 그 '저당'이다. 부동산을 담보로 돈을 빌린다는 뜻과 연결된다. 돈을 빌린 사람이 빚을 제대로 갚지 못하면 법적 절차를 밟아 경매를 진행할 수 있다. 근저당권과 다른 점은 통합이 안 된다는 것이다. 부동산을 담보로 같은 사람에게 5천만 원, 1억 원 이렇게 돈을 두 번 빌렸을 때 부동산 서류에는 각기 다른 2건으로 기록된다.

반면 근저당권은 통합이 가능하다. 게다가 정확한 금액이 아니어도 상관없다. 저당권은 5천만 원을 빌렸으면 5천만 원으로 표기해야 하지만, 근저당권은 5천만 원을 빌려주고 6천만 원을 빌려줬다고 부동산 서류에 '채권최고액'으로 기재할 수 있다. 왜냐하면 근저당권은 앞으로 있을 대출을 예상해서 통으로 크게 잡기 때문이다.

약간 어려운 말을 섞어보자면 저당권은 현재의 특정 채권을 담보하고 근저당권은 장래의 증감 변동하는 불특정의 채권을 담보한다고 표현한다. 다시 말해 저당권은 현재 빌려준 돈이 얼마인지 정확하게 표기하고, 근저당권은 앞으로 최대 빌려줄 돈은 얼마일지를 표기하는 것이다.

은행이 근저당권으로 설정하는 이유는 대출받은 사람이 돈을 갚을 때 저당권으로 설정되어 있으면 매번 금액을 수정해서 부동산 서류를 작성해야 하지만 근저당권으로 기재하면 매번 수정할 필요가 없기 때문이다. 부동산 서류 변경(등기사항 수정)이 있을 때 근저당권은 대략 10만 원쯤 나라에 납부해야 하는데, 40년 대출을 받았을 때 매번 원금과 이자를 등기부에 기록하려면 종이 페이지 수는 따로 생각하더라도 등기 수정 비용만 해도 최소 4천8백만 원이다.

반면 근저당으로 하면 나중에 대출 상황이 끝났을 때 한 번만 서류를 수정하면 된다. 결론은 은행에서 대출받을 때 '근저당권 설정'이 된다는 것. 은행의 채권최고액은 직장인 마이너스 통장과 비슷하다고 생각하면 된다. 한도 범위이내에서는 처음 세팅된 금액을 굳이 변경할 필요가 없다는 점에서 그러하다. 앞에 내용을 정리하면 다음과 같다.

구분	저당권	근저당권
원본 채권확정	원금이 정해짐	원금을 정하지 않고 최고액만을 정해둠
수반성 (채권양도와 저당권의 양도)	채권양도시 저당권은 수반됨	채권확정 전 채권양도시 근저당권은 수반되지 않는다
부종성 (채권소멸시 저당권의 소멸)	채권이 소멸하면 저당권은 소멸함	채권확정 전 채권이 소멸하더라도 근저당권은 소멸되지 않는다
우선변제범위	① 원본 ② 이자 ③ 지연이자(1년분) ④ 위약금 ⑤ 실행비용	① 최고액 (원본, 이자, 지연이자-제한없음, 위약금) ② 실행비용 ＊실행비용은 최고액에 포함되지 않으며 따로 우선변제 받는다.

지목의 구분

흔히들 '등기부등본'이라고 하는 '등기사항전부증명서'를 설명할 때 집을 지을 수 있는 땅을 '대'라고 표현한다. 나라에서는 이 땅이 사용되는 목적에 따라 총 28개의 항목으로 나누었고, 이를 '지목(땅의 목적)'이라고 한다. 땅에 대해 각각의 목적을 따로 설정한 뒤 정해진 용도 이외에는 사용하지 못하도록 하고 있다. 이러한 '지목'에 따라 토지의 가격은 가치와 그에 따른 가격이 달라진다. 예를 들어 집을 지을 수 있는 땅의 가치는 농사를 위한 전, 답, 과수원보다 높게 책정이 되는 것이다. 이처럼 부동산에서 무척이나 중요한 항목이 될 수 있는 '지목(땅의 목적)' 28개를 정리해 보았다.

① 전(밭) / 전田: 물을 상시로 이용하지 않고 곡물·원예작물(과수류는 제외한다)·약초·뽕나무·닥나무·묘목·관상수 등의 식물을 주로 재배하는 토지와 식용食用으로 죽순을 재배하는 토지를 의미한다.

② 답(논) / 답畓: 물을 상시로 이용하며 벼·연蓮·미나리·왕골 등의 식물을 주로 재배하는 토지를 말한다.

③ 과수원 / 과果: 사과·배·밤·호두·귤나무 등 과수류를 집단으로 재배하는 토지와 이에 접속된 저장고 등 부속 시설물의 부지.

④ **목장 용지 / 목牧**: 축산업 및 낙농업을 하기 위하여 초지를 조성한 토지를 일컫는다.

⑤ **임야 / 임林**: 산림 및 원야原野를 이루고 있는 수림지樹林地·암석지·자갈땅·모래땅·습지·황무지 등이 있다.

⑥ **광천지 / 광鑛**: 지하에서 온수·약수·석유류 등이 용출되는 용출구湧出口와 그 유지維持에 사용되는 부지를 의미한다.

⑦ **염전 / 염鹽**: 바닷물을 끌어들여 소금을 채취하기 위하여 조성된 토지.

⑧ **대 / 대岱**: 영구적 건축물 중 주거·사무실·점포와 박물관·극장·미술관 등 문화시설과 이에 접속된 정원 및 부속 시설물의 부지를 뜻한다.

⑨ **공장용지 / 장場**: 제조업을 하고 있는 공장 시설물의 부지.

⑩ **학교용지 / 학學**: 학교의 교사校舍와 이에 접속된 체육장 등을 말한다.

⑪ **주차장 / 차車**: 자동차 등의 주차에 필요한 독립적인 시설을 갖춘 부지와 주차 전용 건축물 및 이에 접속된 부속 시설물의 부지.

⑫ **주유소용지 / 주住**: 석유·석유제품 또는 액화석유가스 등의 판매를 위하여 일정한 설비를 갖춘 시설물의 부지를 일컫는다.

⑬ **창고용지 / 창倉**: 물건 등을 보관하거나 저장하기 위하여 독립적으로 설치된 보관시설물의 부지를 총칭한다.

⑭ **도로 / 도道**: 일반 공중公衆의 교통 운수를 위하여 보행이나 차량 운행에 필요한 일정한 설비 또는 형태를 갖추어 이용되는 토지를 뜻한다.

⑮ **철도용지 / 철鐵**: 교통 운수를 위하여 일정한 궤도 등의 설비와 형태를 갖추어 이용되는 토지와 이에 접속된 역사驛舍·차고·발전 시설 및 공작창工作廠 등 부속 시설물의 부지를 의미한다.

⑯ **제방 / 제堤**: 조수·자연유수自然流水·모래·바람 등을 막기 위하여 설치된 방조제·방사제·방파제 등을 일컫는다.

⑰ **하천 / 천川**: 자연의 유수流水가 있거나 있을 것으로 예상되는 토지를 말한다.

⑱ **구거 / 구溝**: 용수用水 또는 배수排水를 위하여 일정한 형태를 갖춘 인공적인 수로·둑 및 그 부속 시설물의 부지와 자연의 유수流水가 있거나 있을 것으로 예상되는 소규모 수로 부지.

⑲ 유지溜地 / 유溜: 물이 고이거나 상시로 저장하고 있는 댐·저수지·소류지·호수·연못 등의 토지와 연·왕골 등이 자생하는 배수가 잘되지 아니하는 토지를 총칭한다.

⑳ 양어장 / 양養: 육상에 인공으로 조성된 수산 생물의 번식 또는 양식을 위한 시설을 갖춘 부지를 뜻한다.

㉑ 수도용지 / 수水: 물을 정수하여 공급하기 위한 취수·저수·도수·정수·송수 및 배수 시설의 부지를 의미한다.

㉒ 공원 / 공公: 일반 공중의 보건·휴양 및 정서 생활에 이용하기 위한 시설을 갖춘 토지로서, 국토의 계획 및 이용에 관한 법률에 따라 공원 또는 녹지로 결정·고시된 토지를 말한다.

㉓ 체육용지 / 체體: 국민의 건강 증진 등을 위한 체육 활동에 적합한 시설과 형태를 갖춘 종합운동장·실내체육관·골프장·승마장·경륜장 등을 총칭한다.

㉔ 유원지 / 원園: 일반 공중의 위락·휴양 등에 적합한 시설물을 종합적으로 갖춘 수영장·유선장遊船場·낚시터·어린이놀이터·동물원·식물원·민속촌·경마장 등의 토지를 의미한다.

㉕ 종교용지 / 종宗: 일반 공중의 종교 의식을 위하여 예배·법요·설교·제사 등을 하기 위한 교회·사찰·향교 등과 같은 건축물의 부지를 일컫는다.

㉖ 사적지 / 사史: 문화재로 지정된 유적·고적·기념물 등을 보존하기 위하여 구획된 토지를 뜻한다.

㉗ 묘지 / 묘墓: 사람의 시체나 유골이 매장된 토지 도시 공원 및 녹지.

㉘ 잡종지 / 잡雜: 지목의 종류 중 하나로 갈대밭, 실외에 물건을 쌓아두는 곳, 돌을 캐는 곳, 흙을 파내는 곳, 야외 시장, 비행장, 공동 우물 및 다른 지목에 속하지 않는 토지를 말한다.

02 건축물대장 보는 방법

'건축물대장'이란 건축물의 자세한 현황을 보여주는 서류다. 해당 건물의 주인은 누구이고 빚이 얼마 있는지 알려주는 서류가 등기사항전부증명서(구 등기부등본)라면, 건축물대장은 해당 건물의 상태는 어떤지 알려준다. 심지어 내진설계 여부도 알려주기까지 한다.

건축물대장을 보는 방법은 복잡하지 않다. 어려운 법률 용어도 없고, 기본 사항만 간략하게 정리하기 때문이다.

건축물대장을 볼 때 핵심적인 사항은 위반 건축물 여부와 용도구분 이렇게 두 가지다. 나머지 것들은 다 부차적인 것들이기 때문에 자세히 들여다 볼 것 까지는 없다. '백문이 불여일견'이라고 했다. 실제 건축물대장 사례를 살펴보도록 하자.

| 실제 건축물대장 사례 |

사례 1. 문제가 없는 건축물대장

해당 건물은 서울시 도봉구에 있는 ○○빌라 202호의 건축물대장이다. 특별히 문제가 되는 것이 없는 일명 깨끗한 건축물대장이라 볼 수있다. 항목별로 살펴보도록 하자.

① 해당 부동산의 개요: 부동산의 주소가 표시된다.

② 전유부분 용도/면적

전유부분, 즉 집안의 실제 내부 공간이 표시된다. 사례에서는 면적은 전용면적 49.37㎡(약 15평), 용도는 도시형생활주택 즉 주택용도로 표시되어 있다.

사례 2. 문제가 있는 건축물대장

앞서 건축물대장을 통해 확인해 봐야 하는 두 가지 사항을 알아보았
다. 이 두 가지 문제를 동시에 가지고 있는 실제 사례를 보자. 옛날 빌
라가 많은 허름한 주택가에는 이런 건물이 아주 많다.

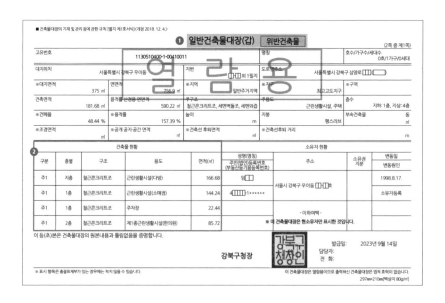

① 위반 건축물 여부

위반 건축물을 쉽게 표현하면 불법 확장이라 보면 된다. 옥탑방을 확장하거나 베란다를 증축하는 식이다. 사무실 용도로 설계하고 건축 허가를 받았는데 원룸 또는 고시원으로 만드는 경우도 이에 해당한다.

위반 건축물 여부를 확인하는 방법은 아주 쉽다. 나라에서는 위반 건축물 여부를 빠르게 확인할 수 있도록 문서 제목 옆에 큼직하게 적어 놓는다. 컬러 프린터로 뽑으면 심지어 노란 바탕에 검은 글씨로 표시되어 안 볼 수 없도록 해 놓았다.

② 용도 구분

건물은 설계하고 지을 때 공간별로 어떤 용도인지 허가를 미리 받게 되어 있다. 사례를 보면 지층(지하층)은 다방, 1층은 소매점과 주차장, 2층은 한의원으로 허가받았다. 주택 용도는 하나도 없다. 원칙적으로 이 건물에는 주거용으로 전세, 월세를 놓을 수 없다. 용도에 맞지 않게 사용하는 것 역시 위반 건축물로 표기된다.

결론적으로 초급 학습 단계에서는 건축물대장을 볼 때, 문서 제목 옆에 '위반 건축물'이 표기되어 있는지, 내가 전세나 월세 계약을 하려고 하는 층이 주택용으로 되어 있는지만 보면 된다.

│ 건축물대장 발급 방법 │

건축물대장 발급 방법은 어떻게 될까? 우리의 영원한 희망, 정부24 사이트에서 진행하면 된다. 건축물대장을 발급 받는 방법은 다음과 같다.

① 정부24 사이트 접속 및 검색하기

보이는 바와 같이 정부24 사이트에서 검색어를 '건축물대장'으로 하면 열람 및 발급이 나온다. 이중에서 열람을 선택하면 된다. 고맙게도 인터넷으로 신청하면 무료로 이를 발급 받을 수 있다.

② 건축물대장 발급하기 누르기

맨 아래에 있는 발급하기를 누른다.

③ 건물소재지 검색 버튼 클릭하기

건축물대장(발급), 건축물대장(열람) 항목 중에서 선택하는 메뉴가 있고 같은 페이지 아래에 열람을 원하는 건물의 주소를 입력하도록 빈칸이 나온다.

여기서 주의할 점! 주소 입력칸에 글자를 입력하려고 하면 키보드를 인식하지 않는다. 주소 입력칸 옆에 있는 '검색'을 눌러야 그때 추가적으로 주소 검색화면이 나오고 입력이 가능해진다.

④ 해당 주소지 입력하기

예를 위해 강남구 대치동 은마아파트를 한 번 입력해 보겠다. 검색하기를 누르면 바로 아래에 06284라는 우편번호가 나오고 옆에 도로명주소와 지번이 표시된다.

여기에 함정이 하나 있다. 검색된 주소를 클릭해도 반응이 전혀 없다는 것. '내가 뭘 잘못 눌렀나?', '키보드에 이상이 있나?'하고 고민할 것 없다. 맨 아래에 있는 '행정처리기관'을 클릭해야 비로소 홈페이지가 반응하기 때문이다.

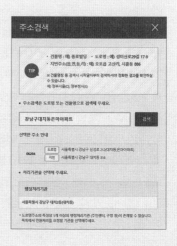

⑤ 민원 신청하기

어떤 서류를 원하는지 선택한 다음 왼쪽 아래의 '민원신청하기' 버튼을 클릭하면
건축물대장이 나오게 된다.

정부24 사이트 외에도 서울특별시는 '세움터'라는 서울시 운영 사이트를 이용해
서 건축물 대장 발급을 받을 수 있다.

 BONUS TIP! | **부동산 거래에서 위반 건축물을 피해야 하는 이유**

위반 건축물은 은행에서 전세, 월세 계약 시 필요한 금액을 대출 해주지 않는다. 전세 계
약의 필수 옵션인 보증 보험 역시 불가능하다. 게다가 소유주에게는 '이행강제금'이라는
것이 부과된다. 여기서 '이행강제금'이란 불법 증축된 부분을 없애는 시점까지 계속 내도
록 하는 벌금을 뜻한다. 말 그대로 이행을 강제하도록 하는 장치인데, 위반 건축물은 이
러한 벌금을 1년에 한 번씩 정기적으로 내야 한다. 옛날에는 불법 증축물 양성화 조치가
이루어져 마치 대통령이 광복절 대사면을 해주듯 위반 건축물 대사면을 해주는 일도 있
었다. 어떤 위반 건축물들은 운 좋게도 5년만 이행강제금을 납부한 것으로 추가적인 납
부를 면제받기도 했었다. 현재의 위반 건축물 소유주들 역시 언젠가 이루어질 특별대사
면을 기다리는 경우가 많은데, 그 시점이 언제가 될지는 아무도 모른다. 마음 졸일 것 없
이 위반 건축물에 대해서는 어떠한 형태가 되었든 거래를 안 하는 것이 가장 좋다.

놓치면 큰일 나는 중개대상물 확인·설명서

매매, 임대를 구분하지 않고 부동산 거래를 하게 되는 경우 부동산 중개업소에서는 의무적으로 중개대상물 확인·설명서를 작성해서 거래 당사자 양측에 교부해야 한다. 다시 말하면, 이 서류는 부동산 거래를 하기 전에는 접해 볼 일이 없다는 뜻이기도 하다.

부동산 사무실은 이 중개대상물 확인·설명서 작성에 심혈을 기울인다. 맨 마지막 페이지에 부동산 중개 수수료가 기재되기 때문이다. 나중에 부동산 수수료를 깎아 달라 요구하면 부동산 사무실에서는 "수수료가 적혀있는 서류에 사인하셨는데, 무슨 말입니까?"라고 할 수 있다.

| 중개대상물 확인·설명서 보는 법 |

중개대상물 확인·설명서는 크게 3부분으로 나뉜다. 우선 첫 번째인 개업공인중개사 기본 확인 사항에는 서류상에 나오는 일반적인 사항들을 옮겨서 정리한다. 다음 부분인 개업공인중개사 세부 확인 사항에서는 해당 부동산의 수도, 전기, 가스 등 서류에는 나오지 않는 주택의 특징들이 기재된다. 마지막 중개보수 등에 관한 사항에는 부동산 중개 수수료가 명시되어 나오고 거래 당사자 인적 사항이 마지막에 표기된다. 계약서와 마찬가지로 중개대상물 확인·설명서는 꼼꼼하게 보면서 사인해야 한다. 뭔가 잘못된 점을 나중에 발견했을 때 "다 알고 사인하셨잖아요?"라고 하면 억울하고 분해도 할 말이 없다.

1. 중개대상물 확인·설명서 표지

■ 공인중개사법 시행규칙[별지 제20호서식] <개정 2021. 12. 31.>   (제1쪽)

중개대상물 확인·설명서[I] (주거용 건축물)

([ ] 단독주택   [√] 공동주택   [√] 매매·교환   [ ] 임대)

❶ 확인·설명 자료	확인·설명 근거자료 등	[ ] 등기권리증 [√] 등기사항증명서 [ ] 토지대장 [√] 건축물대장 [ ] 지적도 [ ] 임야도 [ ] 토지이용계획확인서 [ ] 그 밖의 자료( )
	대상물건의 상태에 관한 자료요구 사항	거래당사자는 위 '확인·설명근거자료 등'에 대한 사항을 발급/열람,검색을 통해 확인하였으며, 물건의 현장답사를 통해 육안으로 확인/ 인지한 후 개업공인중개사가 작성한 아래 9~12쪽에 대한 설명을 통해 각 항목 기재 사항을 확인하고 내용에 동의함

❷

유 의 사 항	
개업공인중개사의 확인·설명 의무	개업공인중개사는 중개대상물에 관한 권리를 취득하려는 중개의뢰인에게 성실·정확하게 설명하고, 토지대장등본, 등기사항증명서 등 설명의 근거자료를 제시해야 합니다.
실제거래가격 신고	「부동산 거래신고 등에 관한 법」제3조 및 같은 법 시행령 별표 1 제1호마목에 따른 실제 거래가격은 매수인이 매수한 부동산을 양도하는 경우 「소득세법」 제97조제1항 및 제7항과 같은 법 시행령 제163조제11항 제2호에 따라 취득 당시의 실제 거래가액으로 보아 양도차익이 계산될 수 있음을 유의하시기 바랍니다.

① 확인·설명 자료

저는 '중개대상물 확인·설명서입니다' 하는 표지 역할이다. 서류를 작성한 근거가 되는 자료는 어떤 것이 있는지 체크 표시된다.

② 유의 사항

부동산 사무실에서는 성실하게 작성할 의무가 있다는 내용으로 별거 없다.

2. 개업공인중개사 기본 확인 사항

I.개업공인중개사 기본 확인사항

❸ ① 대상물건의 표시	토지	소 재 지	서울특별시 도봉구 쌍문동 □□ [ ] 아파트 제101동 제3층 제□호					
		면 적(㎡)	8504㎡		지 목	공부상 지목	대	
						실제 이용 상태	대	
	건축물	전용면적(㎡)	82.09㎡			대지지분(㎡)	8504분의54.48	
		준공년도 (증개축년도)	2005년		용 도	건축물대장상 용도	아파트	
						실제 용도	아파트	
		구 조	철근콘크리트구조		방 향		서향 (기준: 거실)	
		내진설계 적용여부	적용		내진능력		있음	
		건축물대장상 위반건축물 여부	[ ] 위반 [√] 적법	위반내용			해당없음	

			소유권에 관한 사항		소유권 외의 권리사항	
❹ ② 권리관계	등기부 기재사항	토지	성명:최□□/생년월일:□□□-□-□□/주소:서울특별시 도봉구 삼양로□□ [ ] 아파트 제□□동 제□층 제□□호	토지	채권최고액 금□□□□□,□□□원 채무자 최□□ 근저당권자 주식회사하나은행110111-0672 538서울특별시 중구 을지로66(을지로2가)(우이동지점)	
		건축물	성명:최□□/생년월일:□□□-□-□□/주소:서울특별시 도봉구 삼양로□□ [ ] 아파트 제□□동 제□층 제□□호	건축물	채권최고액 금□□□□□,□□□원 채무자 최□□ 근저당권자 주식회사하나은행110111-0672 538서울특별시 중구 을지로66(을지로2가)(우이동지점)	
	민간 임대 등록 여부	등록	[ ] 장기일반민간임대주택 [ ] 공공지원민간임대주택 [ ] 그 밖의 유형( )			
			임대의무기간 년	임대개시일		
		미등록	[√] 해당 사항 없음			
	계약갱신 요구권 행사 여부		[ ] 확인(확인서류 첨부) [ ] 미확인 [√] 해당없음			
	다가구주택 확인서류 제출여부		[ ] 제출(확인서류 첨부) [ ] 미제출 [√] 해당없음			

❺ ③ 토지이용 계획, 공법상이용 제한 및 거래규제에 관한 사항 (토지)	지역·지구	용도지역	제2종일반주거지역			건폐율 상한	용적률 상한
		용도지구	역사문화미관지구			23 %	194 %
		용도구역	해당없음				
	도시·군계획 시설	도로(접함) 소로3류(폭8m미만)(접함)	허가·신고 구역여부	[ ] 토지거래허가구역			
			투기지역 여부	[ ] 토지투기지역 [ ] 주택투기지역 [ ] 투기과열지구			
	지구단위계획구역, 그 밖의 도시·군관리계획	없음		그 밖의 이용제한 및 거래규제사항	가축사육제한구역 상대보호구역 절대보호구역 대공방어협조구역 과밀억제권역		

❻ ④ 입지조건	도로와의 관계	(28.9m × 7.7m)도로에 접함 [√] 포장 [ ] 비포장		접근성	[√] 용이함 [ ] 불편함			
	대중교통	버 스	(서라벌중학교)정류장,	소요시간: ([√] 도보, [ ] 차량) 약 1분				
		지하철	(솔밭공원)역,	소요시간: ([√] 도보, [ ] 차량) 약 3분				
	주차장	[ ] 없음 [ ] 전용주차시설 [√] 공동주차시설 [ ] 그 밖의 주차시설 ( )						
	교육시설	초등학교	(백운초등)학교,	소요시간: ([√] 도보, [ ] 차량) 약 2분				
		중 학 교	(효문중)학교,	소요시간: ([√] 도보, [ ] 차량) 약 8분				
		고등학교	(효문고등)학교,	소요시간: ([√] 도보, [ ] 차량) 약 8분				
	판매 및 의료시설	백화점 및 할인매장	(이마트에브리데이),	소요시간: ([√] 도보, [ ] 차량) 약 6분				
		종합의료시설	(한일병원),	소요시간: ([ ] 도보, [√] 차량) 약 15분				

❼ ⑤ 관리에 관한사항	경비실	[√] 있음 [ ] 없음	관리주체	[√] 위탁관리 [ ] 자체관리 [ ] 그밖의유형	

❽ ⑥ 비선호시설(1Km이내)	[√] 없음 [ ] 있음 (종류 및 위치:	)

⑨	⑦ 거래예정금액 등	거래예정금액				₩680,000,000
		개별공시지가(㎡당)		3,828,000 원	건물(주택) 공시가격	382,000,000 원
⑩	⑧ 취득시 부담할 조세의 종류 및 세율	취득세	1~12%	농어촌특별세	0.1~1.2%	지방교육세 0.1~0.4 %
		※ 재산세와 종합부동산세는 6월 1일 기준 대상물건 소유자가 납세의무를 부담				

③ 대상물건의 표시

해당 부동산의 주소와 면적, 준공년도 등이 표시된다. 이 부분은 건축물대장을 확인하여 기입한다.

④ 권리관계

부동산에 대해 소유주는 누구이고 대출이 있다면 얼마인지를 나타낸다. '권리관계'라는 말이 어렵게 느껴질 수 있는데, 쉽게 말하면 '이 부동산에 대해 권리가 있는 사람은 누구누구인가?'를 가리킨다고 보면 된다.

⑤ 토지이용계획, 공법상 이용 제한 및 거래규제에 관한 사항(토지)

해당 부동산에 대해 건폐율과 용적률이 어떻게 적용되는지를 주요 내용으로 한다. 전세와 월세 같은 임대차 거래를 할 때에는 크게 중요하지 않으나, 재개발이나 재건축을 기대하면서 매매를 하는 경우 매우 중요하다. 나머지 사항을 보면 투기 지역 여부, 허가, 신고 구역 여부를 표시하도록 되어 있는데 역시 임대거래에서는 신경 쓸 것 없고 매매할 때는 개별 확인이 필요하다. 서울은 부동산 가격이 급등하는 지역에 대해 '토지거래허가'를 받아야 거래 가능한 경우가 있다.

⑥ 입지조건

근처에 대중교통, 학교, 마트, 병원 등 어떤 시설이 있는지 표기한다.

⑦ 관리에 관한 사항

경비실 여부, 경비실 관리주체를 안내한다.

⑧ 비선호시설

반경 1Km이내에 혐오시설이 있는지 표기한다. 단, 비선호시설의 종류는 따로 정해진 것이 없다는 허점이 있다.

⑨ 거래예정 금액 등

매매의 경우에는 전체 매매 가격, 전세 또는 월세는 보증금을 적는다.

⑩ 취득 시 부담할 조세의 종류 및 세율

부동산을 사게 될 때 부과되는 세금을 안내한다. 주택 보유 여부에 따라 세금이 달라지기 때문에 최저치에서 최대치를 함께 적어서 범위를 안내한다.

3. 개업공인중개사 세부 확인 사항

Ⅱ. 개업공인중개사 세부 확인사항

❶ ⑨ 실제권리관계 또는 공시되지 않은 물건의 권리 사항

해당없음

❷ ⑩ 내부·외부 시설물의 상태 (건축물)	수 도	파손여부	[√] 없음 [ ] 있음 (위치)		
		용수량	[√] 정상 [ ] 부족함 (위치:)		
	전 기	공급상태	[√] 정상 [ ] 교체필요(교체할 부분:)		
	가스(취사용)	공급방식	[√] 도시가스 [ ] 그 밖의 방식 ( )		
	소 방	단독경보형감지기	[ ] 없음 [ ] 있음(해당없음)	※「화재예방, 소방시설 설치·유지 및 안전관리에 관한 법률」 제8조 및 같은 법 시행령 제13조에 따른 주택용 소방시설로서 아파트(주택으로 사용하는 층수가 5개층 이상인 주택을 말한다)를 제외한 주택의 경우만 작성합니다.	
	난방방식 및 연료공급	공급방식	[ ] 중앙공급 [√] 개별공급	시설작동 [√] 정상 [ ] 수선필요( ) ※개별공급인 경우 사용연한 ( ) [√] 확인불가	
		종 류	[√] 도시가스 [ ] 기름 [ ] 프로판가스 [ ] 연탄 [ ] 그밖의종류( )		
	승강기		[√] 있음 ([√] 양호 [ ]불량) [ ] 없음		
	배 수		[√] 정상 [ ] 수선필요 ( )		
	그 밖의 시설물				

❸ ⑪ 벽면 · 바닥면 및 도배상태	벽면	균열	[√] 없음 [ ] 있음 (위치:)
		누수	[√] 없음 [ ] 있음 (위치:)
	바닥면		[ ] 깨끗함 [√] 보통임 [ ] 수리필요 (위치:)
	도배		[ ] 깨끗함 [√] 보통임 [ ] 도배필요
❹ ⑫ 환경조건	일조량		[ ] 풍부함 [√] 보통임 [ ] 불충분 (이유:)
	소음		[ ] 아주 작음 [√] 보통임 [ ] 심한 편임 　진 동　 [ ] 아주 작음 [√] 보통임 [ ] 심한 편임

① 실제권리관계 또는 공시되지 않은 물건의 권리사항

서류로 나타나지 않는 권리관계가 어떤 것이 있는지를 표기한다. 대부분은 서류로 확인 가능하지만, '유치권'이라는 권리는 서류에 나오지 않는다. 참고로 유치권이란 공사를 했는데 공사대금이 지급되지 않는 경우 행사하는 권리다. 실제로는 9번 항목은 99%이상 '해당 없음'이라 보면 된다.

② 내부·외부 시설물의 상태 (건축물)

해당 부동산에 대해 수도, 전기, 가스 등이 정상적으로 작동하는지 표기한다. 부동산 사무실에서 직접 가서 확인하도록 만든 장치이기도 하다. 참고로 양호 또는 불량은 지극히 주관적인 기준이라 필자는 작동이 되기만 하면 '양호'라고 표시한다.

③ 벽면·바닥면 및 도배상태

도배나 장판에 문제가 없는지 확인하는 항목이다. 일반적으로 벽면에 누수가 없고 도배나 장판이 되어 있기만 하면 '보통'이라고 표기한다. 이 항목은 워낙 주관적 판단의 영역이기 때문에 매수자 또는 세입자가 직접 눈으로 확인해야 한다.

④ 환경조건

일조량과 소음, 진동이 어떠한가를 나타낸다. 역시 주관적 기준이기 때문에 웬만하면 보통으로 표기된다. 감각 예민한 분들은 벽면과 마찬가지로 직접 눈으로, 귀로 확인해야 한다.

4. 중개보수 등에 관한 사항

Ⅲ. 중개보수 등에 관한 사항

① ⑬ 중개보수 및 실비의 금액과 산출내역	중개보수		2,720,000 원	<산출내역> 중개보수 :
	실비		0 원	(680,000,000원) × 0.40%
	계		2,992,000 원 (부가세(272,000) 포함)	실비 :
	지급시기	잔금시		※ 중개보수는 시·도 조례로 정한 요율한도에서 중개의뢰인과 개업공인중개사가 서로 협의하여 결정하며 부가가치세는 별도로 부과될 수 있습니다.

「공인중개사법」 제25조제3항 및 제30조제5항에 따라 거래당사자는 개업공인중개사로부터 위 중개대상물에 관한 확인·설명 및 손해배상책임의 보장에 관한 설명을 듣고, 같은 법 시행령 제21조제3항에 따른 본 확인·설명서와 같은 법 시행령 제24조제2항에 따른 손해배상책임 보장 증명서류(사본 또는 전자문서)를 수령합니다.

① 중개보수 및 실비의 금액과 산출내역

부동산 중개 수수료에 대한 내역이 정리된다. 이 서류에 사인한다는 것은 부동산사무소와 부동산중개수수료에 대해 합의되었다는 것을 의미한다. 나중에 수수료를 깎아달라고 하는 것보다 처음에 이 서류를 보면서 조금 깎아달라고 하는 것이 좋다.

여기까지가 중개대상물 확인·설명서 관련 내용이었다. 이번 기회에 한 번 꼼꼼히 살펴본다면 앞으로 있을 당신의 모든 부동산 거래는 축복받을 것이다.

PART

3

부동산 중개를 하고 계약서를 작성할 때, 웬만하면 모든 경우를 다 대비해서 계약서를 작성하는 것이 좋다. 문제는 우리나라 사람들의 정서가 그에 맞지 않는다는 것이다. "뭐 큰 계약도 아닌데 그런 것까지 적어놓을 필요가 있나?", "나중에 둘이 잘 알아서 할 테니까, 그런 건 굳이 적을 필요 없다!"는 식이다. 좋은 게 좋은 거라며, 융통성 있게 넘어가자는 인심 좋고 정 많은 한국인의 특성이라 이해하고 넘어가기에는 어딘가 찜찜한 부분이 있다. 하지만 당사자들이 서로 알아서 하겠다고 하는데 부동산 중개인은 굳이 나설 이유는 없다.

그래서 보통 "그렇다면 이 부분은 나중에 알아서 협의하시는 걸로 하고, 계약서 내용에는 생략할게요!"라고 말하며 대충 넘어간다. 그러나 부동산 계약서를 대충 쓰고 계약하기에는 금액이 너무 크다. 전문적인 부동산 투자자가 아니면 자주 접하는 서류가 아니기에 익숙하지 않고, '부동산 사장님들이 알아서 잘해주시겠지!'하는 마음으로 대충 사인하다가는 위험할 수 있다. 잘 몰라서 손해 보는 일이 없도록 이번 기회를 이용하여 부동산 계약서를 마스터해보기로 하자.

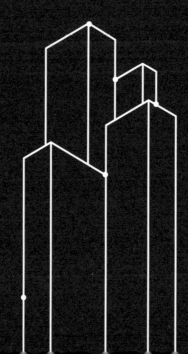

01 부동산 계약 기초 상식

부동산 계약의 종류는 크게 세 가지다. 부동산을 사고파는 '부동산 매매 계약', 부동산을 전세로 거래하는 '부동산 전세 계약', 그리고 부동산을 월세로 거래하는 '부동산 월세 계약'이 바로 그것이다. 그렇다면 반전세는 어떤 계약일까? 반전세 계약은 굳이 따져보면 일반 월세 계약으로 처리한다. 우리가 매장에 들어가면 '고객님'이라 불리고, 경찰서에 들어가면 '선생님'으로 불리듯 부동산 계약 당사자에 대한 호칭도 계약에 따라 달라진다.

| 부동산 계약 시 호칭 |

① 매매 계약 시 호칭

매도인: 부동산을 파는 사람(기존 부동산 소유주)

매수인: 부동산을 사는 사람(신규 부동산 소유주)

매도는 물건을 판다는 뜻이고, 매수는 물건을 산다는 뜻이니 부동산 계약에서 매도인과 매수인은 각각 부동산을 파는 사람, 사는 사람으로 구분할 수 있다. 흔하지는 않지만 매도인을 양도인, 매수인을 양수인으로 호칭하는 경우도 있다. 부동산을 팔 때 내는 세금이 '양도소득세'임을 감안하면 양도라는 단어는 물건을 파는 것을 가리킨다는 점을 금방 이해할 수 있을 것이다.

② 전세 계약 시 호칭
임대인: 전세를 놓는 집주인   **임차인**: 전세를 얻는 세입자

전세는 집주인은 바뀌지 않고 전세를 얻어 들어오는 계약을 가리킨다. 집주인은 임대를 놓는 임대인이라하고 전세를 얻어 들어오는 사람은 임차인이라 부른다. 임차인은 세입자라고도 한다.

③ 월세 계약 시 호칭
임대인: 월세를 놓는 집주인   **임차인**: 월세를 얻는 세입자

부동산 월세 계약 시 호칭은 부동산 전세 계약과 동일하게 임대인과 임차인으로 구분된다. 마찬가지로 세를 얻어들어오는 임차인은 세입자라고도 한다.

| 부동산 계약서의 종류 |

부동산 계약서는 앞서 보았던 3가지 부동산 거래 형태에 따라 세부적인 내용이 달라진다. 예를 들면 매매 계약에서는 거래 당사자가 매도인과 매수인으로 표시되고, 전세와 월세 계약에서는 임대인과 임차인으로 구분된다.

1. 부동산 매매 계약서

오른쪽에 있는 매매 계약서 샘플을 보자. 맨 위에 있는 A 항목은 '부동산의 표시'로서 부동산의 주소와 면적이 나온다. B 항목은 '계약 내용'이 표시된다. 계약 내용은 제1조 목적부터 시작하여 제9조까지 9개의 항목으로 구분되어 부동산 매매 계약의 기본 조건들이 정리된다. 1조 항목에 연결된 표를 보면 매매대금, 계약금, 중도금, 잔금 이렇게 4개의 칸으로 나뉜다.

> **매매대금**: 부동산을 사고 파는 총 거래금액
> **계약금**: 매매 계약을 하겠다는 의미로 주고받는 금액(통상 매매대금의 10%)
> **중도금**: 매매 계약을 계속 진행하겠다는 의미로 주고받는 금액(생략 가능)
> **잔금**: 전체 거래금액(매매대금)에서 계약금, 중도금을 제한 나머지 금액

중간의 빈칸인 특약 사항은 B 항목의 계약 내용에서 미처 다루지 못한 내용이나 거래 당사자간 별도로 합의하는 내용을 적는다. 마지막

부분은 칸 채우기 항목으로서 거래 당사자(매도인, 매수인)의 인적사항을 표시한다. 크게 보면 계약서 윗부분은 일반적인 내용, 중간부분은 별도로 합의하는 내용 마지막 부분은 당사자들의 인적사항 이렇게 구분된다.

부동산 매매 계약서

매도인과 매수인 쌍방은 아래 표시 부동산에 관하여 다음 계약 내용과 같이 매매계약을 체결한다.

1. 부동산의 표시

소 재 지								
토 지	지 목		면 적		㎡	대지권종류		대지권비율
건 물	구 조		용 도				면 적	㎡

2. 계약내용

제1조 [목적] 위 부동산의 매매에 대하여 매도인과 매수인은 합의에 의하여 매매대금을 아래와 같이 지급하기로 한다.

매매대금	금	원	(₩	)
계 약 금	금	원	은 계약시에 지급하고 영수함. ※영수자	(인)
중 도 금	금		은 년 월 일에 지급한다.	
잔 금	금		은 년 월 일에 지급한다.	

제2조 [소유권 이전 등] 매도인은 매매대금의 잔금 수령과 동시에 매수인에게 소유권 이전등기에 필요한 모든 서류를 교부하고 등기절차에 협력하여야 하며, 위 부동산의 인도일은 년 월 일 로 한다.

제3조 [제한물권 등의 소멸] 매도인은 위 부동산에 설정된 저당권, 지상권, 임차권 등 소유권의 행사를 제한하는 사유가 있거나 제세공과금 기타 부담금의 미납 등이 있을 때에는 잔금 수수일까지 그 권리의 하자 및 부담 등을 제거하여 완전한 소유권을 매수인에게 이전한다. 다만, 승계하기로 합의하는 권리 및 금액은 그러하지 아니하다.

제4조 [지방세 등] 위 부동산에 관하여 발생한 수익의 귀속과 제세공과금 등의 부담은 위 부동산의 인도일을 기준으로 하되, 지방세의 납부의무 및 납부책임은 지방세법의 규정에 의한다.

제5조 [계약의 해제] 매수인이 매도인에게 중도금(중도금이 없을때에는 잔금)을 지급하기전 까지 매도인은 계약금의 배액을 상환하고, 매수인은 계약금을 포기하고 본 계약을 해제할 수 있다.

제6조 [채무불이행과 손해배상의 예정] 매도인 또는 매수인은 본 계약상의 내용에 대하여 불이행이 있을 경우, 그 상대방은 불이행 한 자에 대하여 서면으로 최고하고 계약을 해제할 수 있다. 그리고 계약 당사자는 계약해제에 따른 손해배상을 각각 상대방에게 청구할 수 있으며, 손해배상에 대하여 별도의 약정이 없는 한 계약금을 손해배상의 기준으로 본다.

제7조 [중개보수] 개업공인중개사는 매도인 또는 매수인의 본 계약 불이행에 대하여 책임을 지지 않는다. 또한 중개보수는 본 계약 체결에 따라 계약 당사자 쌍방이 각각 지급하며, 개업공인중개사의 고의나 과실없이 본 계약이 무효, 취소 또는 해제 되어도 중개보수는 지급한다. 공동중개인 경우에 매도인과 매수인은 자신이 중개 의뢰한 개업공인중개사에게 각각 중개보수를 지급한다.

제8조 [중개보수 외] 매도인 또는 매수인이 본 계약 이외의 업무를 의뢰한 경우, 이에 관한 보수는 중개보수와는 별도로 지급하며 그 금액은 합의에 의한다.

제9조 [중개대상물확인설명서교부 등] 개업공인중개사는 중개대상물확인설명서를 작성하고 업무보증관계증서 (공제증서 등) 사본을 첨부하여 거래당사자 쌍방에게 교부한다. (교부일자 : 년 월 일)

[특약사항]

본 계약을 증명하기 위하여 계약 당사자가 이의 없음을 확인하고 각각 서명 또는 날인한다.   년 월 일

매도인	주 소					(인)
	주민 등록 번호		전화		성 명	
매수인	주 소					(인)
	주민 등록 번호		전화		성 명	
개업공인중개사	사무소 소재지					
	사무소 명칭				대 표 자 명 서명및날인	(인)
	전 화 번 호		등록 번호		소속공인중개사 서명및날인	(인)

KAR 한국공인중개사협회   한방

2. 부동산 전세 계약서

부동산 전세 계약을 보면 매매 계약과 유사하지만 약간 다르다. A 항목은 '부동산의 표시'로서 매매 계약에서는 부동산의 주소와 면적까지만 나오는 것에 비해 전세 계약에서는 임대할 부분이 추가된다. 아파트나 다세대 주택(빌라)의 경우에는 임대할 부분이 거래되는 ○○동 ○○○호를 가리키기 때문에 특별히 문제될 것은 없지만, 단독 주택이나 원룸 형태의 하숙집(다가구 주택)의 경우 옥탑이나 방1칸만 거래하는 경우가 있기 때문에 임대할 부분이 추가적으로 표시되는 것이다. B 항목 역시 매매와 약간 다르다. 매매와 마찬가지로 계약 내용은 제1조 목적부터 시작하여 제9조까지 9개의 항목으로 구성되어 있지만, 각 조의 항목을 보면 조금씩 다르다. 매매 계약에서는 '매매대금'이라 표시되었으나, 전세 계약에서는 '보증금'으로 바뀐다.

> **보증금**: 부동산 전세 거래의 금액
> **계약금**: 전세 계약을 하겠다는 의미로 주고받는 금액(통상 전세보증금의 10%)
> **중도금**: 전세 계약을 계속 진행하겠다는 의미로 주고받는 금액(생략하는 것이 일반적)
> **잔금**: 전체 거래금액(전세보증금)에서 계약금, 중도금을 제한 나머지 금액

매매 계약에서는 2조의 제목이 '소유권이전등'인 것에 비해 전세 계약에서는 '존속기간'으로 표시된다. 이런 식으로 세부내용이 조금씩 달라지는데 자세한 설명은 따로 준비해 놓았으니, 여기서는 1조부터 9조까지 기본 항목들이 표시된다는 정도만 알고 있으면 충분하다. 매매

와 동일하게 중간 아래 빈칸인 특약사항은 B 항목인 계약 내용에서 미처 다루지 못한 내용이나 거래 당사자간 별도로 합의하는 내용을 적는다. 마지막 부분 역시 거래 당사자의 인적사항을 표시하는데 명칭이 임대인, 임차인으로 바뀐다.

부동산 전세 계약서

임대인과 임차인 쌍방은 아래 표시 부동산에 관하여 다음 계약 내용과 같이 임대차계약을 체결한다.

1. 부동산의 표시

소 재 지								
토 지	지 목		면 적	㎡	대지권종류		대지권비율	
건 물	구 조			용 도			면 적	㎡
임대할부분							면 적	㎡

2. 계약내용

제1조 [목적] 위 부동산의 임대차에 한하여 임대인과 임차인은 합의에 의하여 임차보증금 및 차임을 아래와 같이 지급하기로 한다.

보 증 금	금		원	(₩	)
계 약 금	금	원	은 계약시에 지급하고 영수함. ※영수자		(인)
중 도 금	금		은	년 월	일에 지급한다.
잔 금	금		은	년 월	일에 지급한다.

제2조 [존속기간] 임대인은 위 부동산을 임대차 목적대로 사용할 수 있는 상태로 년 월 일 까지 임차인에게 인도하며, 임대차 기간은 인도일로부터 년 월 일(개월) 까지로 한다.

제3조 [용도변경 및 전대 등] 임차인은 임대인의 동의없이 위 부동산의 용도나 구조를 변경하거나 전대, 임차권 양도 또는 담보제공을 하지 못하며 임대차 목적 이외의 용도로 사용할 수 없다.

제4조 [계약의 해지] 임차인이 제3조를 위반하였을때 임대인은 즉시 본 계약을 해지 할 수 있다.

제5조 [계약의 종료] 임대차 계약이 종료된 경우 임차인은 위 부동산을 원상으로 회복하여 임대인에게 반환한다. 이러한 경우 임대인은 보증금을 임차인에게 반환하고, 연체 임대료 또는 손해배상금이 있을 때는 이들을 제하고 그 잔액을 반환한다.

제6조 [계약의 해제] 임차인이 임대인에게 중도금(중도금이 없을때는 잔금)을 지급하기 전까지 임대인은 계약금의 배액을 상환하고, 임차인은 계약금을 포기하고 이 계약을 해제할 수 있다.

제7조 [채무불이행과 손해배상의 예정] 임대인 또는 임차인은 본 계약상의 내용에 대하여 불이행이 있을 경우 그 상대방은 불이행 한 자에 대하여 서면으로 최고하고 계약을 해제 할 수 있다. 이 경우 계약 당사자는 계약해제에 따른 손해배상을 각각 상대방에게 청구 할 수 있으며, 손해배상에 대하여 별도의 약정이 없는 한 계약금을 손해배상의 기준으로 본다.

제8조 [중개보수] 개업공인중개사는 임대인 또는 임차인의 본 계약 불이행에 대하여 책임을 지지 않는다. 또한 중개보수는 본 계약 체결에 따라 계약 당사자 쌍방이 각각 지급하며, 개업공인중개사의 고의나 과실 없이 본 계약이 무효, 취소 또는 해제 되어도 중개보수는 지급한다. 공동중개인 경우에 임대인과 임차인은 자신이 중개 의뢰한 개업공인중개사에게 각각 중개보수를 지급한다.

제9조 [중개대상물확인설명서교부 등] 개업공인중개사는 중개대상물확인설명서를 작성하고 업무보증관계증서 (공제증서 등) 사본을 첨부하여 거래당사자 쌍방에게 교부한다. (교부일자 : 년 월 일)

[특약사항]

본 계약을 증명하기 위하여 계약 당사자가 이의 없음을 확인하고 각각 서명 또는 날인한다. 년 월 일

임대인	주 소					
	주민 등록 번호		전화		성명	(인)
임차인	주 소					
	주민 등록 번호		전화		성명	(인)
개업공인중개사	사무소 소재지					
	사무소 명칭				대 표 자 명 서명및날인	(인)
	전 화 번 호		등록 번호		소속공인중개사 서명및날인	(인)

KAR 한국공인중개사협회   한빛

3. 부동산 월세 계약서

월세 계약은 전세 계약과 매우 유사하다. 차이가 있다면 B 항목의 계약 내용에 이어지는 표에서 '차임' 항목이 추가되는 것(월세를 월세라 하지 않고 차임이라 부른다). 나머지는 전세 계약과 동일하게 구성되어 있다.

부동산 계약서
집중 해설

| 부동산 매매 계약서 |

부동산 매매 계약서는 부동산을 사고파는 거래, 즉 매매 거래에 사용된다. 앞서 대략적인 요약에 더해 조금 더 자세하게 계약서 양식을 살펴보도록 하자.

1. 부동산의 표시

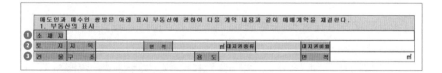

> **① 소재지**
>
> 거래되는 부동산의 주소를 가리키며, 등기사항전부증명서(등기부등본)에 표기된 그대로 기입해야 한다. 아직 대한민국의 도로명주소 시스템이 완전히 정착

되지 않았기에 부동산 계약서에서 거래 대상의 부동산 주소는 옛날처럼 ○○시 ○○동 ○○○-○○○번지 형식으로 적어야 한다.

② 토지(지목/면적/대지권 종류/대지권 비율)

부동산이 위치한 토지에 대해 용도와 면적 등을 정리하는 항목이며, 주택 거래할 때 특별히 주의할 것까지는 없다. 참고로 면적 항목은 토지에서 한 번, 건물에서 또 한 번 각각 등장한다. 토지 항목에 있는 면적은 건물이 들어선 토지의 전체 면적을 가리키고, 건물 항목에서의 면적은 전용면적(공간의 내부 크기)을 표기한다.

③ 건물(구조/용도/면적)

건축물대장에 표시된 내용을 옮겨 적는 항목이다. 건물이 벽돌로 지은 벽돌조(연와조)인지, 철근과 콘크리트로 지은 철근콘크리트조인지 표기한다. 용도는 주택일 경우 주거용, 상가는 업무용으로 표기하는 것이 일반적이다. 면적은 내부면적(전용면적)을 표기한다.

BONUS TIP! | **근린생활시설을 주의하라**

어떤 건물은 1층과 2층이 근린생활시설이고, 3층은 주택인 경우가 있다. 2층을 계약할 때 현재 사용하는 용도가 주거용이라 해도 계약서 상에는 건축물대장에 표시된 그대로 근린생활시설이라고 해야 한다. 이때 주의해야 할 것은 바로 은행 대출이다. 은행에서 대출을 심사할 때 주택의 용도가 근린생활시설인 경우 대출이 거부된다. 실제 주택으로 사용하고 있다고 해도 서류상에는 주택이 아니기 때문이다. 경험이 많은 부동산은 이런 것들을 사전에 발견하는데, 확인을 게을리 하는 부동산에서는 이것 때문에 대출을 못 받아 문제가 되는 경우가 많다. 부동산 사장님들의 실력이 개인차가 심하기 때문에 반드시 계약 전 본인이 꼼꼼하게 확인해야 한다.

2. 계약 내용

2. 계약내용							
제1조 [목적] 위 부동산의 매매에 대하여 매도인과 매수인은 합의에 의하여 매매대금을 아래와 같이 지급하기로 한다.							
❶ 매매대금	금		원	(₩	)		
❷ 계 약 금	금		원	은 계약시에 지급하고 영수함. ※영수자			(인)
❸ 중 도 금	금			은	년	월	일에 지급한다.
❹ 잔 금	금			은	년	월	일에 지급한다.

① 매매대금

총 매매 금액을 말한다.

② 계약금

계약금은 매매를 진행하기 위해 전체 매매대금에서 일정 부분을 미리 납부하는 것을 의미한다. 보통의 경우 계약금은 전체 매매대금의 10%로 정해진다. 즉, 주택을 5억 원에 거래한다면 계약금은 10%인 5천만 원으로 하는 것이 일반적이다. 3억 원짜리 집을 사는데 계약금을 10만 원으로 책정하는 일은 없다.

③ 중도금

계약금 이외에 계약 기간 중간에 납입하는 금액을 가리킨다. 중도금은 꼭 정해야 할 필요는 없고, 양측이 협의하여 결정하면 된다. 실무에서는 10억 원을 넘는 큰 거래 금액이거나 계약부터 잔금까지 기간이 4개월 초과하는 장기간이라면 중간에 중도금을 넣는 경우가 많다.

중도금은 '이 계약은 절대 깰 수 없음'을 의미한다. 즉, 계약금만 들어간 상태에서는 손해를 보더라도 매도자, 매수자 어느 한 쪽이 변심한 경우 계약을 마음대로 취소시킬 수 있지만 중도금이 들어가면 상대방의 동의 없이 계약을 깰 수는 없다.

중도금은 총 거래금액의 대략 20~30%로 정하는 것이 보통이다. 5억 원의 주택을 거래한다면, 계약금은 10%인 5천만 원, 중도금은 20%인 1억 원, 잔금은 나머지 3억 5천만 원으로 하면 된다.

④ 잔금

이미 납입된 계약금과 중도금을 제외한 나머지 금액이다. 잔금을 낸다는 것은 쉽게 말해 물건 값을 다 치르고 그 집의 주인이 된다는 것을 의미한다. 주택을 매수한 경우라면 잔금을 낸 이후 셀프 등기 또는 법무사 서비스를 통해 명의변경을 진행할 수 있다.

3. 계약 일반 조항

제2조부터 제9조까지는 C 항목에 해당되는 계약과 관련된 일반 사항이다. 실제 실무에서는 이 조항들을 수정할 수 없다. 왜냐하면 부동산 사장님들이 쓰는 '한방'이라는 전산프로그램에 일부만 수정 가능하고 나머지 는 수정 불가능하기 때문이다. 글씨도 작고 원래 적혀 있는 조항들이기 때문에 그냥 지나칠 수도 있지만 모르면 안 되는 몇 가지 항목들이 있기에 자세히 살펴보는 것이 좋다.

❶ 제2조 [소유권 이전 등] 매도인은 매매대금의 잔금 수령과 동시에 매수인에게 소유권 이전등기에 필요한 모든 서류를 교부하고 등기절차에 협력하여야 하며, 위 부동산의 인도일은　　　　년　　월　　일　　로 한다.

❷ 제3조 [제한물권 등의 소멸] 매도인은 위 부동산에 설정된 저당권, 지상권, 임차권 등 소유권의 행사를 제한하는 사유가 있거나 제세공과금 기타 부담금의 미납 등이 있을 때에는 잔금 수수일까지 그 권리의 하자 및 부담 등을 제거하여 완전한 소유권을 매수인에게 이전한다. 다만, 승계하기로 합의하는 권리 및 금액은 그러하지 아니하다.

❸ 제4조 [지방세 등] 위 부동산에 관하여 발생한 수익의 귀속과 제세공과금 등의 부담은 위 부동산의 인도일을 기준으로 하되, 지방세의 납부의무 및 납부책임은 지방세법의 규정에 의한다.

❹ 제5조 [계약의 해제] 매수인이 매도인에게 중도금(중도금이 없을때에는 잔금)을 지급하기전 까지 매도인은 계약금의 배액을 상환하고, 매수인은 계약금을 포기하고 본 계약을 해제할 수 있다.

❺ 제6조 [채무불이행과 손해배상의 예정] 매도인 또는 매수인은 본 계약상의 내용에 대하여 불이행이 있을 경우, 그 상대방은 불이행 한 자에 대하여 서면으로 최고하고 계약을 해제할 수 있다. 그리고 계약 당사자는 계약해제에 따른 손해배상을 각각 상대방에게 청구할 수 있으며, 손해배상에 대하여 별도의 약정이 없는 한 계약금을 손해배상의 기준으로 본다.

❻ 제7조 [중개보수] 개업공인중개사는 매도인 또는 매수인의 본 계약 불이행에 대하여 책임을 지지 않는다. 또한 중개보수는 본 계약 체결에 따라 계약 당사자 쌍방이 각각 지급하며, 개업공인중개사의 고의나 과실없이 본 계약이 무효, 취소 또는 해제 되어도 중개보수는 지급한다. 공동중개인 경우에 매도인과 매수인은 자신이 중개 의뢰한 개업공인중개사에게 각각 중개보수를 지급한다.

❼ 제8조 [중개보수 외] 매도인 또는 매수인이 본 계약 이외의 업무를 의뢰한 경우, 이에 관한 보수는 중개보수와는 별도로 지급하며 그 금액은 합의에 의한다.

❽ 제9조 [중개대상물확인설명서교부] 개업공인중개사는 중개대상물확인설명서를 작성하고 업무보증관계증서 (공제증서 등) 사본을 첨부하여 거래당사자 쌍방에게 교부한다. (교부일자 :　　년　　월　　일)

① **제2조 [소유권이전 등]** 매도인은 매매대금의 잔금 수령과 동시에 매수인에게 소유권 이전 등기에 필요한 모든 서류를 교부하고 등기절차에 협력 하여야 하며, 위 부동산의 인도일은 __년__월__일로 한다.

제2조는 소유권 이전과 관련된 내용이다. 즉 부동산 명의가 매도자에서 잔금을 치른 매수자에게 넘어가는 것인데, 이때 매도인은 소유권이전(명의변경)에 필요한 협조를 해야 한다는 말이다. 집을 파는 매도인은 등기권리증(집문서), 인감증명서, 인감도장, 주민등록 등초본 등을 준비해야 한다. '인도일'이란 집 열쇠를 넘겨주는 것을 가리킨다. 장롱, 책상 등 기존의 짐도 다 깨끗하게 치워야 한다는 뜻이기도 하다.

② **제3조 [제한물권 등의 소멸]** 매도인은 위 부동산에 설정된 저당권, 지상권, 임차권 등 소유권의 행사를 제한하는 사유가 있거나, 제세 공과금과 기타 부담금의 미납 등이 있을 때에는 잔금 수수일까지 그 권리의 하자 및 부담 등을 제거하여 완전한 소유권을 매수인에게 이전한다. 다만 승계하기로 합의하는 권리 및 금액은 그러하지 아니하다.

간략하게 정리하면 해당 부동산에 대해 대출, 세금 체납 등을 잔금일까지 깔끔하게 정리하라는 내용이다. 매도인은 집을 담보로 대출을 받았거나, 주택에 대해 재산세 등이 납부되지 않았다면 이를 정리해야 한다. 만약 권리관계가 깨끗하게 정리되지 않으면 매수인과 부동산 사장님이 거칠어질 수 있다. 일반적인 경우 잔금 납부일 아침에 부동산 등기부(등기사항전부증명서)를 뽑아보고 대출을 다 갚았는지 미리 확인하기 때문에 실제 분쟁이 생기는 일은 별로 없다. 혹시 집을 살때 지금 전세를 누군가 다른 사람이 살고 있는 상태에서 거래하는 경우, 전세보증금은 제3조에 명시된 '승계하기로 합의하는 권리 및 금액'에 해당한다.

③ **제4조 [지방세 등] 위 부동산에 관하여 발생한 수익의 귀속과 제세 공과금 등의 부담은 위 부동산의 인도일을 기준으로 하되, 지방세의 납부의무 및 납부책임은 지방세법의 규정에 의한다.**

앞서 보았던 제3조와 유사하다. 파는 사람(매도인)이 세금과 수도, 전기, 가스요금 등을 잔금일 기준으로 다 정리해야 한다는 뜻이다. 참고로 부동산에 대해 지방세가 부과되는 것은 매년 6월 1일에 소유자가 누구냐 하는 것으로 정해진다. 세금을 고려한다면 6월 1일을 피하는 것이 좋다. 매도자, 즉 파는 입장에서는 5월 31일을 잔금일로 하는 것이 유리하고 매수자는 반대로 6월 2일에 잔금을 치르는 것이 유리하다.

④ **제5조 [계약의 해제] 매수인이 매도인에게 중도금(중도금이 없을 때는 잔금)을 지급하기 전까지 매도인은 계약금의 배액을 상환하고, 매수인은 계약금을 포기하고 본 계약을 해제할 수 있다.**

제5조의 문장은 간단하게 되어 있으나 부동산에서 가장 많이 분쟁이 발생하는 내용이기도 하다. 계약금을 넣었는데, 매도자 또는 매수자 한쪽에서 변심하는 경우가 많기 때문이다. 계약금을 내고 계약했는데 24시간이 지나기 전에 취소했으니 계약금을 다시 돌려달라고 하거나, 은행 대출을 받을 수 있을 줄 알고 계약했는데 알고 보니 은행에서 대출이 거절되었을 때 계약금을 돌려달라고 하는 등 유형은 다양하다. 계약금 관련해서는 따로 길게 정리를 해보도록 하겠고 우선 기본원칙만 간략히 정리하면 이렇다.

Check 1. 계약을 깨고 싶을 때 발생하는 손해

계약금을 낸 사람(매수인)

계약금이 일단 들어간 다음에는 계약을 취소하려면 계약금은 전액 몰수된다. 본인 의지로 계약을 취소할 경우 이미 낸 계약금은 돌려받을 수 없다는 말이다.

계약금을 받은 사람(매도인)

계약금을 받았는데 계약을 취소하면 기존 계약금의 2배를 돌려주어야 한다. 만약 계약금을 1천만 원을 받았으면 2천만 원을 주어야 한다.

Check 2. 부동산 계약을 24시간 이내에 손해 없이 취소할 수 있을까?

마치 선풍기를 켜고 자면 죽는다는 말처럼 아무 근거 없는 이야기다. 계약은 일단 성립하고 나면 시간과 상관없이 둘 중 한 쪽이 손해를 봐야 깰 수 있다. 계약하고 나서 부동산에 연락해 "내가 너무 성급하게 계약한 것 같아요. 매도인에게 이야기해서 계약 취소할 테니 계약금 돌려달라고 해주세요. 아직 24시간 안 지났으니까 그래도 되잖아요?" 이렇게 이야기하면 안 된다는 말이다. 본인이 잘못 알고 있는 것을 부동산 사장님들에게 주장해서 죄 없는 부동산 난처하게 만들지 말자.

⑤ 제6조 [채무불이행과 손해배상의 예정] 매도인 또는 매수인은 본 계약상의 내용에 대하여 불이행이 있을 경우, 그 상대방은 불이행 한자에 대하여 서면으로 최고하고 계약을 해제할 수 있다. 그리고 계약 당사자는 계약해제에 따른 손해배상을 각각 상대방에게 청구할 수 있으며, 손해배상에 대하여 별도의 약정이 없는 한 계약금을 손해배상의 기준으로 본다.

중도금이나 잔금이 지연되는 경우 어떻게 하느냐에 대한 것인데, 일반적 주택 거래에서는 흔하지는 않다. 혹시 이런 일이 발생하는 경우 제6조에서는 '서면으로 최고하고 계약을 해제할 수 있다'라고 설명한다. 쉽게 말해 내용증명(서면)으로 독촉(최고)하고 계약을 해제할 수 있다는 뜻이다. 상대방이 중도금이나 잔금을 납부하지 않을 때 내용 증명을 보내거나 법적 조치를 취할 수 있으나 가장 좋은 방법은 아니다. 중개해 준 부동산 사장님을 찾아가서 문제 해결을 부탁하는 것이 현실적으로는 가장 좋은 방법이다. 부동산 중개 수수료에 포함된 서비스이기도 하기 때문에 미안해 할 것 없다. 이는 소비자의 정당한 권리다. 부동산 사장님은 머리 아프겠지만!

⑥ **제7조 [중개보수]** 개업공인중개사는 매도인 또는 매수인의 본 계약 불이행에 대하여 책임을 지지 않는다. 또한 중개보수는 본 계약 체결에 따라 계약 당사자 쌍방이 각각 지급하며, 개업공인중개사의 고의나 과실 없이 본 계약이 무효, 취소 또는 해제 되어도 중개보수는 지급한다. 공동중개인 경우에 매도인과 매수인은 자신이 중개 의뢰한 개업공인중개사에게 각각 중개보수를 지급한다. **제8조 [중개보수 외]** 매도인 또는 매수인이 본 계약 이외의 업무를 의뢰한 경우, 이에 관한 보수는 중개보수와는 별도로 지급하며 그 금액은 합의에 의한다.

제7조와 제8조는 부동산중개수수료, 흔히들 말하는 부동산 복비에 대한 규정이다. 많은 소비자들이 오해하는 것이 바로 계약이 취소되면 복비를 안내도 된다는 것인데 그렇지 않다. 부동산 계약이 이루어지고 계약서에 사인하는 순간 부동산 중개 수수료 납부의무는 발생한다. "계약이 취소되어서 손해만 봤는데 무슨 복비냐!" 이렇게 화를 내는 것에 대해 심정은 이해할 수 있지만, 실제 현실에서는 받아들여지지 않는 항변이다.

⑦ **제9조 [중개대상물확인설명서 교부 등]** 개업공인중개사는 중개대상물확인설명서를 작성하고 업무보증관계증서(공제증서 등) 사본을 첨부하여 거래당사자 쌍방에게 교부한다. (교부일자 __년__월__일)

과거 복덕방 시절에는 부동산을 계약하면 계약서만 쓰고 마무리했으나 이제는 그렇지 않다. 해당 부동산에 대한 자세한 사항(건물상태, 인근 편의시설, 도로상태 등)을 정리한 서류, 즉 중개대상물 확인 설명서라는 것을 부동산 사무실에서는 매도자와 매수자 모두에게 교부해야 한다.

4. 특약 사항

특약 사항은 해당 부동산의 거래에 있어 일반 조항들에 포함되어 있지 않은 사항들을 정리하는 칸이다. '한방'이라는 공인중개사 협회 프로그램에서 아파트 매매 계약서를 생성시키면 아래의 특약사항이 기본값으로 찍혀 나온다.

아파트 매매 특약사항 기본값

1. 현 시설 상태에서의 매매 계약이며, 등기사항 증명서를 확인하고, 계약을 체결함.
2. 잔금 납부 시까지의 각종 공과금은 매도자 부담으로 한다.
3. 본 특약 사항에 기재되지 않은 사항은 민법상 계약에 관한 규정과 부동산매매 일반 관례에 따른다.
4. 현 시설물 상태의 계약이나 계약 시에 매도인이 고지하지 않은 부분에 하자가 있을 경우 하자담보책임과는 별개로 매도인은 이를 수리해 주기로 한다.
5. ○○은행 채권최고액 금○○○원 상태의 계약으로 잔금일에 매도인이 상환하고 말소하기로 하며, 매도인은 잔금일까지 채무를 부담하는 등의 새로운 권리변동을 일으키지 않도록 한다.
6. 첨부서류: 실제 첨부하여 교부한 서류만 기재. 예시) 중개대상물 확인·설명서

여기에 양측 협의 내용을 추가하여 기본값을 수정한다. 기본값에 몇 가지 무서운 독소조항이 있다. 기본값과 함께 어떤 내용이 독소로 작용하는지 살펴보기로 하자.

① 첫 번째 항목: 현 시설 상태에서의 매매 계약이며, 등기사항 증명서를 확인하고 계약을 체결함.

핵심 키워드는 바로 '현 시설 상태'다. 잔금을 다 치르고 이사했더니 집의 상태가 안 좋을 수도 있다. 이때 매수자는 왜 집 상태가 이렇게 된 것이냐고 따지는데, 이때 매도인이 "현 시설 상태로 계약하셨잖아요?"라고 말하면 할 말이 없어진다. 그 말이 틀린 게 아니기 때문이다. 이런 문제에 미리 대비할 수 있는 방법은 아주 간단하다. 문구 하나를 다음과 같이 바꾸는 것이다.

현 시설 상태 관련해서는 ○○월○○일 확인한 상태이며 같은 날 매수자가 카톡 메시지로 전송한 현 상태 사진으로 한다.

'현 시설'에서 '현'을 '날짜'로 바꾸면 문제 발생을 사전에 막을 수 있다. 뭐가 원래 있었네, 없었네 하는 분쟁을 막기 위해서는 사진을 찍어 증거로 남기면 된다.

② 두 번째 항목: 잔금 납주 시까지의 각종 공과금은 매도자 부담으로 한다.

새로운 주인이 올 때까지 기존 집주인이 세금과 공과금을 부담시킨다는 내용이다. 앞서 보았던 조항 제4조 '지방세' 부분을 한 번 더 반복하는 것이다. 삭제해도 무방하다. 있어도 나쁠 것 없으니 그냥 두면 된다.

③ 세 번째 항목: 본 특약사항에 기재되지 않은 사항은 민법상 계약에 관한 규정과 부동산매매 일반 관례에 따른다.

계약서에 없는 내용은 일반 관례에 따른다는 내용인데, 분쟁의 소지가 있다. 일반 관례가 법으로 정해진 것은 아니기 때문이다. 삭제해도 무방하지만 너무 빈칸이 많으면 허전하니까 그냥 넣어둔 것이라 보면 된다.

④ **네 번째 항목: 현 시설물 상태의 계약이나 계약 시에 매도인이 고지하지 않은 부분에 하자가 있을 경우, 하자담보책임과는 별개로 매도인은 이를 수리해 주기로 한다.**

이 부분을 정말 주의 깊게 봐야 한다. 하자담보책임에 대한 것인데, 매수인은 하자를 발견하고 6개월 이내에 수리를 요청할 수 있고 이 권리는 잔금일부터 10년간 유지된다는 것이 핵심이다. 그럼에도 분쟁의 소지가 있다. "나는 멀쩡하게 쓰고 나왔는데 당신이 함부로 써서 집에 문제가 생긴 것을 나한테 뒤집어씌우는 것이냐!"라고 하며 서로 책임을 묻는 게임이 시작되기 때문이다. 재판으로 해결하려 해도 입증 책임을 비롯해서 재판의 과정 등으로 배보다 배꼽이 더 클 수 있다. 경험 많은 부동산에서는 이러한 분쟁을 피하기 위해 계약할 때 혹시 집에 누수, 보일러 고장은 없는지 매도인에게 다시 확인받는다. 그리고 잔금일 이후 6개월 이내 누수, 보일러 고장이 발생하면 매도인이 수리해 주기로 한다는 특약 문구를 넣는다. 경험 없는 부동산은 어떻게 하냐고? 기본값 그대로 넣어서 매도인은 이 조항을 빼라고 난리 치고 매수인은 이거 들어가야 한다고 난리 치다가 결국 조항은 삭제되고 서로 기분만 망치거나 계약 자체가 깨지기도 한다.

⑤ **다섯 번째 항목: ○○은행 채권최고액 금○○원 상태의 계약으로 잔금일에 매도인이 상환하고 말소하기로 하며, 매도인은 잔금일까지 채무를 부담하는 등의 새로운 권리변동을 일으키지 않도록 한다.**

간략하게 요약하면 집을 팔 때 대출받은 것을 다 갚아야 하고, 새로 대출을 받으면 안 된다는 내용이다. 집의 명의를 넘길 때 등기부를 깔끔하게 해서 넘겨야 한다는 뜻이다. 이 조항은 변동 없이 그대로 들어가면 된다.

⑥ 여섯 번째 항목: 첨부서류-실제 첨부하여 교부한 서류만 기재.

예시) 중개대상물 확인·설명서

혹시 부동산 계약서에 문구가 이렇게 적혀있으면 긴장해야 한다. 왜냐하면 이 문구는 첨부서류의 종류를 적으라는 뜻이기 때문이다. 예를 들면 다음과 같다.

> [6.첨부서류 - 등기사항전부증명서(등기부등본), 건축물대장, 중개대상물 확
> 인·설명서, 토지이용계획 확인원]

이런 식으로 어떤 서류를 교부하는지 서류들의 이름을 명시해야 한다. 혹시 문구가 이렇게 수정되지 않고 기본값 세팅된 그대로 인쇄되어 있다면 그 부동산에서는 웬만하면 거래하지 않는 걸 권한다. 제대로 계약서를 작성하지 않고 대충 얼렁뚱땅 일하는 부동산일 것이기 때문이다.

| 부동산 전세 계약서 |

부동산 전세 계약서는 부동산 매매 계약서와 형식이 매우 비슷하다. 다만 계약의 형식이 매매는 소유권을 완전히 이동시키는 것에 비해 전세 계약은 전세보증금을 지급하고 2년간 거주할 수 있는 권리를 가지는 계약이라는 점에서 내용이 다르고 부동산 계약서 역시 차이가 있다.

이에 따른 용어도 달라진다. 앞서 설명했듯이 부동산 매매 계약은 매도자와 매수자로 표현되는데, 전세와 월세 계약에서는 임대인(집주

인), 임차인(세입자)으로 호칭이 달라진다. 매매 계약서에 이미 설명된 부분은 넘어가고 다른 부분에 대해 집중적으로 살펴보도록 하자.

1. 부동산의 표시

맨 아래의 '임대할부분'을 제외한 나머지 항목은 부동산 매매 계약서와 동일하다. 서류(등기부등본 및 건축물대장)에 있는 내용 그대로 기입하면 된다. 보통의 경우 ○○동 ○○○호로 표기하는 것으로 충분하다.

BONUS TIP!

새롭게 나타난 '임대할부분'을 신경 써야 하는 경우

다가구 주택, 단독 주택의 경우에는 '임대할부분' 작성에 신경 써야 한다. 아파트나 빌라와 다르게 몇 동 몇 호의 개념이 없고, 지하층 왼쪽 문이나 오른쪽 문 등으로 표시되는 경우도 있다. 서류는 현관 들어와서 왼쪽 방 또는 지하 첫 번째 방 이런 식으로 표기되지 않기 때문에 실무에서는 스티커로 붙어있는 B01호, 101호 등으로 구분한다. 법원 판례는 세입자의 권리를 지켜줄 때 이런 식으로라도 구분이 되어 있어야 가능하기 때문에 억지로라도 문에 스티커를 붙여서 몇 호인지 구분하는 것이다. 이와 연결되어 전세 계약서 가장 첫 번째 기입항목인 소재지(주소)를 쓸 때는 단독 주택 또는 다가구 주택의 주소를 다 쓴 다음 여기에 추가해서 B01호 또는 2층 2호 등을 표기해야 한다. 물론 우리가 직접 하는 것은 아니고 계약서를 작성하는 부동산 사장님들이 해주신다. 우리는 이렇게 세부적으로 적혀있는가를 확인하면 된다. 부디 당신의 부동산 사장님은 이런 식으로 섬세한 서류 작업에 능숙하기를 바란다.

2. 계약내용

2. 계약내용 제1조 [목적] 위 부동산의 임대차에 한하여 임대인과 임차인은 합의에 의하여 임차보증금 및 차임을 아래와 같이 지급하기로 한다.				
보 증 금 금		원	(₩)	
계 약 금 금		원	은 계약시에 지급하고 영수함. ※영수자	(인)
중 도 금 금			은 년 월 일에 지급한다.	
잔 금 금			은 년 월 일에 지급한다.	

계약 내용은 매매 때와 형태는 비슷한데, 디테일이 약간 다르다. 매매에서는 거래 금액에 대해 매매대금으로 표시하지만, 전세의 경우에는 당연하게도 보증금으로 표현이 달라진다. 나머지 계약금, 중도금, 잔금은 매매의 경우와 같다.

여기서 보증금은 전세 보증금 전체 금액을 표기하면 되고, 계약금은 대략 10%, 중도금은 생략하고 나머지 90%는 잔금으로 처리하는 것이 일반적이다. 각 항목을 간략하게 정리하면 이렇다.

└→ **보증금**: 전세 보증금 전체를 말한다.

계약금: 전세도 일반적으로 보증금의 10% 정도다.

중도금: 양측 합의하에 생략 가능, 중도금을 지급하는 경우 시기는 계약 후 1개월 후로 설정, 금액은 보증금의 20% 규모다.

잔금: 나머지 남은 금액 전부이며 잔금을 납입하는 순간부터 별도의 기간 협의가 없는 이상, 거주할 수 있는 권리가 발생한다. 잔금 납부 전에 미리 이삿짐을 가져다 놓으면 안 되냐고 묻는 세입자들이 있다. 냉정하게 이야기하면 임차인은 잔금을 치를 때까지는 아무것도 할 수 없다. 임대인 입장에서 보면 법적으로 임차인이 물건을 가져다 놓은 것은 임차인의 거주를 허용하는 것인데, 이렇게 하면 임차인이 잔금을 치르지 않아도 거주를 할 수 있는 권리가 생길 수도 있기 때문에 웬만큼 마음씨 좋은 임대인이 아니라면 대부분 거절한다.

3. 계약 일반 조항

제2조 [존속기간] 임대인은 위 부동산을 임대차 목적대로 사용할 수 있는 상태로 ___ 년 ___ 월 ___ 일 까지 임차인에게 인도하며, 임대차 기간은 인도일로부터 ___ 년 ___ 월 ___ 일(___ 개월) 까지로 한다.
제3조 [용도변경 및 전대 등] 임차인은 임대인의 동의없이 위 부동산의 용도나 구조를 변경하거나 전대, 임차권 양도 또는 담보제공을 하지 못하며 임대차 목적 이외의 용도로 사용할 수 없다.
제4조 [계약의 해지] 임차인이 제3조를 위반하였을때 임대인은 즉시 본 계약을 해지 할 수 있다.
제5조 [계약의 종료] 임대차 계약이 종료된 경우 임차인은 위 부동산을 원상으로 회복하여 임대인에게 반환한다. 이러한 경우 임대인은 보증금을 임차인에게 반환하고, 연체 임대료 또는 손해배상금이 있을 때는 이들을 제하고 그 잔액을 반환한다.
제6조 [계약의 해제] 임차인이 임대인에게 중도금(중도금이 없을때는 잔금)을 지급하기 전까지 임대인은 계약금의 배액을 상환하고, 임차인은 계약금을 포기하고 이 계약을 해제할 수 있다.
제7조 [채무불이행과 손해배상의 예정] 임대인 또는 임차인은 본 계약상의 내용에 대하여 불이행이 있을 경우 그 상대방은 불이행 한 자에 대하여 서면으로 최고하고 계약을 해제 할 수 있다. 이 경우 계약 당사자는 계약해제에 따른 손해배상을 각각 상대방에게청구 할 수 있으며, 손해배상에 대하여 별도의 약정이 없는 한 계약금을 손해배상의 기준으로 본다.
제8조 [중개보수] 개업공인중개사는 임대인 또는 임차인의 본 계약 불이행에 대하여 책임을 지지 않는다. 또한 중개보수는 본 계약 체결에 따라 계약 당사자 쌍방이 각각 지급하며, 개업공인중개사의 고의나 과실 없이 본 계약이 무효, 취소 또는 해제 되어도 중개보수는 지급한다. 공동중개인 경우에 임대인과 임차인은 자신이 중개 의뢰한 개업공인중개사에게 각각 중개보수를 지급한다.
제9조 [중개대상물확인설명서교부 등] 개업공인중개사는 중개대상물확인설명서를 작성하고 업무보증관계증서 (공제증서 등) 사본을 첨부하여 거래당사자 쌍방에게 교부한다. (교부일자 : ___ 년 ___ 월 ___ 일)

부동산 매매 계약서와 마찬가지로 제2조부터 제9조까지는 계약과 관련된 일반 사항이다. 글씨도 작고 원래 적혀 있는 조항들이기 때문에 그냥 지나칠 수도 있지만 모르면 안 되는 몇 가지 항목들이 있기에 자세히 살펴보는 것이 좋다.

① 제2조 [존속기간] 임대인은 위 부동산을 임대차 목적대로 사용할 수 있는 상태로 __년__월__일까지 임차인에게 인도하며, 임대차 기간은 인도일로부터 __년__월__일(_개월)까지로 한다.

존속 기간은 계약이 유지되는 기간을 가리킨다. 전세는 잔금을 내고 들어오는 입주일부터 전세 보증금을 되돌려 받아 이사하는 퇴거일까지 보통 2년을 기본 단위로 한다. 여기에서 중요한 핵심 표현이 하나 나온다. 임대차 목적대로 사용할 수 있는 상태로 임차인에게 인도한다는 내용이다. 요약하면 임대차의 목적은 '거주'가 되므로 거주에 적합한 상태여야 한다는 뜻이다. 집에 물이 새는 누수가 발생하거나 유리창이 깨져 있으면 안 된다는 뜻이라고 보면 된다. 단, 전구와 샤워기 같은 소모품은 파손되어 있다 해도 '거주'가 불가능한 정도에 해당하지 않으므로 집주인에게 수리를 강요할 수는 없다. 도배, 장판의 청결 상태 역시 거주

불가능과는 관련이 없으므로 집주인에게 교체를 요구할 수 없다. 계약할 때 집주인에게 해줄 수 있냐고 물어보고 해준다고 하면 감사하게 받으면 된다.

② **제3조 [용도변경 및 전대 등] 임차인은 임대인의 동의 없이 위 부동산의 용도나 구조를 변경하거나 전대, 임차권 양도 또는 담보제공을 하지 못하며 임대차 목적 이외의 용도로 사용할 수 없다.**
제4조 [계약의 해지] 임차인이 제3조를 위반하였을 때 임대인은 즉시 본 계약을 해지할 수 있다.

임차인은 함부로 집의 구조에 손대면 안 된다는 뜻이다. '전대'라는 것은 다른 사람에게 다시 세를 놓는 것을 가리키는데, 일반적으로 이러한 일은 허용되지 않는다. 최근 에어비엔비 사업을 하기 위해 집을 전세로 얻고, 그 집을 다시 에어비엔비에 등록해서 숙박비를 받는 경우가 있다. 사전에 집주인에게 허락을 받고 계약서에 에어비엔비 숙소로 활용한다는 문구를 넣지 않는다면 이는 계약서상 4조에 따라 즉시 해지 사유가 될 수 있다. 부동산 계약은 일반적으로 임차인이 잘못을 저질러도 기껏해야 집주인에게 재계약 거부권 정도의 권리만 있는데, 집의 용도 변경과 전대에 대해서는 아주 엄격하게 적용되어 집주인이 즉시 계약을 해지할 수 있다.

③ **제5조 [계약의 종료] 임대차계약이 종료된 경우 임차인은 위 부동산을 원상으로 회복하여 임대인에게 반환한다. 이러한 경우 임대인은 보증금을 임차인에게 반환하고, 연체 임대료 또는 손해배상금이 있을 때는 이들을 제하고 그 잔액을 반환한다.**

일명 '원상복구 의무'라 불리는 조항이다. 전세 기간이 끝나고 나가기 전에 처음 들어왔을 때와 같은 상태로 만들어야 한다는 내용이다. 이 조항 때문에 사회초

년생들이 억울하게 당하는 경우가 있다. 첫째, 입주할 때부터 뭔가 손상이 있었는데 집주인이 "당신이 함부로 써서 여기 파손된 거다. 그러니 물어내야 한다. 수리비만큼 보증금에서 빼고 전세 보증금 돌려주겠다."라고 하는 경우가 있다. 입주하는 날 파손이 발견되면 미리 사진을 찍고, 집주인에게 "현 상태입니다!"하면서 사진을 미리 보내놓으면 나중에 억울한 일이 발생하는 것을 피할 수 있다. 둘째, 에어컨 설치, 인터넷 선 설치를 위한 구멍을 뚫지 못하는 경우가 가끔 있다. 집주인들 입장에서는 세입자가 함부로 집에 못을 박아 넣거나 구멍을 뚫는 것을 원하지 않기 때문이다. 이때 좋은 방법은 에어컨이나 인터넷을 설치할 때 집주인이 직접 와서 구멍 위치를 지정해 주도록 계약할 때 협상하는 것이다. 어차피 다음 세입자도 에어컨과 인터넷 설치가 필요할 것이니 집주인도 굳이 거부할 이유는 없다. 또 하나 좋은 방법은 일단 마음껏 구멍도 뚫고 벽에 못도 박은 다음, 감쪽같이 원상복구 해놓으면 된다. 유튜브에 관련 영상이 많이 있으니 이를 보고 따라 하면 된다.

④ 제6조 [계약의 해제] 임차인이 임대인에게 중도금(중도금이 없을 때는 잔금)을 지불하기 전까지 임대인은 계약금의 배액을 상환 하고, 임차인은 계약금을 포기하고 이 계약을 해제할 수 있다.

앞서 매매 계약에서 보았던 내용과 동일하다. 계약을 깨고 싶으면 임차인은 계약금 전액을 손해 보고 계약을 깰 수 있고, 임대인은 계약금 2배를 임차인에게 돌려줌으로써 계약을 깰 수 있다는 뜻이다.

⑤ **제7조 [채무불이행과 손해배상의 예정]** 임대인 또는 임차인은 본 계약상의 내용에 대하여 불이행이 있을 경우 그 상대방은 불이행 한 자에 대하여 서면으로 최고하고 계약을 해제 할 수 있다. 이 경우 계약 당사자는 계약해제에 따른 손해배상을 각각 상대방에게 청구할 수 있으며, 손해배상에 대하여 별도의 약정이 없는 한 계약금을 손해배상의 기준으로 본다.

계약을 불이행했을 때 내용이다. 임대인의 경우라면 집 상태를 제대로 준비하지 않거나 이전 세입자를 내보내지 않은 상태를 가리키고, 임차인의 경우 잔금 지급이 늦어지는 때를 가리킨다. 실무에서는 이런 경우는 거의 없다. 예민하게 살펴볼 내용은 아니고, 혹시라도 이런 일이 발생한다면 그날은 중개했던 부동산 사장님의 제삿날이 된다.

⑥ **제8조 [중개보수]** 개업공인중개사는 임대인 또는 임차인의 본 계약 불이행에 대하여 책임을 지지 않는다. 또한 중개보수는 본 계약 체결에 따라 계약 당사자 쌍방이 각각 지불하며, 개업공인중개사의 고의나 과실 없이 본 계약이 무효, 취소 또는 해제 되어도 중개보수는 지급한다. 공동중개인 경우에 임대인과 임차인은 자신이 중개 의뢰한 개업공인중개사에게 각각 중개보수를 지급한다.

부동산 계약이 깨져도 복비를 내야 한다는 내용이다. 부동산 사무소에서 작성하는 모든 부동산 계약서에 꼭 들어가는 내용이기도 하다.

⑦ **제9조 [중개대상물확인설명서 교부 등]** 개업공인중개사는 중개대상물 확인·설명서를 작성하고 업무보증관계증서(공제증서 등) 사본을 첨부하여 거래당사자 쌍방에게 교부한다. (교부일자 __년__월__일)

부동산 매매 계약서와 동일한 내용이다. 거래하는 부동산의 현황과 주변 환경을 자세히 정리한 '중개대상물 확인·설명서'라는 서류를 부동산 사무실에서는 매도자와 매수자 모두에게 교부해야 한다.

4. 특약사항

특약사항은 전세 계약을 할 때 특히 꼼꼼히 봐야 한다. 부동산 사무소에서 계약서를 작성할 때 기본 세팅된 아파트 전세 계약서 특약사항은 다음과 같다.

아파트 전세 특약사항 기본값

1. 본 주택의 임대차에 관한 중개대상물 확인·설명서 및 계약서상의 시설물 상태는 임대인이 고지한 사항과 임차인 및 공인중개사의 현장 확인 사항을 기초로 한 것이다.
2. 임대할 부분의 면적은 (공부상 전용면적 또는 연면적, 실측 면적)이다.
3. 본 주택을 인도받은 임차인은 _____년 __월 __일까지 전입신고와 임대차계약서에 확정일자를 받아야 하며, 임대인은 위 약정 일자의 다음 날까지 임차 주택에 저당권 등 담보권 설정을 할 수 없다.
4. 임대인은 본 계약 체결 당시 국세·지방세 체납, 근저당권 이자 체납 사실이 없음을 고지한다.
5. 임대인은 본 주택의 매매 계약을 체결하는 경우에는 사전에 임차인에게 고지하여야 한다. 다만, 임차인은 양수인이 보증사고 이력 등으로 전세보증보험 가입 및 유지가 어려워 임대차 승계가 불가능할 경우 계약을 해지할 수 있으며, 임대차 계약 당시의 임대인에게 보증금 반환을 청구할 수 있다(선택특약).

6. 거래당사자는 본 계약과 관련하여 분쟁이 있는 경우 법원에 소를 제기하기 전에 먼저 주택 임대차 분쟁조정위원회에 조정을 신청할 수 있다.

   *주택 임대차 분쟁조정위원회 조정을 통할 경우 60일(최대 90일) 이내 신속하게 조정 결과를 받아볼 수 있습니다.

7. 주택 임대차 계약 신고는 계약 체결일로부터 30일 이내 관할 주민센터를 방문 또는 국토부 거래 관리 시스템을 통하여 임대인과 임차인이 주택 임대차 계약 신고서에 공동으로 서명·날인하여 신고하여야 한다.

8. 본 계약에 명시되지 않은 사항은 주택 임대차 보호법 및 민법과 주택 임대차 계약의 일반 관례에 따른다.

9. 첨부서류 – 중개대상물 확인·설명서, 공제증서 사본 각 1부.

총 9개의 항목으로 구성된 특약사항 기본값이다. 각 항목 별 주의 사항을 자세히 살펴보도록 하자.

① 첫 번째 항목: 본 주택의 임대차에 관한 중개대상물 확인·설명서 및 계약서 상의 시설물 상태는 임대인이 고지한 사항과 임차인 및 공인중개사의 현장 확인 사항을 기초로 한 것이다.

위 내용을 요약하자면 기본 사항은 서류를 보고 파악했고, 집의 상태는 집주인이 말해준 것과 부동산에서 현장 확인한 것을 기초로 한다는 뜻이다. 실무에선 특약의 1번 항목에는 이런 문장이 잘 쓰이지 않고 매매와 유사하게 '현 시설 상태를 기준으로 한다'는 표현이 자주 쓰인다. 하지만 '현 시설 상태'라는 표현은 모호하기 때문에 부동산 계약을 하는 날을 기준으로 잡고, 사진을 찍어서 증거로 삼아야 한다.

② 두 번째 항목: 임대할 부분의 면적은 (공부상 전용면적 또는 연면적, 실측 면적)이다.

임대할 부분에 대해 면적을 표시하는 특약이다. '역전앞'이라는 말처럼 불필요한 말이 붙은 항목이기도 하다. 이미 계약서 맨 위의 항목에 이미 '임대할 부분'이 필수로 명시되기 때문에 중복할 필요는 없다. 혹시 단독 주택이나 다가구 주택의 경우라면 집주인에게 주차가 가능한지, 옥상 이용이 가능한지 등을 미리 확인받는 것을 권한다. 집주인은 주차장 사용 비용을 받지 않는 이상 세입자의 주차를 거부할 수 있고, 옥탑방 계약이 아닌 이상 옥상을 쓰게 해 줄 의무는 없다. 그러니 주차가 필요하거나 옥상 사용을 원한다면 집주인에게 미리 확인받을 필요가 있다.

③ 세 번째 항목: 본 주택을 인도받은 임차인은 _____년 __월 __일까지 전입신고와 임대차 계약서에 확정일자를 받아야 하며, 임대인은 위 약정 일자의 다음 날까지 임차 주택에 저당권 등 담보권 설정을 할 수 없다.

세입자가 언제까지 전입신고를 해야 하는지 미리 날짜의 기한을 적어놓는 항목이면서 동시에 집주인이 이 집에 대해 대출을 받으면 안 된다는 뜻이다. 특약에 써 놓는 날짜는 잔금일로부터 대략 1일~1주일 후를 잡으면 된다. 전입신고는 인터넷으로도 가능하지만 직접 가는 경우도 있기 때문에 약간 여유를 두는 것이 좋다. 전입신고는 전세 보증금을 지키기 위한 방법 중의 기본이다. 굳이 이렇게 특약으로 써놓을 필요는 없지만, 집주인에 대해 대출받지 말라고 하는 것은 꼭 필요하기 때문에 이 조항을 명시하는 것이 세입자에게 유리하다.

④ 네 번째 항목: 임대인은 본 계약체결 당시 국세·지방세 체납, 근저당권 이자 체납 사실이 없음을 고지한다.

집주인이 세금을 제대로 내지 않아 집이 경매로 넘어가는 불행을 막기 위한 조치사항이다. 요새는 계약서를 가지고 해당 부동산 관할 세무서에 가면 집주인의 세금 체납 여부를 확인해 준다. 아직 시스템이 완전하지 않아 모바일로는 확인이 되지 않아 아쉽기는 하지만, 안전장치가 있다는 점에서 다행이라 할 수 있다. 생각보다 많은 사람들이 세금을 미루며 내지 않는다. 그러니 이를 꼭 확인해 봐야 한다. 은행 대출은 등기사항전부증명서(등기부등본)에 명시되지만, 세금 체납은 일정 체납액을 넘어 가압류가 될 때까지는 등기부에 표시되지 않기 때문에 내가 직접 확인하는 수고가 필요하다. 게다가 부동산에서 대신 해줄 수도 없다. 거래 당사자에게만 정보를 공개하기 때문이다.

⑤ 다섯 번째 항목: 임대인은 본 주택의 매매계약을 체결하는 경우에는 사전에 임차인에게 고지하여야 한다. 다만, 임차인은 양수인이 보증사고 이력 등으로 전세보증보험 가입 및 유지가 어려워 임대차 승계가 불가능할 경우 계약을 해지할 수 있으며, 임대차 계약 당시의 임대인에게 보증금 반환을 청구할 수 있다 (선택특약).

내가 전세 계약을 맺어 살고 있는데 집주인이 바뀌게 되는 경우, 나에게 계속 거주 또는 이사를 가는 것을 선택할 수 있도록 한다는 뜻이다. 집주인이 바뀌었다고 먼저 나에게 연락해 주는 집주인이라면 굳이 집을 다시 알아보고 나가는 등의 수고와 노력을 할 필요가 없지만, 혹시 집주인이 바뀐 것을 내가 우연한 기회에 알게 된다면 그 집주인은 뭔가 수상하고 나에게 손해를 입힐 가능성이 높은 위험 인물이라 가정해야 한다. 느낌이 좋지 않으면 전세 계약을 파기하고 나가는 것은 전적으로 임차인(세입자)의 권한이다.

⑥ 여섯 번째 항목: 거래당사자는 본 계약과 관련하여 분쟁이 있는 경우 법원에 소를 제기하기 전에 먼저 주택 임대차 분쟁조정위원회에 조정을 신청할 수 있다.

•주택 임대차 분쟁조정위원회 조정을 통할 경우 60일(최대 90일) 이내 신속하게 조정 결과를 받아볼 수 있습니다.

나라에서 안내해 주는 항목이다. 서로 분쟁이 있는 경우 재판 걸고 하면 최소 6개월에 1년을 봐야 하니 급행 서비스로 주택 임대차 분쟁조정위원회 조정의 도움을 받을 수 있다는 내용이다. 하지만 이 조항은 있어도 그만 없어도 그만이다.

⑦ 일곱 번째 항목: 주택 임대차 계약 신고는 계약 체결일로부터 30일 이내 관할 주민센터를 방문 또는 국토부 거래 관리 시스템을 통하여 임대인과 임차인이 주택 임대차 계약 신고서에 공동으로 서명·날인하여 신고하여야 한다.

이것 역시 나라에서 안내해주는 항목이다. 그런데 있어도 그만 없어도 그만인 항목인 것은 아니다. 임대차 계약을 하면 임대인 또는 임차인 양측에게 모두 30일 이내에 신고를 해야 하는 의무가 발생한다. 전세 계약을 맺고 한 달 안에 잔금까지 치르고 이사한다면 전입신고가 원스톱으로 임대차 신고까지 대행해서 처리해주지만, 보통 전세는 계약부터 잔금까지 1달 이상 걸리므로 계약 시에 즉시 하는 것이 좋다. 다행히도 인터넷으로 신고할 수 있으니 시간과 장소의 제약은 없는 편이다. 네이버나 구글 검색창에서 '부동산 거래 관리 시스템'을 입력하면 관련 사이트에 접속할 수 있다.

⑧ 여덟 번째 항목: 본 계약에 명시되지 않은 사항은 주택 임대차 보호법 및 민법과 주택 임대차 계약의 일반관례에 따른다.

특별한 뜻은 없다. 칸이 너무 비어있으면 허전하니까 적어 놓는 정도라고 보면 된다.

⑨ 아홉 번째 항목: 첨부서류 - 중개대상물 확인·설명서, 공제증서 사본 각 1부.

이 역시 특별한 뜻은 없다. 칸이 너무 비어있으면 허전하니까 적어 놓는 정도라고 보면 된다. 이미 계약 조항에 이러한 서류들을 다 준비해서 교부한다고 명시되어 있기 때문이다.

5. 임대인과 임차인 인적사항

임대인	주 소					성 명		(인)
	주민등록번호		전화		성 명			
임차인	주 소					성 명		(인)
	주민등록번호		전화		성 명			
개업공인중개사	사무소 소재지					대표자명	서명및날인	(인)
	사무소 명칭							
	전화번호		등록번호		소속공인중개사	서명및날인		(인)

 KNR 한국공인중개사협회 　 한방

계약서에서 이 부분은 특별히 신경 쓸 것 없다. 단, 주소는 과거의 구버전 주소가 아닌 신분증에 적힌대로 도로명주소로 적는다는 점만 주의하면 된다.

B BONUS TIP!　　**알아두면 쓸 데 있는 전세 계약 꿀팁**

TIP 1. 특약 사항으로 계약금을 지킬 것

은행 대출을 이용하여 전세보증금을 충당하는 경우, 계약서 작성 시에 주의가 필요하다. 별다른 특약 없이 계약하게 되면 집주인 입장에서는 잔금을 준비하는 과정이 세입자의 보유 자산에서 나오는지 은행 대출을 이용하는 것인지 모르게 된다. 은행 대출이 되지 않아서 잔금을 치를 수 없는 당황스러운 사정이 되었을 때 어쩔 수 없이 계약을 취소해야 하는 데, 나쁜 집주인일 경우 법대로 하자면서 계약금을 몰수할 수도 있다. 억울하고 분하지만 그게 법에서 정한 집주인의 권리다.

계약금이 몰수되는 것이 당연하기는 하지만, 특약 한 줄만 넣으면 계약금을 돌려받을 수 있다. 바로 '은행 대출'을 활용한다는 점을 특약에 넣는 것이다. 즉, 특약 사항으로 이런 문구를 추가하면 계약금을 몰수당하지 않을 수 있다. 만일 은행에서 대출을 해주지 않으면 임차인의 변심에 의한 계약 해지가 아니므로 계약금 몰수하지 않는다는 내용을 추가하면 된다.

> 임차인은 은행 대출을 이용하여 잔금 납부 예정이며, 임차인의 과실과 변심이 아닌
> 은행의 대출 심사 결과로 인해 대출 불가한 경우, 계약금 몰수 없이 계약은 해지되
> 며, 임대인은 계약금을 임차인에게 반환하도록 한다.

이렇게 특별약관에 명시하는 것으로 조치하면 만일의 경우에도 서로 감정 상하지 않고 계약을 취소시킬 수 있다.

TIP 2. 반려동물은 미리 허락받을 것

반려동물을 키우는 가정이 많아지면서 분쟁이 많아지기 때문에 전세 계약을 할 때 반려동물을 키워도 되는지 집주인에게 미리 확인해야 한다. 안타깝게도 대부분의 집주인들은 반려동물은 절대 불가하다는 입장이다. 반려동물들이 할퀴고 물어뜯어서 집을 상하게 한다고 생각하기 때문이다. 다른 집이나 다음 세입자에게 피해를 주고 싶지 않다는 생각도 있기 때문에 실제로 반려동물을 키우는 집은 전세와 월세 세입자로서는 환영받기 힘들다. 계약할 때 부동산 중개인과의 논의 하에 항목 자체를 넣지 않음으로써 기술적으로 계약 위반이 되지 않도록 하는 방법이 있기는 하다. 하지만 이때 거짓말을 하게 되면 상황이 무척이나 곤란해진다. 실제로 작은 강아지를 두 마리 키운다고 해서 굳이 특약에 넣지 넣고 전세 계약을 중개한 적이 있는데, 알고 보니 대형견 두 마리였던 경우도 있었다. 이럴 경우 집주인과 분쟁이 일어날 수 있으므로 반려동물과 관련된 내용은 확실히 해두는 것이 좋다.

4

....

부동산 개발
사업 공부

부동산 개발은 부동산을 공부할 때 가장 어려운 부분이면서 중요한 부분이기도 하다.
이 아파트가 재건축이 될 것인가, 이 빌라가 재개발이 될 것인가를 판단할 수 있는
기준이 되기 때문이다.

부동산 개발의 핵심을 요약하면 '헌 집을 새 집으로 바꿔다오'라고 할 수 있다.
만일 헌 아파트만 새 아파트로 짓는다면 '건축'을 다시 하는 셈이니 재건축이라 하고,
노후 지역에서 단독 주택 또는 다세대 주택을 묶어서 새 아파트를 짓는다면 동네를
'개발'하는 것이니 재개발이라 한다.

말로는 단순하지만 집을 허물고 다시 짓는 것은 절차도 복잡하고 시간도 오래 걸린다.
여기에 더해 정부의 철학에 따른 변수도 많다. 다행인 것은 재개발이나 재건축이나
한 번 익숙해지면 그 다음에는 크게 어려운 부분이 없다는 것이다. 재개발, 재건축의
방법과 정부 정책은 큰 틀에서는 변화가 거의 없기 때문이다. 이번 기회를 잘 이용하여
기초적인 내용을 한 번 눈에 발라두길 바란다.

부동산 개발 사업, 결론은 아파트

부동산에서 빼놓을 수 없는 것이 개발 사업이다. 재개발, 재건축과 같은 부동산 개발 사업은 주변을 개발하는 교통 호재나 편의시설 입점 등의 많은 요소를 다 합친 것보다 더 영향력이 크다. 말 그대로 '힘의 차이'가 느껴질 수밖에 없다. "어느 아파트가 재건축한다더라!" 이 말 한마디에 매매 가격이 하늘 높은 줄 모르고 솟아오른다.

현재 대한민국에서 이루어지는 부동산 개발 사업은 대부분 아파트를 짓기 위한 사업들이다. 재건축은 오래된 아파트를 허물어서 다시 아파트를 짓는 사업이고, 재개발은 단독 주택과 빌라(다세대 주택)를 허물어서 아파트를 짓는 사업이며, 리모델링은 아파트 뼈대를 남겨두었다가 살을 좀 붙여서 넓게 아파트를 만드는 사업인 것이다.

실제로 서울시에서 추진하는 신속통합기획(신통사업)은 아파트를 빨리 지을 수 있도록 몇 가지 절차를 간략하게 줄여주는 사업이다. 모아타운 역시 아파트 건축을 원하는 이들에게 보다 원활하게 허가를 해주는 사업이다. 여기서 끝이 아니다. 지역주택조합은 빌라 또는 단독주택에 거주하는 무주택자들이 조합을 만들어 아파트를 짓는 사업이다. 위의 내용을 다시 간략하게 정리하면 이렇다.

재건축	노후한 아파트를 허물고 다시 아파트를 지음
재개발	노후한 동네를 다시 개발하여 아파트를 지음
리모델링	노후한 아파트의 면적을 넓혀 확장함
신속통합기획	절차를 통합하고 간소화하여 신속하게 아파트를 지음
모아타운	노후 지역 소유주들이 신청하여 아파트를 새로 지음
지역주택조합	무주택자들이 조합을 만들어 아파트를 새로 지음

02 꼭 알아둬야 하는 재건축의 이해

재건축 사업의 개념 자체는 매우 간단하다. 조건에 맞는 아파트에 대해 소유자들이 동의하면 나라의 허락을 받아 새로 아파트를 짓는 사업이다. 그러나 개념은 간단한데 절차가 복잡하다. 우선 맛보기로 재건축의 절차를 확인해 보도록 하자.

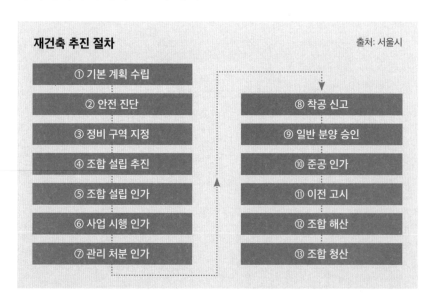

재건축 추진 절차　　　　　　　　　　출처: 서울시

① 기본 계획 수립	
② 안전 진단	⑧ 착공 신고
③ 정비 구역 지정	⑨ 일반 분양 승인
④ 조합 설립 추진	⑩ 준공 인가
⑤ 조합 설립 인가	⑪ 이전 고시
⑥ 사업 시행 인가	⑫ 조합 해산
⑦ 관리 처분 인가	⑬ 조합 청산

① 기본 계획 수립

5~10년 단위로 각 지자체에서 개발 및 계획을 수립한다. 아파트가 재건축 대상이 되려면 기본 계획 단계에서 재건축에 대한 계획이 미리 반영되어 있어야 한다.

② 안전 진단

낡은 아파트라 해서 무조건 재건축을 추진할 수 있는 것은 아니다. 안전 진단, 즉 건물의 노후 정도를 판단하는 과정이 필요하다. 안전 진단 결과는 총 5개의 등급으로 나뉜다. A 등급 ~ C 등급까지는 '유지 보수'로서 재건축할 필요가 없는 것으로 판단되어 일을 추진할 수 없다. D 등급은 '조건부 재건축'으로서 주요 구조에 결함이 있어 보수가 필요하기는 하지만 무조건 재건축 추진할 필요까지는 없는 등급이다. D 등급인 경우 공공기관에서 다시 한번 정밀진단을 실시하여 결론을 내린다. E 등급은 건물의 안전에 위험이 있어 즉각 재건축이 필요한 등급이다. 보통 아파트 입구에 '안전 진단 동의서 접수'라고 현수막이 붙으면 집값이 오르고 현수막의 내용이 '경축! 안전 진단 통과'로 업그레이드되면 그 값은 더욱더 오른다. 안전 진단을 신청했다는 사실만으로도 가격 상승에 대한 기대감이 자극되는데, 심지어 통과까지 되면 '앞으로 여기 재건축 확실히 추진되겠구나!'하는 기대감이 또 한 번 자극되기 때문이다.

③ 정비 구역 지정

안전 진단을 통해 재건축이 필요한 것으로 결과가 나오면 지자체장은 해당 단지를 정비 구역으로 지정한다. 즉, '앞으로 여기는 정비 사업할 예정입니다'라는 내용을 확정하는 단계라 보면 된다. 안전 진단이 재건축 추진의 첫 관문이라면 정비 구역 지정은 첫 번째 결승점이라 할 수 있다.

④ 조합 설립 추진

아파트 재건축 사업은 엄밀히 보면 나라에서 해주는 것이 아니라 아파트 소유자들이 '조합'을 만들어 추진하는 형식이다. 주로 조합 추진 위원회가 조직되어 활동을 시작한다. 건설 회사들이 현수막으로 '정비 구역 지정을 축하드립니다!'라는 내용의 현수막을 주렁주렁 달기도 하고, 조합 설립 동의서에 사인을 받기 위해 직원과 알바생들이 집마다 돌아다니고는 한다.

⑤ 조합 설립 인가

4단계에서 조합 설립 동의서에 사인을 받은 뒤 일정 비율의 찬성이 이루어지면 정식으로 조합이 설립되며 활동을 시작한다. 이 단계에서 공식적으로 법인 등기까지 한다.

⑥ 사업 시행 인가

재건축 사업의 대략적인 그림을 완성시키는 단계다. 어느 건설사에게 공사를 맡길지, 몇 층으로 지어 올릴지 등을 기본적인 계획을 수립하여 지자체의 승인을 받는다.

⑦ 관리 처분 인가

앞 단계인 사업 시행 인가를 세부 사항까지 확정시키는 단계다. 분양 가격은 어떻게 할지, 그에 따라 각 조합원에게 추가 분담금을 얼마로 할지 등 돈에 대해 결정하는 것이 핵심이다. 참고로 이 단계의 이름이 관리 처분인 것은 현재의 노후 아파트에 대해 관리하고 분양하여 처분하는 계획이기 때문이다.

⑧ 기타 이후 절차들

착공 신고부터 조합 청산까지는 특별히 학습할 것은 없다. 착공된 이후부터는 사업 추진의 불확실성이 거의 없기 때문이다. 초급 단계에서는 그냥 넘어가도 상관없다.

| 재건축 사업이 어려운 이유 |

법에서 정한 요건에 해당하고 조합이 정상적으로 작동하여 공평하게 사업이 추진되면 얼마나 좋을까. 하지만 현실은 그리 녹록지 않다. 단계마다 평균으로 짧게는 6개월, 길게는 2년 정도의 시간이 필요하다.

극단적인 사례를 들어보면 서울 강남구 은마아파트는 주택 소유자들과 상가 소유자들의 이해관계 조정 때문에 조합 설립 기간만 27년이 걸렸다. 또 다른 대표 재건축 단지인 잠실 주공 5단지는 2004년부터 재건축 사업을 추진하여 20년이 지난 2024년 현재에도 사업 시행 인가 단계에 있다.

비교적 최근 사례를 보자. 서울 노원구에 있는 상계 주공 5단지는 재건축 추진이 원활하게 되었으나 사업 시행 인가 직전 단계까지만 도달한 상황이다. 2023년 10월에 매일경제 보도 내용에 따르면 '추가 분담금'이 가구당 5억 정도 필요할 것으로 예상됨에 따라 부담을 느낀 조합이 사업계획을 일부 변경할 것을 검토하고 이에 따라 사업 추진에 차질이 빚어졌다는 것이다.

이처럼 재건축은 일반적인 경우 정비구역이 지정된 이후, 추진위 구성 단계서부터 준공하여 신축 아파트로 입주하기까지 대략 10년을 본다. 각 단계를 통과하는 것이 그리 쉬운 일이 아니라는 뜻이다.

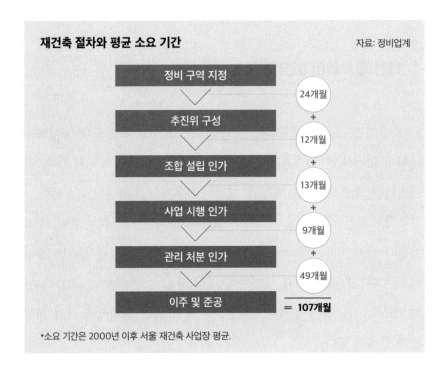

재건축 절차와 평균 소요 기간

자료: 정비업계

정비 구역 지정

24개월

추진위 구성

+ 12개월

조합 설립 인가

+ 13개월

사업 시행 인가

+ 9개월

관리 처분 인가

+ 49개월

이주 및 준공

= 107개월

*소요 기간은 2000년 이후 서울 재건축 사업장 평균.

03 재건축 투자 수익성

아파트를 재건축한다는 것은 기존에 있던 아파트를 허물고 새로 아파트를 지어 올리는 것을 가리킨다. 이때 검토해 봐야 할 것은 용적률과 대지지분 이렇게 두 가지를 기본으로 한다.

| 수익성을 높이는 용적률 |

용적률은 앞서 설명했듯이 '정해진 토지에 몇 층까지 건물을 지어 올릴 수 있는가'를 가리킨다. 기존에 용적률이 200% 적용되어 지어진 15층짜리 아파트가 재건축을 할 때 용적률 400%를 적용받을 경우 그 두 배인 30층까지 지어 올릴 수 있다.

지금 노후 아파트에 적용된 용적률은 낮을수록 좋고, 새롭게 적용받을 용적률은 높을수록 좋다. 5층짜리 아파트를 30층으로 짓는 것과

15층짜리 아파트를 30층으로 짓는 것은 결과는 같지만, 5층에서 30층이 되는 게 훨씬 보람있는 투자가 된다. 지금은 5층짜리 아파트이지만 앞으로 30층까지 지어 올릴 수 있다면 기존보다 6배 더 높이 건물을 올릴 수 있는 것이니 투자에 있어 매우 수익성이 좋은 경우라 할 수 있다.

1기 신도시 중 대표적으로 분당과 일산의 경우 아파트가 처음 지어질 때 적용된 용적률은 200% 조금 못 미치는 수준이었다. 최근 정부에서 이 용적률을 500%까지 상향 조정하도록 검토한다고 하는데, 지금 단지들의 층수를 2배 조금 넘게 올려준다는 뜻이 된다.

1기 신도시 개요 및 용적률

	분당	일산	평촌	산본	중동
위치	경기 성남시 분당구	고양시 일산구 일대	안양시 동안구 일대	군포시 산본동, 안양시 안양동 일대	부천시 중구, 남구 일대
가구수	9만7600가구	6만9000가구	4만2000가구	4만2000가구	4만1400가구
계획인구	39만 명	27만6000명	16만8000명	16만8000명	16만6000명
용적률	184%	169%	204%	205%	226%

용적률을 높이기 위해서는 '종상향'이 되어야 한다. 도시 지역 내 일반 주거 지역은 최대 용적률 기준으로 1종은 200%, 2종은 250%, 3종은 300%까지 가능하다. 주거와 상업이 섞인 준주거지역은 500%까지 가능하다. 상업 지역은 최대 1500%까지 적용된다. 1종에서 3종까지 숫자 하나 바뀔 때마다 용적률이 마구 올라간다. 아예 주거지역이 아닌 준주거지역이나 상업지역이라면 몇 배로 늘어난다.

재건축 추진 단지들이 종상향을 통한 용적률 올리기를 희망하는 것은 용적률이 올라갈수록 집을 더 높이, 더 많이 지어서 수익을 얻을 수 있기 때문이다.

사회 > 사회 일반

51년 된 여의도 시범아파트, 60층 재건축

서울시 추진··· 준주거지로 용도 바꿔 용적률 높여주기로

안준호 기자

출처: 조선일보 2022년 5월 7일

뉴스 헤드라인을 보자. 여의도의 어느 한 아파트를 재건축하는데 용도를 준주거지로 바꿔서 용적률을 높여준다는 내용임을 알 수 있다. 서울시에서 재건축 추진을 위해 당근을 제시하는 모습이다. 용도를 상향 조정하면서 용적률을 올려서 집을 더 높게 지어 올릴 수 있도록 해 주겠다는 것이다. 지금 최고 층수 13층인 아파트인데 60층까지 올릴 수 있다면 기존보다 5배 정도 높게 건물을 올릴 수 있다.

| 재건축 추진을 위한 대지지분 |

대지지분이란 소유한 건물을 기준으로 땅이 얼마나 배정되어 있는 지를 의미한다. 아파트를 소유한다는 것은 몇 동, 몇 호라는 건물을 사면서 동시에 그 건물이 차지하고 있는 대지지분까지 소유하는 것이라고

이해하면 쉽다.

예를 들어 보자. 여기 100평의 땅이 있다. 이 곳에 아파트를 동일한 면적으로 10개 가구를 짓는다고 하면 한 가구당 땅을 10평씩 공평하게 나누어가지는 셈이 된다. 만약 100평의 땅에 10개 가구가 아닌 아파트 20세대를 지으면 대지지분은 더 작아져 5평이 되는 것이다(다만 실제 아파트들은 면적이 하나로 통일된 경우는 많지 않고, 평형이 각기 다르기 때문에 이에 비례해서 대지지분이 다르게 배분된다). 사실 아파트는 재건축이 아니라면 일반적으로 대지지분이 전혀 중요하지 않다. 대지지분은 재건축 사업을 할 때 계산하는 항목이기 때문이다. 만약 재건축을 추진 중인 단지에서 똑같이 5억 원의 매물이 각각 있다고 가정해보자. A는 좀 낡았지만 대지지분이 10평이고, B는 수리가 다 되어 있으나 대지지분이 5평이라 면 무엇을 선택해야 이득일까? 정답은 바로 A다. 같은 값이면 대지지분이 더 큰 것을 사는 편이 낫기 때문이다.

재건축을 할 때 내가 소유하고 있는 아파트에 대해 가치 평가를 하는 기준은 오로지 '대지지분'이다. 재건축은 어차피 다 허물고 새로 지으므로 내부 상태의 좋고 나쁨이 가격에 반영되지 않음을 명심해야 한다.

| 재건축 수익성 계산을 위한 필수 상식 |

재건축을 진행하기로 한 이상 수익성을 고려하지 않을 수 없다. 재건축 단계에서 꼭 알아야 하는 수익성 필수 상식을 정리해 봤다.

---

① 조합원 분양가

아파트의 기존 소유주들, 즉 조합원들이 일종의 도매가격으로 아파트를 분양 받는 가격. 일반 분양가에 비해 대략 20~30% 낮은 가격이 적용된다.

② 일반 분양가

아파트 조합원이 아닌 청약을 통해 당첨된 사람들에게 분양하는 가격. 상품의 소매가격이라 보면 된다.

서울 노원 A아파트 사례 단위: 만 원

	조합원 분양가	일반 분양가	차이	비율
25평형	36,600	43,800	7,200	16%
34평형	43,900	55,700	11,800	21%

서울 동작 B아파트 사례 단위: 만 원

	조합원 분양가	일반 분양가	차이	비율
25평형	74,300	100,000	25,700	26%
34평형	87,950	120,000	32,050	27%

서울 노원구 A 단지를 보면 25평형은 조합원 분양가 3억 7천만 원, 일반 분양가는 4억 4천만 원이었음을 확인할 수 있다. 또한 34평형의 경우 조합원 분양가 4억 4천만 원, 일반 분양가는 5억 6천만 원 수준이었다.

바꿔 말하면 A 아파트는 조합원에게는 대략 20% 할인 혜택을, B 아파트는 조합원에게 30% 조금 안 되는 할인혜택을 제공한 셈이다.

③ 권리가액

현재 보유한 아파트를 어떤 가격으로 인정해 줄 것인지를 나타낸다. 새로운 아파트를 분양받을 때 기존 아파트와 새로운 아파트 가격 차이만큼 비용을 부담해야 하기 때문에 권리가액이 크면 클수록 분담해야 할 금액은 줄어든다. 즉, 기존 아파트의 권리가액은 높게 인정받을수록 좋다.

권리가액 = 조합원 종전 감정평가 금액(대지지분) × 비례율

권리가액을 구하는 방법은 권리가액의 평가 기준이 대지지분이기 때문에 재건축에 있어 대지지분의 크기가 가장 중요할 수밖에 없다. 이는 재개발 사업에 있어서도 마찬가지다. 참고로 권리가액은 개별공시지가(나라에서 감정하고 공시한 토지가격) 수준에서 크게 벗어나지 않는다. 모두가 공통적으로 받아들이는 기준이 되기 때문이다. 바닥에 깔린 대리석 값, 비싼 중문 등 개별적인 요인들을 다 반영하기 어렵기 때문에 실무에서는 권리가액을 계산할 때 평당 개별공시지가와 대지지분 면적으로 값을 구한다.

④ 무상 지분율

기존 주택의 대지지분을 기준으로 새 아파트를 받을 때 추가 분담금을 내지 않고 받을 수 있는 비율을 뜻한다. 말 그대로 무상으로 받을 수 있는 지분인 것이다. 간단하게 예를 들어보자. 소유하고 있는 25평형 아파트의 대지지분이 10평이라고 치자. 용적률을 잘 받아서 재건축을 할 때 2배로 늘어났다고 하면, 내가 가진 아파트의 대지지분은 늘어난 용적률의 비율만큼 대지지분 20평을 할당받는 것으로 계산된다(이때 기부채납, 조합운영비 등 비용이 없다고 가정한다).

새로 짓는 아파트에 필요한 대지지분이 25평형은 10평, 32평형은 20평 필요하다고 하면 나는 추가로 돈을 내지 않고 32평형을 배정받을 수 있게 되고 신축으로 25평형을 선택하면 남는 대지지분 10평만큼 돈을 돌려받을 수 있다. 대지지분이 중요한 이유가 여기 다시 나온다. 아파트 재건축에서는 '대지지분'이 깡패다. 아파트에서 대지지분은 무조건 거거익선! 큰 게 좋다.

⑤ 비례율

아파트 재건축을 했을 때 전체 단지를 대상으로 개발의 수익성을 가리킨다. 기존 아파트의 가격이 100억 원인 상황에서 새로 재건축을 통해 전체적으로 12억 원의 개발이익이 발생한다고 하면 비례율은 120%가 된다. 실무에서 비례율은 크게 중요하지 않다. 조합원 모두에게 공통적으로 적용받는 비율이기 때문에 200%든 100%든 결과는 크게 달라지지 않는다. 나는 120%이고 남은 100%라면 이야기는 달라질 수 있지만 그럴 일은 없다. 결과적으로 추가 분담금에는 변화가 없다.

│ 재건축 수익성 계산 방법 │

재건축 수익성 계산 시 기본적인 용어가 아직 익숙하지 않을텐데, 괴로워할 것 없다. 아래의 설명을 따라 가다보면 재건축 투자에 대한 기본적인 감각을 익힐 수 있다. 재건축 투자 및 수익성 판단에 있어 기본적인 항목은 3가지 항목이다.

STEP 1	나의 권리가액 산정(대상 아파트에 대한 가격 결정)
STEP 2	조합원 분양가 산정(신축 아파트 분양 가격 결정)
STEP 3	추가 분담금 산정(조합원 분양가와 권리가액을 비교)

① 나의 권리가액 산정

권리가액을 계산할 때 '종전 자산 감정 평가액×비례율'이라는 공식을 따르면
된다. 하지만 공식으로 구하고자 하는 경우 종전 자산 감정 평가액과 비례율
을 각각 알아야 하는데, 두 가지 모두 단지 전체를 대상으로 계산하고 분양 수
익을 추정해야 한다는 단점이 있다. 그 대신 간단하게 '평당 공시 가격×대지지
분 면적'으로 계산하면 권리가액을 어렵지 않게 구할 수 있다. 예를 들어 보자.
재건축 예정인 A 단지에서 25평형은 대지지분 10평, 32평형은 대지지분 15평
이라 가정하고 공시 가격이 평당 2천만 원이라면 권리가액은 어떻게 나올까?
25평형은 '10평×2천만 원=2억 원'으로, 32평형 권리가액은 '15평×2천만 원
=3억 원'으로 계산할 수 있다.

② 조합원 분양가 산정

조합원 분양가는 전체 공사비에 따라 달라진다. 인건비와 시멘트 값이 올라가
면 공사비가 상승하기도 한다. 최근 재건축 조합과 건설 회사들이 갈등과 분쟁
을 겪는 이유가 이것이기도 하다. 조합원 분양가를 구할 때는 '종전 자산 평가
+사업비(공사비, 철거비 등)'를 기본으로 하며 여기에 층과 향 등의 요소를 반영
해 플러스, 마이너스를 한다. 일반 투자자들 입장에서는 계산이 너무 복잡하고
정확한 공사비 내역을 확인하기 어렵다. 그럴 때는 인근에서 가장 비싼 아파트
대비 20% 할인된 가격이라 보면 크게 틀리지 않는다. 아파트 일반 분양가를 산
정할 때 주변에서 가장 비싼 아파트와 비슷하게 가격을 책정한다. 이때, 조합

원 분양가는 일반 분양가 대비 10~20% 정도 낮게 책정된다. 이를 합쳐 계산해보면 조합원 분양가는 주변에서 가장 비싼 값 대비 20% 할인된 가격이라 볼 수 있다. 물론 각 아파트에 따라 조합원 분양가는 상황이 다를 수 있다.

2022년 한 기사에 따르면 서울 강남의 모 단지가 재건축이 마무리되는 시점에서 관리 처분 계획을 발표했다. 27평형에 대해 조합원 분양가는 18억 원, 일반 분양가는 15억 원이라는 내용이다. 일반 분양가에 비해 조합원 분양가를 낮게 책정하는 것이 너무나도 당연한 상황에서 충격이라 할 수 있다. 원인은 정부의 '분양가 상한제'였다. 여기서 분양가 상한제란 아파트 분양 가격을 산정할 때 일정기준(택지비+표준 건축비+가산비)을 넘지 못하도록 하는 제도를 말한다. 아파트 가격이 너무 높아지는 것을 막기 위해 정부에서 시행 중이다. 이러한 분양가 상한제 때문에 어떤 단지는 시세의 절반에 조합원 분양가가 책정되어 입주와 동시에 돈을 벌고 어떤 단지는 반대로 일반분양가에 비해 조합원 분양가 가격이 더 높아 조합원들의 불만이 쌓이는 단지들도 존재한다.

③ 추가 분담금 산정

조합원 분양가와 나의 권리가액이 계산되면 추가 분담금을 계산할 수 있다. 재건축 사업의 결과 조합원 분양가를 25평형에 대해서는 5억 원, 32평형에 대해서는 7억 원이라 정해졌다고 가정해보자. 내가 원래 보유하던 25평형의 권리가액이 2억 원으로 인정받았다면 신축 아파트 25평형에 입주하려면 3억을 추가로 분담해야 하고, 32평형에 들어가려면 4억 원을 추가로 분담해야 한다. 서울에서도 가장 핵심 지역인 용산구의 경우 A 아파트가 재건축을 했을 때 45평형 보유자가 다시 45평형에 입주할 때 7억 2천만원의 분담금을 내야 하는 것으로 계산되기도 했었다. 용적률이 크게 올라가지 않아(기존 용적률 260%, 재건축 적용 용적률 281%) 재건축을 해도 세대수가 많아지지 않는다는 이유였다.

재개발 사업
핵심 정리

재건축은 아파트만 허물어서 다시 짓는 것이라면 재개발은 동네를 다 허물어서 아파트를 짓고 도로도 넓히는 개발 사업이라고 할 수 있다. 이런 재개발을 대규모로 하는 것이 흔히들 말하는 바로 그 '뉴타운'이다. 최근에는 재개발을 소규모로 진행 할 수 있도록 '모아타운'이라는 것이 새롭게 도입되었다. 규모와 개발 대상의 차이가 있다해도 본질적으로는 뉴타운과 모아타운은 기본적인 절차와 형식이 크게 다르지 않다.

| 재개발 사업 절차 |

재개발 사업은 크게 기본 계획 수립, 정비 구역 지정, 조합 설립 추진 위원회, 조합 설립 인가, 사업 시행 인가, 관리 처분 계획 인가, 착공 및 분양, 사업의 완료 순으로 진행된다. 앞서 공부한 재건축 사업과 다르지 않다. 지자체에서 '여긴 앞으로 재개발합니다!'라고 지정하면 조합을 만들어 서로 지지고 볶다가 아파트를 짓는 과정이 동일하기 때문이다.

만일 재개발 지역에 투자하고 싶다면 먼저 개발 예정지를 미리 사둔 다음 시간이 지나 사업이 진행될 때 중간에 매도하여 수익을 봐야 한다. 아니면 사업 중간에 투자하여 아파트가 다 지어지고 입주까지 하겠다는 목표를 세우는 것도 방법이다.

막연히 "재개발 구역이니까 돈이 되겠지!" 하는 생각을 가지고 있다면 사업 단계 진행 시 가격이 아래로 흔들리게 될 때 심리적인 불안감 때문에 급매 처분하여 손실을 볼 수도 있으니 주의해야 한다.

실제로 아현 뉴타운의 경우 지금은 서울 마포구에서 최고급 단지로 자리매김하고 가격도 가장 높게 기록하고 있다. 하지만 처음 구역 지정이 되었을 때 2010년의 관리 처분까지 어느 기간 동안에는 가격이 폭등 수준까지 오르다가 이후 3~4년 정도 지루한 횡보를 거듭했다. 이에 따라 횡보에 지친 투자자들이 실망 매물로 급매 처분하기도 하였다. 이후 관리 처분 계획 이전에 반짝 가격이 올랐으나 다시 관리 처분 계획 이후 가격이 내려가기도 하였던 것이다. 마치 놀이공원의 롤러코스터를 타는 것과 비슷하다고 볼 수 있다.

재개발에 대해 잘 모르는 전문가들은 사업이 진행되면서 가격이 점점 오른다고 하거나 최대의 수익을 얻으려면 기본 계획 수립 단계에서 들어가야 한다는 충고를 한다. 하지만 막연히 "무조건 개발 초기에 들어가야 한다!"라는 것은 오히려 잘못된 접근이 될 수 있다.

재개발 사업은 낡고 노후한 주택이 모여 있는 지역에 새로 아파트를 짓는 것으로 이해하면 된다. 재개발 사업이 어렵게 느껴지는 것은 아파트 재건축에서는 평형과 대지지분이 일정하게 규격화되어 내가 이 집을 싸게 사는지 비싸게 사는지 파악할 수 있는 반면, 재개발은 노후 주택들이 제각기 노후도와 대지지분이 다르기 때문에 적정 시세를 파악하기 어렵기 때문이다. 작년에 새로 지어진 빌라가 대지지분 10평에 2억 원이고 40년 전 지어진 단독 주택이 대지지분 30평에 3억 원이 되는 식이다.

이 상황에서 대지지분 5평 신축이 1억 5천만 원 매물로 나왔다면 이 매물을 샀을 때 잘 산 것인지 잘 못 산 것인지 그 누구도 알 수 없다. 재개발은 노후한 지역의 다세대 주택을 매입하는 것이니 금액 측면에서는 비교적 부담이 적지만 '분양 자격'이라는 관문을 넘지 못하면 손해만 볼 수 있는 위험도 있다. 재개발 지역의 주택을 가지고 있는데 조합원이 될 수 없는 경우가 가끔 발생한다. 이런 일이 나에게 일어나지 않도록 주의해야 한다.

| 재개발 사업 주의 사항 |

'분양 자격'은 해당 재개발 구역에서 조합원이 되어 아파트를 분양받을 수 있는가를 가리킨다. 아파트를 재건축하는 경우라면 아주 예외적인 경우를 제외하면 조합원이 되는 것은 당연한데 재개발에서는 주택을 가지고 있다고 해서 무조건 조합원이 될 수 있는 것은 아니다.

혹시라도 재개발 지역에서 분양 자격이 없다면, 해당 주택의 시세와는 관계없이 강제로 주택 공시 가격 수준으로 '현금 청산'을 당하게 된다. 워낙 첨예한 문제이기에 나라에서는 친절하게도 지자체별로 조합원이 될 수 있는지의 여부를 상세히 정리하고 있다.

부동산 공부를 처음 하는 독자라면 다음에 언급될 분양 자격 정리는 그냥 넘어가기를 권한다. 재개발에서는 분양 자격이 중요하다는 것만 알아두면 되기 때문이다. 학습 의욕이 넘치고 이왕 공부할 거 제대로 들여다보고 싶다면 해당 내용을 꼼꼼하게 읽어보면 된다.

참고로 권리 산정 기준일이란 일종의 '마감일'이라 보면 된다. 이날 이후로 해당 구역의 매물을 매입해도 조합원이 될 수는 없다.

| 재개발 분양 자격 |

분양 자격을 얻을 수 있느냐, 없느냐의 기준은 간단하다. 원래부터 투기의 목적 없이 정상적인 부동산 거래를 통해 소유권을 지니고 있으면 재개발 사업을 통해 아파트를 분양받을 수 있다. 반대로 땅을 쪼개고, 건물을 쪼개고, 집을 쪼개서 소유자를 억지로 늘리는 경우에는 예외적인 경우를 제외하고는 분양 자격에 해당되지 않는다고 판단한다. 서울시

조례를 기준으로 자세한 내용을 확인해 보도록 하자(다른 지자체는 내용이 조금씩 다를 수 있다는 점을 미리 감안해야 한다).

1. 분양 자격이 있어서 아파트 받을 수 있는 경우

(조항) 종전의 건축물 중 주택(주거용으로 사용하고 있는 특정 무허가 건축물 중 조합의 정관 등에서 정한 건축물을 포함한다)을 소유한 자.

(해설) 주택의 소유자는 조합원이 되어 아파트를 받을 수 있다.

(조항) 분양 신청자가 소유하고 있는 종전 토지의 총 면적이 90㎡ 이상인 자.

(해설) 종전이란 시점상 '관리 처분 계획일' 이전을 가리킨다. 종전 토지는 관리 처분 계획일 이전부터 소유하고 있는 토지를 가리킨다. 또한 종전 토지의 총면적이 90㎡ 이상인 자라는 것은 주택은 보유하고 있지 않고 토지만 가지고 있는 자를 가리킨다. 만일 보유하고 있는 토지의 면적이 90㎡, 즉 27.3평 이상이라면 조합원이 되는 분양 자격에 문제가 없다. 토지가 나대지(빈땅)이건 주차장이건 가리지 않는다. 일단 무조건 27.3평 넘으면 분양 자격을 얻을 수 있다고 보면 된다. 혹시 아쉽게도 토지를 25평만 가지고 있다면 부족한 2.3평을 추가로 매입하여 기본적인 면적 조건을 채우거나 아니면 다른 사람이 면적 조건을 채울 수 있도록 매도하는 것도 방법이다. 단, 도로는 20㎡ 이상이기만 하면 된다.

(조항) 분양 신청자가 소유하고 있는 권리가액이 분양용 최소 규모 공동 주택 1가구의 추산액 이상인 자. 다만, 분양 신청자가 동일한 세대인 경우의 권리가액은 세대원 전원의 가액을 합하여 산정할 수 있다.

(해설) 아깝게 분양 자격이 없는 사람을 위한 '패자부활전'의 성격이다. 상가 또는 공장 소유주인 사람을 위해 '감정 평가를 해보고 그 금액이 최소규모 아파트의 조합원 분양가를 넘으면 아파트를 분양받을 수 있습니다'라는 내용이다. 기존엔 아파트를 분양받을 수 있는 자격이 주택이나 토지 소유자들에 한정되어 있었기에 상가 소유자들은 강제로 쫓겨나는 상황이 많았다. 이를 구제하기 위한 조항이다.

(조항) 사업 시행 방식 전환의 경우에는 전환되기 전의 사업 방식에 따라 환지를 지정받은 자. 이 경우 제1호부터 제3호까지는 적용하지 아니할 수 있다.

(해설) 환지는 교(환)토(지)를 가리킨다. 이전에 주택재개발 사업을 하면서 돈이 아닌 인근지역의 토지로 보상받은 사람을 환지를 지정받은 자라고 표현한다. 옆 동네에 살다가 재개발한다고 해서 지금의 동네로 이사 왔는데, 지금의 동네도 재개발하게 되었다면 앞서 보았던 세 개의 항목과 관련 없이 아파트를 배정받는 조합원이 될 수 있다는 뜻이다. 물론 이런 경우는 많지 않다.

(조항) 도시재정비법 제11조제4항에 따라 재정비 촉진 계획에 따른 기반 시설을 설치하게 되는 경우로서 종전의 주택(사실상 주거용으로 사용되고 있는 건축물을 포함한다)에 관한 보상을 받은 자.

(해설) 나라에서 재개발 구역 내 기반시설 설치를 위해 주택 소유자의 재산을 수용(보상금을 주고 강제로 소유권을 이전시키는 것)한 경우 아파트 분양받을 수 있도록 해준다.

2. 분양 자격이 있지만 한 사람에게만 주는 경우

(조항) 단독 주택 또는 다가구 주택을 권리 산정 기준일 후 다세대 주택으로 전환한 경우.

(해설) 단독 주택과 다가구 주택은 소유주가 1명인데 이를 억지로 다세대 주택으로 소유주를 나누는 일명 '지분 쪼개기'를 한 경우에는 1사람에게만 아파트 조합원 자격을 인정한다.

(조항) 법 제39조 제1항 제2호에 따라 여러 명의 분양 신청자가 1세대에 속하는 경우.

(해설) 가족은 따로 신청해도 한 사람에게만 아파트가 분양되도록 하는 조항이다. 1세대 1주택의 원칙이라 보면 된다.

(조항) 1주택 또는 1필지의 토지를 여러 명이 소유하고 있는 경우. 다만, 권리 산정 기준일 이전부터 공유로 소유한 토지의 지분이 제1항 제2호 또는 권리가액이 제1항 제3호에 해당하는 경우는 예외로 한다.

(해설) 집 하나를 여러 명이 나눠서 공동 소유로 한다고 해도 공동 소유자 중 1사람에게만 아파트 분양 자격을 준다. 집 한 채에 소유자가 100명쯤 될 때 100명을 모두 소유주로 인정할 수 없다는 뜻이다.

(조항) 1필지의 토지를 권리 산정 기준일 후 여러 개의 필지로 분할한 경우.

(해설) '마감일'이후에는 1개의 토지를 여러 개로 나누어 소유자를 여러 명으로 한다고 해도 소용없다. 1인에게만 아파트 분양 자격을 준다.

(조항) 하나의 대지범위에 속하는 동일인 소유의 토지와 주택을 건축물 준공 이후 토지와 건축물로 각각 분리하여 소유하는 경우. 다만, 권리 산정 기준일 이전부터 소유한 토지의 면적이 90㎡ 이상인 자는 예외로 한다.

(해설) 원칙과 예외가 각각 설명되어 있다. 우선 원칙은 주택에 대해 건물과 토지를 분리하여 소유자가 2명이 된다고 해도 1명에게만 분양 자격을 준다는 것이고, 예외는 권리 산정 기준일 이전부터 소유한 토지의 면적이 90㎡ 이상이면 분양 자격을 받을 수 있다는 뜻이다. 앞서 보았던 '종전 토지의 총 면적이 90㎡ 이상인 자'와 동일한 자격을 갖춘다는 뜻이기도 하다.

(조항) 권리 산정 기준일 후 나대지에 건축물을 새로 건축하거나 기존 건축물을 철거하고 다세대 주택, 그 밖에 공동 주택을 건축하여 토지등 소유자가 증가되는 경우.

(해설) 마감일이 지난 다음에 나대지(빈땅, 공터)에 빌라를 짓는다고 해도 그 소유주(들)에게는 분양 자격이 없다는 뜻이다. 나대지에 다세대 주택을 지어서 소유자가 여러 명이 되게 하든, 단독 주택을 지어서 소유자가 1명이든 상관없이 마감일(권리 산정 기준일) 이후에 추가된 소유자들은 무자격에 해당된다.

3. 분양 자격이 아예 없는 경우

(조항) 「건축법」 제2조 제1항 제1호에 따른 하나의 대지 범위 안에 속하는 토지가 여러 필지인 경우 권리 산정 기준일 후에 그 토지의 일부를 취득하였거나 공유지분으로 취득한 토지.

(해설) 권리 산정 기준일이 지난 다음에는 토지를 취득하여 일정 규모(90㎡)이상 가지고 있다고 해도 분양 자격이 없다는 뜻이다.

(조항) 하나의 건축물이 하나의 대지 범위 안에 속하는 토지를 점유하고 있는 경우로서 권리 산정 기준일 후 그 건축물과 분리하여 취득한 토지.

(해설) 하나로 묶여있던 토지와 주택에 대해 권리 산정 기준일 이후 두 개를 분리해서 주택과 토지의 소유자를 각각 나누고 그 중 토지만 취득한다고 해도 분양 자격은 없다. 하나로 묶여있던 소유권을 굳이 둘로 나누어 각각 소유자가 늘어나는 일이 없도록 해야 한다는 취지로 이해하면 된다.

(조항) 1필지의 토지를 권리 산정 기준일 후 분할하여 취득하거나 공유로 취득한 토지.

(해설) 필지筆地는 토지의 등록단위로서 면적과 관계없이 경계를 가진 서류상의 단위를 가리킨다. 1개 필지에 대해 권리 산정 기준일 지난 이후 나누거나 쪼개서 소유한다고 해도 조합원으로 인정받을 수 없다는 뜻이다.

(조항) 제1항부터 제3항까지에도 불구하고 사업 시행 방식 전환의 경우에는 환지 면적의 크기, 공동환지 여부에 관계없이 환지를 지정받은 자 전부를 각각 분양 대상자로 할 수 있다.

(해설) 앞서 분양 자격이 있는 경우에서 보았던 바와 같이 국가, 지자체 사업을 위해 환지를 받은 경우에는 해당 소유주들 모두에게 분양 자격이 있다.

가성비 좋은 재개발
투자를 위해 알아야 할 것

재개발 지역 투자를 위한 조건은 절대적이지 않다. 그럼에도 일반적 기준에서 '좋은 매물'은 몇 가지 공통점을 가지고 있다. 여러 공통점 중에서 2가지를 정리해 보았다.

공통점1 전체적인 투자 금액이 적어야 한다

서울 강남의 아파트가 좋다는 것은 누구나 알고 있는 사실이다. 하지만 투자를 하려면 전세를 안고 진행한다고 해도 대부분 최소 10~15억 원 이상 필요하기 때문에 자금 여력이 많지 않은 경우 좋은 것을 알면서도 투자를 하지 못한다.

재개발 투자에 있어서도 비슷하다. 아무리 물건이 좋다고 하더라도 전체적인 가격이 높으면 선뜻 투자하기 어려워진다. 투자를 통해 수익을 본다는 것은 내가 1억 원에 산 부동산을 누군가 다음 사람이 1억 원 이상에 사주어야 내가 수익을 얻는 구조인데, 전체적인 가격이 크다면 다음 사람에게 매도 처분할 수 없게 되는 것이기 때문이다.

나도 그렇고 남도 그렇고 가격이 비싸면 '좋은 건 알겠는데 비싸서 못하겠다'하는 생각을 하게 된다. 그러니 한 번 해볼 만한 가격에 사서 해볼 만한 가격에 팔 수 있어야 한다.

어떤 재개발 구역의 70평형 단독 주택이 평당 공시지가가 9백만 원이고, 매매 가격은 7억 원이라고 가정해 보자. 평당 공시지가가 9백만 원이므로 감정평가 시 6억 원 이상을 받을 수 있는 투자 유망 물건이다. 현금 7억 원만 있으면 투자에 있어서 분명히 수익을 얻을 수 있는 물건이라는 것은 누구나 알 수 있었지만 쉽게 투자를 하지 못했다. 이유는 분명하다. 전체적인 투자 금액의 크기가 너무 컸기 때문이다.

재개발 소문과 이야기가 돌기 시작하고 거래가 활발해질 때 많은 경우 현금 규모는 2억 원 이내로 준비하는 경향이 있고, 많게 준비하는 경우 4~5억 원 정도로 투자를 준비하는 게 일반적이다. 다시 말하면 아무리 좋은 물건이라도 내가 5억 원을 들여 투자한다면 적어도 다음 사람은 내 물건을 현금 7억 원 정도 준비하여 투자 목적으로 사야 내가 수익을 볼 수 있다는 것이다. 5억 원이면 굳이 재개발 지역의 다세대 주택이 아닌 재건축 아파트로 시선을 돌리게 된다. 내 물건이 아무리 좋아도 너무 비싸면 거래를 할 수 없게 된다.

대략 2억 원 내외로 살 수 있는 물건이 있다면 일단 기본적으로 좋은 투자 물건이라고 볼 수 있다. 다음 사람이 살 수 있기 때문이다. 항상 투자는 수익을 얻은 후 빠져나갈 수 있는 투자의 출구 전략을 생각해야 한다. 이러한 점에서 전체적인 투자 금액은 적으면 적을수록 좋다고 할 수 있다.

공통점 2 평당 금액이 낮아야 한다

같은 조건의 물건인데 다른 것과 비교해도 건물의 상태가 양호한 경우 평당 금액은 적을수록 좋다. 투자에 있어서 기본 사항 중의 하나이다. 싸게 사서 비싸게 팔 수 있다는 것. 그래서 기본적으로 평당 금액을 비교해야 한다. 물론 평당 금액이 절대적인 기준은 아니다. 하지만 투자의 수익성 측면에서는 평당 금액이 적을수록 좋다.

사례를 들어보자. 어떤 재개발 지역에서 소형지분의 일반적인 시세가 평당 3천만 원이라고 하면 적어도 10% 이상 낮은 평당 2천7백만 원에 물건을 구입해야 한다. 그래야 나중에 시세대로만 판다 해도 10%의 매매 차익을 기대할 수 있기 때문이다. 재개발 지역은 개발 현황이나 기대감이라는 요소에 의해 가격이 상당히 출렁이는 특징이 있다. 이런 경우 투자에 있어서 손해를 보지 않기 위해서는 기본적으로 가격이 낮은 물건을 구입할 수 있어야 하는 것이다.

시세가 평당 3천만 원인데 만일 급매 물건을 평당 2천만 원에 구입한다고 가정해 보자. 그런데 해당 지역의 개발이 늦어진다는 소문이 돌면서 평당 가격이 2천5백만 원까지 내려간다고 하면 시세대로 산 경우에는 평당 5백만 원씩 손해를 보는 것이지만 평당 2천만 원에 산 경우에는 그래도 평당 5백만 원이라는 시세차익을 계속하여 기대할 수 있다.

급매 처분한다 해도 시세 2천5백만 원에 10% 낮추어 2천2백50만 원에 처분하게 되면 그래도 평당 2백50만 원은 남게 되는 구조를 만들면 가장 좋다.

사실 평당 가격은 불완전한 평가의 기준이다. 공시지가나 도로와의 접근성을 함께 고려해야 하지만 가장 편리한 방법이기 때문에 많이 선호되는 것이다. 게다가 아직까지 재개발 지역의 투자에 있어서 대다수의 사람들은 평당 가격을 가장 중요한 기준으로 생각하고 있으니 이러한 흐름에 따라야 하는 것이다.

실무를 하다보면 예상하지 못한 일로 인해 물건을 급매로 내놓는 경우가 많다. 부부가 이혼을 하는 상황에서 위자료 마련을 위해 급하게 처분해야 하는 경우도 있고, 자식들이 재산을 두고 싸우는 게 보기 싫다고 그냥 던지겠다는 경우도 있다. 좋은 물건은 항상 있다. 돈만 준비하면 된다.

06 모아타운: 미니 재개발 사업

2022년 서울시에서는 새로운 형태의 재개발 사업을 선보였다. 모아주택과 모아타운이 바로 그것이다. 이름에서 알 수 있듯이 서울 구석구석 노후 지역을 모두 모아서 진행하는 사업이다. 재개발 사업의 미니 버전이라 보면 된다. 기존 재개발 사업은 흔히들 '뉴타운'으로 불렀는데, 아예 한 동네를 새롭게 만드는 수준의 사업이었다. 가장 대표적인 사례라고 할 수 있는 서울 은평구의 '은평 뉴타운'은 대략 100만평의 토지에 4천2백30개의 건축물을 지어 올린 사업이다.

모아타운도 이와 비슷하다. 다만, 재개발 사업으로 타운 자체를 새로 만들어내는 규모가 아니라 소박하게 동네 10개 정도의 건물을 모아 아파트 부지를 확보하는 것이 특징이다. 500평 이상부터 모아주택 사업이 가능하고, 3만평부터는 모아타운이 가능하다. 은평 뉴타운의 $\frac{1}{100}$ 수준의 규모로 모아타운 사업을 할 수 있는 것이다.

| 모아주택과 모아타운의 사업 절차 |

이전까지 재개발(뉴타운)은 나라에서 구역을 정해서 통보하는 식이었다. 의사 결정의 흐름이 위에서 아래로 내려왔다는 것이다. 반면 모아주택과 모아타운 사업은 의사 결정 순서가 기존 뉴타운과는 정반대다. 아래에서 위로 올라간다. "저희 재개발 좀 하겠습니다!"하고 신청하면 지자체에서 검토한 뒤 승인해 주는 방식이다.

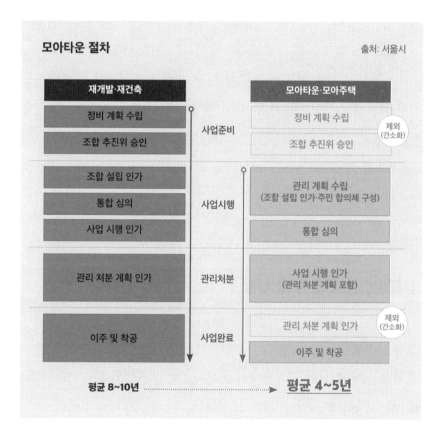

모아타운 절차　　　　　　　　　　　　　출처: 서울시

재개발·재건축		모아타운·모아주택
정비 계획 수립	사업준비	정비 계획 수립 　제외(간소화)
조합 추진위 승인		조합 추진위 승인
조합 설립 인가	사업시행	관리 계획 수립 (조합 설립 인가·주민 합의체 구성)
통합 심의		통합 심의
사업 시행 인가		
관리 처분 계획 인가	관리처분	사업 시행 인가 (관리 처분 계획 포함)
이주 및 착공	사업완료	관리 처분 계획 인가 　제외(간소화)
		이주 및 착공

평균 8~10년 ·············➤ 평균 4~5년

사업 절차를 자세히 살펴보면 서울시에서 빠른 사업 진행을 위해 몇 개의 절차를 줄이거나 생략했다. 모아타운을 신청하여 지정된 것 자체만으로도 재개발 사업 진행 시 거쳐야 할 여러 단계를 이미 통과한 것으로 간주하는 것이다. 즉, 모아타운 승인이 곧 구역 지정 통과인 셈이다. 그래서 '조합 설립' 바로 직전 단계까지 모두 통과한 것으로 보고 주민들은 바로 조합을 만들어서 사업 시행 인가를 받기만 하면 이주와 착공이 시작될 수 있다. 이러한 모아타운의 실제 시범 케이스가 있다. 바로 서울 강북구 번동이다. 이 곳은 2022년 6월에 모아타운 구역으로 지정되고 1년 2개월 만에 사업 시행 인가가 승인되어 2026년 입주 예정이다.

서울시의 경우 부동산 공급이 항상 부족하기 때문에 모아타운을 신청하는 지역이 있으면 두 손 들고 환영한다. 2023년 10월말 기준 총 2차에 걸쳐 47개(1차 21개, 2차 26개)가 모아타운을 신청하여 선정되었다. 서울의 자치구가 25개이니 1개의 자치구당 2개의 모아타운이 있는 셈이다.

| 모아타운 투자 주의 사항 |

앞서 설명했듯이 모아타운은 재개발 사업 절차에서 많은 것이 생략되고 빠른 진행을 위해 서울시에서 적극적으로 추진하는 사업이다. 투자의 매력이 충분하다고 볼 수 있다. 다만 두 가지를 유의해야 한다.

모아타운 투자의 첫 번째 주의 사항은 분양 자격이다. 앞서 재개발 사업에서 '마감일' 이후에는 웬만하면 분양 자격이 없다고 설명한 바 있다. 모아타운 사업 역시 '권리 산정 기준일' 즉, 마감일이 있다. 바로 조합 설립일이다. 모아타운 주민들이 적극적으로 동의서를 제출하여 조합이 금방 만들어진다면 마감일이 앞당겨지는 것이고 혹시 주민들의 의견이 하나로 모아지지 않는다면 조합 설립까지의 기간이 길어질 수 있다. 대부분의 모아타운 지역은 조합 설립이 완료되지 않았기에 해당 구역의 주택을 매입하면 조합원이 되어 새 아파트를 분양받을 수 있다.

두 번째 주의 사항은 기간이다. 당신이 관심가진 모아타운 구역이 아직 조합 설립이 안되어 있다면 앞으로 한참 후에도 조합이 제대로 만들어지지 않을 가능성이 높다. 어떤 곳은 4년 만에 아파트 입주까지 했다는데, 정작 내가 매입한 구역은 그렇게 되지 않아 실망할 가능성이 높다. 아직까지 조합 결성을 못했으면 앞으로도 못할 가능성이 높기 때문이다. 예상보다 기간이 길어질 수 있다는 점을 미리 감안해야 한다.

가끔씩 모아타운을 취소 해달라는 구역도 있다. 계산기를 두들겨보니 수지타산이 안 맞는다는 이유에서다. 재개발이 되니 무조건 돈이 될 거라고 기대하는 것은 금물이다. 오히려 손해를 볼 수도 있다는 점을 꼭 유념해야 한다.

07 신속통합기획의
모든 것

일반적인 재개발, 재건축은 사업 진행을 하려면 우선 구역 지정을 받아 '이 동네에 재개발, 재건축을 허락합니다'라는 승인을 받은 뒤 소유자들이 조합을 만드는 것이 본격적인 시작이다. 많은 시간을 들여 조합을 만들고 난 다음에는 또 단지 설계를 만들어서 검토받는 등 이것저것 서류 작업에 시간이 많이 필요하다.

신속통합기획은 재건축, 재개발 과정에서 조합이 전담해야 할 기획과 설계를 서울시에서 함께 작성하는 것을 가리킨다. 원래대로라면 조합에서 설계안을 작성하고 서울시에 보내서 검토받고, 수정 사항이 발생하면 다시 조합에 보내서 수정하고 다시 서울시에 보내는 등 번거롭고 시간 낭비되는 절차들이 발생한다. 신속통합기획은 이를 과감히 생략하고 통합했다.

직장인을 빗대어 설명해볼까? 일반직인 재개발과 재건축은 회사에서 업무 담당자가 기획보고서를 만들어서 부서장에게 검토받고 수정하는 과정을 반복하며 기획서를 완성해 나간다고 하면, 신속통합기획은 아예 부서장이 담당자랑 같이 서류를 함께 만드는 것이라 보면 된다. 부서장과 함께 기획서를 작성했으니 굳이 부서장 검토를 받지 않아도 되고 완성도 앞당길 수 있다.

서울시는 건물 기획과 설계를 할 때 어떤 것이 들어가야 하고 빠져야 하는지 가장 잘 알고 있다. 게다가 서울시의 요구사항과 기준을 가장 잘 아는 것은 서울시 자체다. 신속통합기획의 핵심은 바로 조합의 중요한 업무를 서울시가 함께한다는 것. 시행착오에 따르는 시간 낭비를 없애서 이왕 진행될 재건축과 재개발을 신속하게 완료하겠다는 것이 서울시의 방향이다.

신통기획의 장점은 속도 이외에도 인센티브다. 재건축과 재개발 사업에 가장 중요한 요소가 '돈이 될 것인가'의 여부라고 했을 때, 이를 결정짓는 것은 '용적률'이다. 신통기획은 서울시에서 아낌없이 용적률을 퍼준다. 200%짜리를 250%나 300%로 만들어준다. 30층에서 끝날 층수를 50층으로도 만들어준다는 것이다. 신통기획을 추진하는 재건축, 재개발 조합은 든든한 뒷배를 얻는 것과 같다.

하지만 세상에 공짜는 없는 법! 인센티브를 얻기 위한 조건이 마냥 반가운 것은 아니다. '기부채납'이라 하여 용적률이 늘어나는 부분 중에서 일정 비율을 임대 주택과 공공 주택으로 전환하거나 공원과 공공 도로를 지어 서울시에 기부해야 한다. 이 문제 때문에 많은 조합들이 신통기획으로 사업을 추진해야 하는지 고민에 빠지기도 한다.

한 가지 더 명심해야 할 것이 있다. 신속통합기획 자체를 별도의 개발 방식으로 보지 말아야 한다는 것이다. 엄밀히 이야기하면 신속통합기획, 즉 신통기획은 재건축이나 재개발처럼 따로 사업의 방식이 아니라 사업 추진의 방법이라 보면 된다.

개인적으로 과연 공무원들이 내 일처럼 재건축과 재개발 사업을 추진할까 싶다. 월급을 더 받는 게 아니라면 그냥 업무일 뿐일 테니까. 운 좋은 조합들은 좋은 공무원을 만나서 사업 추진에 도움을 많이 받을 수 있겠지만, 운 나쁜 조합들은 나쁜 공무원의 강압 행정을 마주하며 후회만 계속할 수도 있다.

지역주택조합: 잘못되면 지옥주택조합

몇 년 전 서울 노원구의 어느 거리에서 재미있는 현수막을 발견했다. '지역주택조합, 신중하게 판단하세요!'라는 내용이었다. 왜 정부에서 지역주택조합에 대해 신중하라고 현수막을 걸었을까? 여기에는 다 이유가 있다.

│ 지역주택조합이란? │

주택법은 지역주택조합을 크게 3가지로 나누고 있다. 지역주택조합, 직장주택조합, 리모델링 주택조합 등이 바로 그것이다. 지역주택조합을 제외한 나머지 직장주택조합과 리모델링 주택조합은 일반적이지 않으니 넘어가도록 하자.

　지역주택조합은 같은 특별시·광역시·특별자치도·시 또는 군에 거주하는 주민이 주택 및 아파트 주택을 건설하기 위해 조합을 설립해 직접 사업의 주체가 되는 건설 방식이다. 일정 자격이 되는 조합원들이 공동구매 형식으로 직접 토지를 매입하고 싼값에 아파트를 지어 조합원들에게 분양하는 사업인 것이다. 사업 그 자체로만 보면 특별히 나빠 보이지는 않는다. 심지어 장점도 있다.

첫 번째 장점은 간편한 조합원 지위 획득이다. 간편한 조합원 지위 획득이라는 것은 청약통장이 없어도 일정한 자격(무주택 또는 32평형 이하 주택 소유주)을 갖췄다면 조합원이 될 수 있다는 것을 의미한다. 청약 가점이 낮아 일반 아파트 분양이 힘든 30대, 40대 가정에 솔깃할 수 있는 장점이다.

두 번째 장점은 저렴한 분양가다. 중간 도매상 없이 산지 직거래를 하는 것과 유사하기 때문에 분양가가 낮게 형성된다. 일반 아파트 사업에 비해 비용이 많이 절감되는 만큼 분양 가격은 시세의 70~80% 수준이다.

2023년 12월에도 서울 곳곳에서 지역주택조합 사업이 진행되고 있다. 사업이 잘 진행되기만 하면 광고문구에서 보이는 바와 같이 최저가 아파트에 3년 전 분양가에 전세금으로 내 집 마련이 가능하다. 다들 그 문구를 믿고 들어가는 것이고 말이다.

| 강력한 장점을 덮는 더 강력한 단점 |

이렇게 큰 장점이 있는데 왜 정부에서는 '신중하셔야 합니다'라고 할까? 바로 까다로운 사업진행요건 때문이다. 조합 설립 인가를 받기 위해서는 전체대상 토지의 80% 이상에 대해 토지 사용 승낙을 받아야 하고 사업 계획 승인 신청 시에는 95% 이상의 소유권을 확보해야 한다.

가장 큰 분쟁과 실패의 원인이 바로 까다로운 사업 진행 요건이다. 학교 다닐 때 전 과목 평균 95점을 넘는 것보다 더 어렵다. 엎친 데 덮친 격으로 사업이 지체되면 될수록 비용은 계속 발생하고 조합에 가입한 조합원들의 부담은 늘어난다. 조합에 가입할 때 일종의 계약금 형식으로 몇 천 만원을 납부하는데, 사업이 지체되고 무산되어도 이 돈을 돌려받지 못한다. 조합 홍보비, 사무실 유지비, 직원 월급 등으로 다 빠져나가기 때문이다.

통계적으로 보면 서울과 경기 지역에서 지역주택조합 사업이 성공할 확률은 대략 20%정도라고 한다. 다른 말로 하면 사업이 실패 할 확률이 무려 80%에 이른다. 따라서 지역주택조합은 정말 신중히 접근해야 하는 투자라 할 수 있다. 시세보다 최대 30% 싸게 아파트를 받을 수 있는 장점이 있다 해도 사업의 성공 확률이 20%를 넘지 못하기 때문이다. 지역주택조합은 자칫 잘못하면 지옥주택조합이 된다. 누군가 그런 말을 했다. 아주 싫어하는 사람 있으면 지역주택조합을 추천해주면 된다고!

PART

5

"우리 집은 아파트인데요. 앞으로 이 아파트 가격이 오를까요, 내릴까요?"

강연회와 세미나를 해보면 가장 많이 받는 질문이다.
누구나 궁금해 하지만 누구도 자신 있게 답할 수 없는 좋은 질문이기도 하다.
자신만의 기준을 가지게 된다면 적어도 불안감은 줄일 수 있다.
이처럼 자신만의 기준을 만들기 위해 이제 부동산 경제학이라 이름 붙인
내용을 시작해 보고자 한다. 제목은 뭔가 거창하지만 결국 다루는 내용은
단순하다. '부동산 가격이 오를 것인가, 내릴 것인가? 가격이 오른다면 어떤
지역이, 내린다면 어떤 지역이 그렇게 된다는 것인가?'의 내용을 다룬다.
더불어 여기서 한 발짝 더 나아가 가격이 오르느냐, 내리느냐의 문제를
판단하기 위한 도구를 설명할 예정이다. 책을 한 줄씩 읽다 보면, 어느새
부동산 가격의 흐름을 예측하고 판단할 수 있는 자신을 발견하게 될 것이다.

규범 경제학 vs 실증 경제학

'규범 경제학'이라는 것이 있다. 어떠한 경제 현상에 대해 이것이 규범적으로 옳은지 그른지를 판단하는 것이다.

부동산 가격이 너무 상승하면 젊은 세대가 주택을 구입하기 어려워지고, 결혼과 출산에도 악영향을 미치기 때문에 부동산 가격 상승은 나쁘다고 이야기할 수 있다. 이러한 결론은 집값 상승이 나쁜 현상이라는 가치 판단을 기반으로 한다. 이처럼 규범 경제학에서는 경제 현상이 어떻게 되어야 한다는 규범을 강조한다.

반면 '실증 경제학'이라는 것은 가치 판단을 하지 않는다. 부동산 가격이 오르는 것에 대해 수요가 많기 때문이라고 간단하게 결론을 내린다. 그래서 옳고 그름의 판단을 하지 않는다. 마치 다큐멘터리 카메라 감독이 초원과 야생의 생활에 개입하지 않고 한발 물러서서 오로지 현재 일어나고 있는 상황을 찍는 것과 같다. 불쌍한 사슴이 배고픈 사자에게 잡아 먹힐 것 같을 때 카메라 감독들은 몽둥이를 들고 사자를 쫓아내고 사슴을 구해주지 않는 것처럼 말이다. 이처럼 실증 경제학은 옳고 그름의 관점이 아닌 현상과 그 원인에 집중한다.

끝없이 상승하는 집값에 대해 규범 경제학을 바탕으로 접근한다면 집값 상승이 서민과 젊은 세대에게 얼마나 큰 부담이 되는지 판단할 수 있다. 동시에 집값 상승이 부자들의 불로소득 수단으로 쓰이는 정의롭지 못한 현상인지 설명하는 것도 가능하다. 다음 댓글들은 이러한 '규범'을 기반으로 한 의견들이라고 할 수 있다.

"지금 집값의 절반이 적당하다."
"집값은 떨어지는 것이 정의이고 복지다!"
"집은 사는 것이 아니라 사는 곳이다."
"집값이 비싸니까 대한민국의 출산율이 떨어지는 거다."
"집값이 내려가면 피해는 서민들부터 본다!"

모두 맞는 말이다. 하지만 집값 상승에 대해 규범을 기반으로 한 것이 아니라 냉정한 관점에서 실증적으로 접근한다면 수요와 공급의 문제를 생각하게 된다. 집값이 계속해서 올라가는 것은 꾸준히 거래하는 수요가 있기 때문일 것이다. 공급이 부족해서 실수요자가 다른 대안을 찾지 못했기 때문에 집값이 올라간다고 분석할 수 있는 것이다.

규범 경제학과 실증 경제학에 대해 먼저 설명한 것은 부동산 가격을 바라볼 때 어떤 관점을 가질 것인가를 미리 정해야 하기 때문이다.

앞으로도 부동산 가격은 계속 오르기도 하고 내리기도 할 것이다. 이때 이 현상에 대해 옳다, 그르다고 판단할 것인가? 아니면 현재의 현상에 대해 객관적인 시선으로 분석만 할 것인가? 선택은 각자의 몫이다. 어느 것이 정답인지는 정해져 있지 않다. 다만 필자는 옳고, 그름에 대해 판단할 자신이 없기에 이 책을 통해서는 대부분 실증 경제학의 관점에서 접근하고자 한다. 부동산 가격의 흐름을 분석할 때는 따뜻한 심장보다는 차가운 머리가 필요하기 때문이다.

인구: 가장 강력한 부동산 가격 결정 요인

부동산 가격 결정에 있어 가장 강력한 변수는 바로 인구다. 인구가 늘어나면 집에 대한 수요가 늘어나고, 인구가 줄어들면 집이 남아돌아 가격이 떨어지기 때문이다. 가장 기본적인 수요와 공급을 결정하는 요인이라고 할 수 있다.

이에 따라 부동산 가격이 하락할 것이라고 예상하는 많은 주장들이 인구 감소를 주요 근거로 삼고 있다. 인구 감소에 따라 부동산 가격이 하락할 것이라는 전망은 2014년에 출간된 해리 덴트의 《인구절벽 Demographic Cliff 》이라는 책에서 시작되었다. 미국의 사례를 보면 소비 지출이 정점을 기록하는 45~49세의 연령대가 줄어들면서 급속히 소비가 하락하는데, 이에 따라 부동산뿐만 아니라 주식과 일반 상품의 수요가 급감해서 가격이 하락할 것이라는 주장이다.

해리 덴트의 주장을 한국에 적용해 보자. 우리나라에서 45~49세의 수는 2010년 4백26만 명으로 정점을 찍고 이후 조금씩 감소하는 추세를 보인다. 인구 절벽을 계기로 부동산 가격이 하락한다면 2010년부터 조금씩 떨어지는 추세를 보였어야 하는데 오히려 부동산 가격은 인구의 감소에도 불구하고 가격이 상승하는 모습을 보이고 있다. 도대체 왜 그런 것일까?

| 인구의 흐름 |

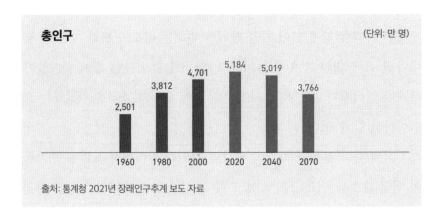

출처: 통계청 2021년 장래인구추계 보도 자료

통계청이 2021년 발표한 장래인구추계 보도 자료에 따르면 우리나라 인구는 2020년 정점을 찍고 지속적으로 감소하는 것으로 나온다. 우리나라 출산율이 심각한 것을 감안하면 인구가 늘어난다거나 하는 일은 없을 것으로 보인다. 아주 길게 본다면 인구가 줄어들면서 부동산, 특히 주택에 대한 수요는 줄어들 수 있다.

한 가지 주목할 점은 2040년까지 인구는 5천만 명이 약간 넘는 수준이라는 것이다. 2000년 인구수가 4천7백만 명이었다는 점을 감안하면 2040년에도 여전히 2000년에 비해 인구가 많은 상태라는 점을 주목해야 한다. 적어도 2040년까지는 인구 감소 때문에 부동산 가격이 하락하지는 않을 거라는 얘기다.

인구수만 볼 것이 아니라 가구 수도 함께 봐야 한다. 과거처럼 한 집에 4인 가족이 사는 시절은 점점 지나고 있다. 1인 가구가 증가하면 주택의 수요는 늘어나게 된다.

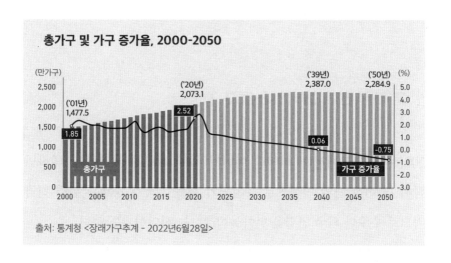

총가구 및 가구 증가율, 2000-2050

출처: 통계청 <장래가구추계 - 2022년6월28일>

그래프를 보자. 막대로 나타난 것은 총가구 수, 실선으로 표시된 것은 가구 증가율이다. 통계청에 의하면 2039년에 총가구는 2천3백87가구이고, 이후 2050년까지 점차 감소하는 것으로 나타난다. 가구 증가율도 2029년까지는 0.06%로 플러스지만, 이후 2050년에는 -0.75%로 하락함을 볼 수 있다.

앞서 봤던 총인구는 2040년에 정점을, 총가구는 2039년에 정점을 기록한다는 것을 감안하면 부동산 가격은 '인구'라는 변수 측면에서만 보면 적어도 2040년까지는 수요가 계속 증가하여 상승의 요인이 될 것임을 볼 수 있다.

이처럼 부동산 가격이 인구 감소에 의해 하락한다는 주장은 2040년 이후의 상황에 대해서는 설득력을 가질 수 있으나 앞으로 10년 남짓한 기간 동안에는 인구 요인에 의한 부동산 가격의 하락은 기대하기 힘들다는 뜻이기도 하다.

| 또 다른 인구, 외국인 노동자 |

2023년 법무부에서는 '외국인 이민청' 설립 계획을 발표했다. 대한민국이 더 이상 단일 민족으로 유지되기 힘들고 국가 경제를 위해 적극적으로 우수한 외국 인력을 받아들이겠다는 선언이기도 하다.

법무부에 따르면 2022년 말을 기준으로 외국인 취업 근로자는 84만 명 수준이고 불법 체류자는 40만 명이 조금 안 된다. 이를 합치면 현재 우리나라에 합법, 비합법적으로 거주 중인 외국인은 1백24만 명 수준인 셈이다. 외국인 1명이 한 집에 산다고 단순하게 계산해 보면 거주 공간은 총 1백24만 채가 필요하다. 외국인 5명이 합숙하듯 한 집에 산다면 대략 25만 채의 집이 필요하다. 참고로 법무부에서 2022년에 발표한 인구 대비 체류 외국인 현황을 보면 정식으로 입국한 외국인의 수는 200만 명을 넘어섰다고 한다. 인구를 판단할 때 대한민국 국적 인구에 더해 외국인도 고려해야 할 대상이 되었다.

인구대비 체류 외국인 현황 (단위: 명)

연도 / 구분	2018년	2019년	2020년	2021년	2022년
체류외국인	2,367,607	2,524,656	2,036,075	1,956,781	2,245,912
인구	51,826,059	51,849,861	51,829,023	51,638,809	51,439,038
인구대비 체류 외국인 비율	4.57%	4.87%	3.93%	3.79%	4.37%

출처: 법무부

| 사회 현상에 의한 주택 수요 |

이혼하면 집이 하나 더 필요하다. 당연한 일이다. 한 집에서 같이 살 수 없어 그렇게들 이혼 서류에 도장을 찍는 게 아니겠는가.

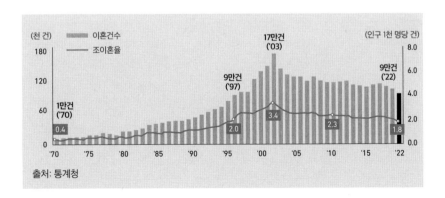

출처: 통계청

수치를 간단하게 보면 2022년에 9만 건의 이혼이 있었는데, 이를 계산하면 인구 1천 명당 1.8건으로 이혼을 한다는 말이 된다. 2022년에만 9만 채의 주택에 대한 수요가 창출된 것이다.

요약해 보면 이렇다. 인구는 부동산 가격에 영향을 미치는 요인임에는 분명하다. 다만, 부동산 가격은 전적으로 인구의 증감에 달려있는 것이 아니라는 점을 고려해야 한다. 인구가 줄어도 가격이 오를 수도 있다. 그저 단순하게 인구가 늘면 가격이 상승하고, 인구가 줄면 가격이 하락하면 좋을 테지만, 아쉽게도 세상은 우리의 생각보다 더 복잡하다.

금리: 자타공인
부동산 가격 변수

부동산에 있어 금리가 영향을 미친다는 것은 누구나 아는 사실이다. 금리가 낮으면 대출 부담이 줄어들어 쉽게 돈을 빌릴 수 있으니 부동산에 대한 수요가 늘어나 가격이 오르고, 반대로 금리가 오르면 부동산을 사고 싶어도 대출 부담이 늘어나 거래도 잘 안되어서 가격이 내려간다. 실제로 2022년에 은행 대출 금리가 오르자 부동산 가격이 하락한 것만으로도 알 수 있다.

이처럼 금리는 부동산에 있어 가장 핵심이 되는 변수라 할 수 있다. 이번 기회에 금리에 대해 확실히 익혀두면 경제 뉴스에서 미국 연방 준비 은행의 금리가 어떻고, 한국은행에서 기준 금리를 어떻게 정하는 등의 소식을 접할 때 조금 더 이해가 빠를 것이다.

| 금리(이자율) 관련 기본 지식 |

금리는 기준 금리, 대출 금리, 예금 금리와 같은 세 가지 기본 금리를 알면 충분하다. 그중 기준 금리는 한국은행에서 정하는 이자율이라 보면 된다. 중앙은행이라 불리는 한국은행에서 기준 금리를 정하면 다른 일반 시중 은행들은 그에 맞춰 자신들의 예금 금리와 대출 금리를 정한다. 기준 금리가 말 그대로 예금과 대출에 있어 기준이 된다.

한국은행에서 기준 금리를 연 3%로 정했다고 해보자. 다른 은행에서 한국은행의 돈을 빌려올 때 이자를 그만큼 내야 한다는 뜻이다. 이 돈을 가져와서 장사를 하는 은행들 입장에서는 일반 고객들에게 부동산 담보 대출을 해줄 때 최소 연 3%는 받아야 손해를 보지 않는다. 그렇기에 기준 금리 3%일 때 대략 여기에 2~3% 정도 추가하여 대출 금리를 5~6% 내외로 하는 것이 보통이다.

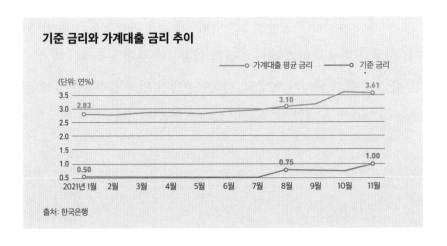

기준 금리와 가계대출 금리 추이

출처: 한국은행

표를 보면 2021년 1월, 기준 금리가 0.5%일 때 대출 금리는 2.83%로 마진은 2.33%였다는 걸 알 수 있다. 같은 해 11월 기준 금리가 1.0%일 때 대출 금리는 3.61%로 2.6%의 마진이 붙어있다. 기준 금리는 표면적으로는 한국은행과 시중 은행의 거래에 적용되는 이자율이지만, 그 이자율에 마진이 더해져서 소비자들의 예금과 대출 금리에 영향을 미친다는 점을 감안하면 기준 금리는 소비자들에게 직접적인 영향이 있다고 말하는 것도 가능하다.

1. 미국 기준 금리와 한국 기준 금리

기준 금리는 각 나라의 중앙은행이 자율적으로 정하는 것이 원칙이지만 실제로는 미국 기준 금리의 영향을 받는다. 물론 미국에서 일부러 'USA 기준 금리를 따라야 한다'고 말하지는 않는다. 그럼에도 미국 기준 금리를 따라가지 않으면 경제적으로 손해를 볼 수밖에 없다.

예를 들어보자. A 은행이 있고 B 은행이 있다. A 은행은 규모가 더 크고 취급하는 상품도 많은데, 심지어 전국에 지점 또한 많다. 반면 B 은행은 규모와 취급 상품의 종류, 지점의 수가 A 은행에 비해 부족하다. 두 개의 은행이 똑같이 연 5% 이자를 준다고 했을 때 과연 사람들은 어디를 선택할까? 아마도 대부분의 경우 더 크고 서비스가 좋은 A 은행을 선택할 것이다. B 은행은 살아남으려면 어쩔 수 없이 A 은행보다 이자라도 더 쳐주는 상품을 판매해야 한다. 더 좋은 A 은행에서는 5%만 이자를 주는데 B 은행은 10%를 준다면 B 은행이 가진 단점에도 불구하고 B 은행 상품을 이용할 확률이 높다.

그런데 만일 B 은행이 뭔가 근거 없는 자신감이 넘쳐서 A 은행보다 금리를 더 낮게 책정한다면 어떨까? 더 크고 상품도 많으며, 지점 수도 많은 A 은행이 이자를 연 10% 제공하는데, B 은행은 규모가 작음에도 불구하고 이자를 5%만 준다면 아마도 사람들은 "B 은행이 제정신이 아니다!"라는 생각을 할 것이다.

여기서 A 은행은 미국, B 은행은 한국이라고 할 수 있다. 많은 점에서 부족한 B 은행이 생존하려면 적어도 A 은행보다 이자라도 더 많이 줄 수 있어야 하듯 한국은 기준 금리를 미국 기준 금리보다는 높게 설정하거나 최소한 비슷하게 맞춰야 한다. 자존심은 좀 상하지만 이게 미국 기준 금리가 우리나라에 영향을 미치는 이유다.

마치 달이 지구를 떠나지 않고 빙빙 주변을 돌 듯 한국의 기준 금리는 미국의 기준 금리에서 벗어날 수 없다. 미국 기준 금리보다 조금이라도 더 높거나 최소한 같게 할 것! 이것이 한국은행이 기준 금리를 정하는 기본 원칙이다.

한국은행 홈페이지에 가보면 설립 목적으로 '물가 안정 목표를 정하여 최선을 다하고 있습니다'라고 적혀있다. 한국은행에서 이야기하는 물가 안정 목표는 2%다. 연간 2% 정도 물가 상승이 지속되면 물가 상승이 너무 높지도 낮지도 않은 적정한 상태가 된다는 뜻이기도 하다.

만일 물가 상승이 너무 가파르면 사람들은 가격이 오르기 전 무조건 오늘 물건을 사려고 할테니 오히려 물가가 더 오르게 된다. 반대로 물가 상승이 없다면 사람들은 물건을 굳이 오늘 살 필요 없다고 판단해 움직이지 않게 되어 경제가 불황에 접어들게 된다. 그래서 2% 정도로 너무 빠르지도, 너무 느리지도 않게 물가 상승률을 책정하는 것이다.

2. 2022년부터 시작된 금리 상승

경제뉴스를 보면 한국의 기준 금리가 미국의 기준 금리보다 높은 것이 당연한 것이고 혹시라도 미국의 기준 금리가 한국보다 높게 책정되면 '기준 금리 역전'이라고 부른다. 이는 당연히 한국의 기준 금리가 더 높아야 한다는 것을 기본으로 하고 있다는 뜻이기도 하다. 아래의 그래프는 한국과 미국의 기준 금리 추이를 비교한 내용이다.

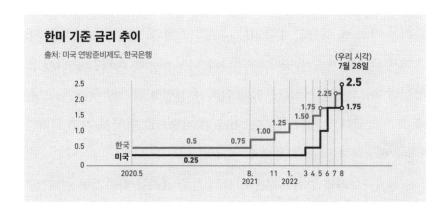

1999년부터 2022년까지 대부분의 기간 동안 한국의 기준 금리는 미국에 비해 높은 수준을 유지해 왔다. 혹시라도 한국보다 미국 기준 금리가 높은 기간은 위에 표시된 바와 같이 3번 있었고, 이때를 '금리역

전기'라고 부른다. 그러나 대부분 미국이 기준 금리를 올리면 우리나라도 버티고 버티다가 기준 금리 올려서 따라가는 모양새다.

하지만 국가도 가끔은 원칙에서 벗어나는 때가 있다. 2022년부터 시작된 미국의 갑작스러운 기준 금리 인상, 일명 인플레이션 상황이 바로 그것이다. COVID-19로 인해 금리를 제로에 가깝게 책정했던 미국은 물가 상승이 심해지자 기준 금리를 올려서 인플레이션을 억제시키려고 노력했다. 그동안 한국은 기준 금리를 올리지 않고 가만히 있었는데, 미국이 갑자기 기준 금리를 올림에 따라 의도하지 않게 미국보다 기준 금리가 낮아진 상황이다.

미국은 2022년부터 자국 내 물가 급등으로 인해 금리를 살벌하게 상승시켰다. 금리를 올릴 때 살살 올리는 베이비 스텝, 조금 많이 올리는 빅 스텝, 화끈하게 올리는 울트라 스텝 등 웬만한 스텝은 다 밟으면서 금리를 계속 올렸다. 우리나라 역시 미국을 따라갈 수밖에 없었는데, 어느 순간부터는 무리가 와서 좀처럼 따라가지 못 하는 모습을 보이고 있다. 실제로 2023년 10월말 기준으로 미국의 기준 금리는 5.5%, 한국은 3.5%를 기록했다.

원칙대로라면 한국은행은 미국의 기준 금리를 따라가야 한다. 한국의 기준 금리 역시 5.5% 정도가 되는 것이 정상이란 말이다. 그럼에도 한국은행에서 이 악물고 금리를 낮게 유지하는 것은 금리를 올리면 그 후폭풍이 따라오기 때문이다. 금리 인상으로 인해 기업과 개인 모두 은행에서 돈을 빌리기 힘들어진다. 경제에 불황의 그림자가 더 짙

게 드리워질 수밖에 없다. 한국은행의 고민이 바로 이것이다. 금리를 올리자니 개인과 기업이 힘들어진다. 금리를 내리자니 대한민국에서 투자 자금이 빠져나가 경제 전체가 힘들어진다. 금리를 올려도 내려도 국가 경제가 힘들어질 수밖에 없는 상황이다.

한국 경제에 가장 좋은 시나리오는 미국에서 극적으로 물가 상승이 끝나서 미국이 기준 금리를 옛날 저금리 수준인 2% 정도로 유지하고, 우리나라도 그런 미국을 따라서 기준 금리를 2% 내외로 낮추는 것이다.

반면 최악의 시나리오는 미국에서 기준 금리를 계속 올려도 물가 상승이 끝나지 않아 미국이 극단적으로 금리를 올리는 상황이다. 우리나라도 버틸 수 없어 억지로 끌려가듯 기준 금리를 올린다면 기업과 개인들이 모두 늘어난 대출 부담으로 괴로워하는 상황이 되는 것이다.

우리나라 경제 뉴스에서 가끔 미국의 소비자 물가 지수가 올랐다거나 내렸다거나 하는 뉴스가 나오는 것은 미국에서 소비자 물가 지수가 올라가면 그에 따라 미국이 기준 금리를 올려서 우리나라 경제에는 경고의 적신호가 켜지기 때문이다.

3. 미국 기준 금리의 극단적 사례: 444 효과

미국 기준 금리가 우리나라에 영향을 미치는 극단적인 사례를 살펴보자. 일명 '10년 주기설'이라 하여 우리나라 부동산이 10년마다 폭락에 가까운 모습을 보이는 현상이 있다. 그 배경에는 아주 우연히도 미국이 기준 금리를 올린 시기와 동일하다는 공통점이 있다. 우리나라 부동산이 끝없이 상승할 것이라는 예상을 무너뜨린 결정적 사건이 2번 있었다. 첫 번째는 1998년 IMF 외환위기 사태다. 이때 부동산은 물론이고 주식 시장도 반 토막이 났었다.

두 번째는 그로부터 10년 후인 2008년에는 미국발 금융 위기였다. 이때 역시 부동산은 반 토막에 가까운 하락을 보였고, 그 여파는 상당히 길게 이어졌다. 우리나라 부동산이 큰 폭으로 하락한 1998년과 2008년, 우연히도 10년마다 사건이 벌어졌다. 한 번은 우연이고 두 번부터는 패턴이다. 이 패턴에 의하면 우리나라 부동산은 2018년에 폭락했어야 한다. 하지만 실제로는 그렇지 않았다. 그렇다면 10년 주기설은 단순한 우연이었을까? 우리나라 부동산 폭락의 배경에 미국 기준 금리 인상이 있다는 점이 발견되었다는 것을 감안하면 이야기는 달라진다.

부동산의 흐름을 대한민국에 국한하지 않고 좀 더 넓게 보면 흥미로운 점을 발견하게 된다. 우선 미국의 금리 추이를 나타낸 그래프를 살펴보도록 하자.

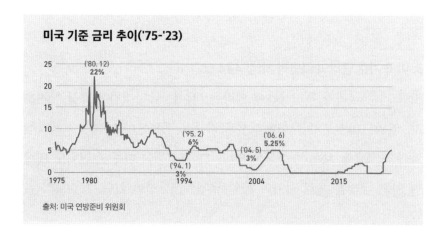

1975년부터 2023년까지의 기준 금리 추이를 보면 그전에 미국이 눈에 띄게 금리를 올린 시기가 1980년대 22%를 기록한 이후 1994년과 2004년임을 볼 수 있다.

우선 1994년에 미국은 기준 금리 3%에서 1년 1개월 만에 6%로 기준 금리를 2배 상승시켰다. 이로부터 4년 후인 1998년 우리나라 부동산은 큰 폭의 하락을 했다. 여기서 기억해 둘 것은 끝자리 4로 끝나는 해에 미국이 금리를 올렸고 그로부터 4년 후엔 우리나라 부동산이 하락했다는 것이다.

두 번째 금리 상승을 보면 2004년에 미국은 다시 3%의 기준 금리를 2년 1개월에 걸쳐 5.25%까지 상승시켰다. 역시 4년 후인 2008년에 금융 위기로 인해 우리나라 부동산은 크게 하락했다. 이번에도 끝자리 미국은 4로 끝나는 해에 금리를 올리고 4년 후에 우리나라 부동산은 타격을 받았다.

이게 패턴이라면 미국은 다시 그로부터 10년 후인 2014년에 금리를 올리고 4년 후인 2018년에 우리나라 부동산은 큰 폭으로 하락했어야 한다. 그러나 실제로는 그렇지 않았다. 2008년에 발생했던 미국의 금융 위기를 완전히 극복하지 못했기에 계속 기준 금리를 낮게 유지해야 한다는 당시 미국의 판단 때문이다. 미국은 대략 2015년부터 2018년 말까지 천천히 금리를 올렸으나 이후 2019년 COVID-19로 인해 금리를 다시 내렸다.

미국이 금리를 올린 다음 4년 후 우리나라에 충격이 왔다는 점을 고려해 보자. 미국이 기준 금리를 올리면 우리나라 부동산이 하락할 것이라는 점을 감안하면 2022년에 시작된 미국의 기준 금리 인상은 우리나라 부동산 가격을 하락시킬 것이라는 점을 발견할 수 있다. 기존 패턴대로라면 아마도 2025~2026년 사이에 우리나라 부동산 가격은 바닥을 기록하지 않을까 예상된다. 이미 2023년에 집값이 많이 하락하기는 했으나 그게 진짜 바닥이 아니라는 뜻으로도 해석할 수 있다.

| 물가가 상승할 때 기준 금리를 올리는 이유 |

물가 상승을 가리키는 인플레이션. 비슷한 용어가 몇 가지 있어 혼동되기 쉬우니 몇 개 단어의 개념을 먼저 정리하고 설명을 시작하도록 하겠다.

> **인플레이션**inflation : 물가 상승을 가리키는 현상
>
> **디스인플레이션**disinflation : 물가 상승세가 완화되는 현상
>
> **디플레이션**deflation : 물가 하락을 가리키며 인플레이션과 반대 현상
>
> **스테그플레이션**stagflation : 스테그네이션(stagnation, 경기 침체) + 인플레이션 (inflation, 물가 상승)의 합성어이며 경기는 나쁜데 물가는 오르는 현상

인플레이션은 수요와 공급 이렇게 2가지 원인에 의해 발생한다. 조금 더 세부적으로 나누어보자면, '수요 원인 인플레이션'과 '공급 원인 인플레이션'으로 구분할 수 있다.

└→ **수요 원인 인플레이션**: 소득 수준 상승에 의한 물가 상승
　　공급 원인 인플레이션: 재료비 상승에 의한 물가 상승

수요 원인의 인플레이션은 일종의 '착한 인플레이션'이다. 사람들의 소득 수준이 높아지고 돈이 많아지면서 물가 역시 그에 맞춰 움직이는 것이기 때문이다. 착한 것이 있으면 당연히 나쁜 것이 있기 마련이다. 바로 공급 원인 인플레이션이 그러하다. 사람들의 소득이 늘어나서 균형이 맞춰지는 것이 아니라 기업들의 재료비가 올라 물건 가격이 올라가는 것이기 때문이다.

2022년에 시작한 인플레이션은 그 성질이 고약하다. 공급 원인에 의한 인플레이션이기 때문이다. 특히 원자재 가격과 식품 가격의 상승, 국제 무역 분쟁의 증가에 따른 가격 상승은 단기간에 해결하기 힘든 상황이다. 몇 달 후에 끝날 일이 아니라는 뜻이다.

인플레이션의 원인을 자세히 설명하고자 한다면 이 책 한 권으로도 부족하다. 미국과 중국의 무역 분쟁, 이스라엘의 분쟁, 러시아와 우크라이나 전쟁 등 원유 가격의 움직임을 중심으로 전 세계 국가들의 전쟁까지 다루어야 하기 때문이다. 길게 이어지는 설명은 생략하도록 하겠다. 재료 가격의 상승이 물가 상승으로 이어졌다는 정도로만 이해하면 충분하다.

정부는 인플레이션에 대한 대책을 마련할 때 선악을 구분하지 않는다. 마치 자동차 속도를 줄일 때 브레이크를 밟듯 물가가 상승하면

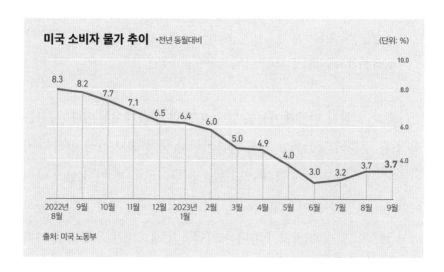

미국 소비자 물가 추이 •전년 동월대비 　　　　(단위: %)

출처: 미국 노동부

자연스럽게 기준 금리 인상이라는 브레이크를 밟는 것이라 보면 된다.

　미국은 2022년 8월에 물가 상승이 8% 넘게 상승하는 모습을 보고 칼을 빼 들었다. 2022년 2월까지는 기준 금리를 0.25%로 거의 제로에 가깝게 유지하다가 이후에는 지속적으로 기준 금리를 올리고 있다.

　미국의 입장은 물가 안정을 이룰 때까지 기준 금리를 계속 올리겠다는 것이다. 여기서 물가 안정은 연간 2%를 의미한다. 즉 앞서 보았던 소비자 물가지수가 8%, 9%가 아닌 2%가 될 때까지는 미국의 기준 금리는 계속 상승할 것임을 미리 염두에 두어야 한다. 미국은 다른 나라들이 금리 인상으로 불황을 겪게 될 것을 모르는 것은 아니지만 우선 자기 발등에 떨어진 불부터 꺼야 하는 입장이다.

　교과서 대로라면 물가 상승의 상황에서는 주식과 부동산은 가치의 증감과 관련 없이 표시되는 가격만 오르는 것이라 설명한다. 그럼에도 현실 세계에서 물가 상승이 지속되면 주식과 부동산 가격이 하락한다. 이는 물가 상승을 잡기 위한 '금리 인상' 때문이다.

인플레이션 자체는 가격을 올리는 요인이 되지만, 이 인플레이션의 대책인 금리 인상은 주식 또는 부동산 시장에는 반대로 가격을 내리는 요인으로 작용한다. 금리가 오른다는 것은 돈을 빌리기 힘들어지고 부담이 늘어나는 것이니 사고 싶은 물건, 좋은 투자처가 있어도 매입을 할 수 없게 된다. 물건이 잘 팔리지 않으면 가격이 내려가는 원리와 같다. 주식, 부동산 가격도 금리 인상에 의해 내려가게 된다.

2023년 말, 미국의 소비자 물가지수가 낮아지는 모습을 보임에 따라 2024년 부터는 인플레이션이 끝나고, 물가는 안정되고, 금리도 낮아질 것이라는 관측이 많다. 이에 따라 우리나라의 주식 및 부동산 시장이 어떻게 달라질지 살펴볼 필요가 있다.

04 교육과 집값

교육 역시 집값에 영향을 미치는 중요한 요인이다. 특히 공교육뿐만
아니라 사교육 여건도 집값을 결정하는 중요한 변수로 작용한다. 만약
그해에 수능 시험이 어려웠다면 그다음 해에는 사교육이 발달한 동네
의 매매와 전세 가격이 오른다. 반대로 수능이 쉬웠다면 집값은 큰 변
동이 없다.

이에 정부는 2023년 여름, 이른바 '사교육 카르텔'을 적발함으로
써 킬러 문항이 없도록 하겠다는 계획을 발표하기도 했었다. 2023년
말에 치러진 수능시험 결과 사악한 난이도의 킬러 문항은 없어졌지만,
전체적으로 수능 시험의 난이도가 올라 킬러 수능이 되어 버렸다. 이
로 인해 사교육 수요가 더욱 늘어날 것이라는 예측이 가능하다. 게다
가 정부에서는 의대 정원을 늘리겠다고 하는 발표를 해 재수 또는 삼
수를 해서라도 의대에 가겠다는 수요도 늘어날 것으로 보인다. 교육
요인에 의해 집값이 자극받을 가능성이 더욱더 커졌다.

05 전세 가격: 집값 결정의 핵심

주택 가격을 간단하게 공식으로 표현해 보면 다음과 같다.

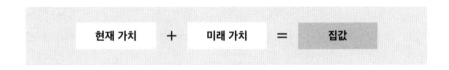

| 현재 가치 | + | 미래 가치 | = | 집값 |

간략히 설명하면 현재 가치는 말 그대로 현재 상태에서 집이 가진 가치를 나타낸다. 반면 미래 가치는 현재 상태가 아닌 앞으로 어떻게 될 것인가에 대한 기대감을 가리킨다. 앞으로 주변에 지하철이 개통된다거나 대형 쇼핑센터가 들어올 것이라는 주변 환경에 대한 발전 기대감이 여기에 포함되고, 아파트를 재건축할 것이라는 기대감 역시 미래 가치에 포함된다.

물론 반대의 경우도 있다. 기준 금리가 올라가서 부동산 경기가 안 좋아질 것이라는 예상을 하게 되면 이는 미래 가치에 마이너스 영향을 미친다. 현재 가치와 미래 가치. 각각 나누어 살펴보자.

| 현재 가치 = 전세 가격 |

지하철과의 거리, 주변 교육 여건과 같은 단지 특성은 물론이고 개별 특성이라 할 수 있는 로열층, 남향, 북향과 같은 요소가 현재 가치에 작용한다. 이처럼 현재 가치는 오늘 기준으로 해당 주택이 가지고 있는 특성을 가리키는데, 이에 대한 가격이 바로 전세 가격으로 나타난다.

전세 가격은 이 동네가 앞으로 어떻게 될지, 어떤 개발 계획이 있는지는 계산하지 않는다. 최소 2년에서 4년까지 거주하는 것만 고려하기 때문에 지금 당장 해당 주택이 가지고 있는 가치만 따진다.

예를 들어 강남구에 위치한 재건축 예정 A 아파트에 전세를 얻는다고 할 때, 이 단지가 앞으로 재건축이 되어 몇 세대가 될 예정이고 몇 층까지 지어 올려서 조망이 어떻게 될지에 대해서는 전세 가격에 반영될 이유가 없다. 지금 현재 상태를 기준으로 인테리어는 어떤지, 주변에 편의시설은 어디 있는지, 숲세권 또는 스세권(근처에 스타벅스가 있는지 여부)인지 등등 미래가 아닌 현재 시점에 초점이 맞춰진다.

이처럼 전세로 거주하는 사람 입장에서는 건물 상태와 주변 환경이 중요하다. 그렇기 때문에 실제 전세 보증금이 정해질 때 '미래에 어떻게 된다'가 아닌 '현재 상태가 이렇다'를 기준으로 정한다.

신축 아파트의 전세 가격이 높은 것은 새로 지어서 주택 내부가 깔끔하고 설계도 잘 되어 있어서 주택 자체의 거주 만족도가 높아 수요가 많기 때문이다. 반면 오래된 아파트는 건물 자체가 노후되어 있어 주차 시설도 부족하다는 단점 때문에 전세 가격은 낮게 형성된다.

서울 여의도에 있는 아파트 중에 1975년에 지어진 삼부아파트가 있다. 여기 26평형 매매 가격은 23년 9월 기준 약 22억 원인데, 전세 가격은 4억 8천만 원이다. 매매 가격과 전세 가격의 차이가 상당하다. 일반적으로 아파트 매매 가격의 절반 수준에서 전세 가격이 거래되는 점을 보면 삼부아파트는 전세 가격이 매매 가격의 $\frac{1}{4}$ 정도라서 이례적으로 낮은 편에 속한다.

이는 순수하게 현재 건물의 상태와 거주 환경만 놓고 보았을 때 삼부아파트의 거주 가치가 4억 8천만 원이라는 뜻이다. 여의도를 보면 우리나라 정치와 금융의 중심지이기는 하지만 거주 환경만 놓고 보면 제대로 된 사교육 학원이 없어 자녀 교육에 좋은 환경이 아니라는 점이 전세 가격을 낮추는 요인이라 볼 수 있다. 이처럼 부동산 가격에 영향을 미치는 여러 변수들을 3개의 항목으로 구분해 보았다.

> **주변 특성**: 주변 공교육 및 사교육 여건, 백화점, 마트, 병원 등 편의시설
> **단지 특성**: 세대수, 브랜드, 지형, 커뮤니티 시설, 지하철과의 거리 및 경과년수
> **개별 특성**: 층, 향, 채광, 뷰, 내부 인테리어 상태

각 요인 별 특성을 자세히 살펴보도록 하자.

1. 주변 특성: 해당 부동산이 있는 동네 및 인근 지역의 특성

① 주변 공교육 및 사교육 여건

공교육 여건은 일명 학군이라고도 불리는 동네에서 얼마나 많은 학생이 좋은 대학교에 입학하는지를 가리킨다. 사교육 여건은 주변에 학원들이 얼마나 밀집해 있는지를 나타낸다. 서울의 사교육 중심지라 불리는 강남구 대치동, 양천구 목동, 노원구 중계동의 학원가는 술집이 거의 없고 각종 입시 학원만 가득하다. 1층에 식당, 카페가 있고 2층부터는 입시 학원과 스터디 카페로만 채워진 건물들이 대부분이다. 학부모들 입장에서는 안심하고 아이를 학원에 보낼 수 있다는 점이 수요를 증가시키는 요인이 된다.

② 편의시설 - 백화점, 마트, 병원

주변에 편리하게 쇼핑할 수 있고, 병원에서 진료를 받을 수 있다는 점은 주거 편의성을 높인다. 마트에 가기 위해 자동차로 30분을 가야 하거나, 주변에 큰 병원이 없다면 생활은 불편할 수밖에 없다.

2. 단지 특성: 동네가 아닌 해당 단지가 가진 특성

① 세대수

보통 1천 세대를 기준으로 하여 이를 넘으면 대단지라고 한다. 대단지는 수요가 항상 있어서 부동산을 매도하고자 할 때 매도 처분이 어렵지 않다. 게다가 1천 세대 인근에는 거주에 필요한 상권이 형성되어 있다는 점도 플러스 요인이 된다. 반면 대략 80~200세대 정도의 나 홀로 단지는 팔고 싶을 때 거래가 이루어지지 않아 시세보다 낮게 내놓아야 거래가 겨우 성사되는 일이 많다. 이왕이면 세대수는 크면 클수록 더 선호된다.

② 브랜드

아파트 이름이 무엇인가 역시 선호도에 영향을 미친다. 이왕이면 자이, 푸르지오, 래미안 등 1군 브랜드가 선호된다. 냉정하게 보면 시멘트로 지은 집이라는 점, 어차피 공사는 하청을 맡긴다는 점에서 브랜드 순위가 달라질 이유가 없지만, 사람 마음이 또 그렇지가 않은 것 같다.

③ 지형

언덕 지형보다는 평지가 더 선호된다. 초고령 사회의 대한민국에서는 약간만 언덕이 있어도 어르신들이 힘들어지기 때문이다. 겨울철 빙판길, 은근 위험하다.

④ 커뮤니티 시설

아파트 내에 수영장이나 독서실이 있는 것은 기본이고 최근에는 조식 서비스까지 제공되는 아파트들이 지어지고 있다. 커뮤니티 시설을 통해 더 나은 주거 환경이 제공된다는 것은 선호도와 수요에 있어 플러스 요인이다. 물론 이러한 커뮤니티 시설은 공짜가 아니다. 그만큼 관리비가 올라가는 요인이기도 하다.

⑤ 지하철과의 거리

단지로부터 지하철까지의 거리가 대략 500m 내에 있으면 역세권이라 부른다. 지하철에 가까울수록 선호도와 가격은 올라간다. 온 식구가 각자 차를 타고 다닐 경우 지하철역이 가깝지 않아도 상관없을 수 있다. 다만 나중에 해당 집을 팔 때 과연 다른 사람들도 그렇게 생각하며 내 집을 매수할까는 생각해 봐야 한다.

⑥ 경과년수

전세 가격의 경우에는 오래된 아파트보다 새로 지은 아파트가 주거에 있어 더 높은 만족감을 주고 이는 가격에도 반영된다. 다만 매매 가격은 이와 약간 다르다. 30~40년이 지나면 재건축을 할 수 있기 때문에 20년 지난 단지들은 재건축 기대감이 반영되어 매매 가격이 상승하는 경우가 대부분이기 때문이다. 우선 전세에 있어서는 경과년수가 작을수록 더 선호되고 전세가격이 높아진다는 점만 참고하면 된다.

3. 개별 특성: 해당 주택의 고유한 특성

① 층

일조권이 확보될 정도의 높이로서 대략 아파트 총 층수 중에서 ⅔보다 높은 곳에 있으면 선호되는 로열층이라 손꼽힌다. 과거 꼭대기 층은 여름에 덥고 겨울에 춥다며 선호도가 떨어지고는 했으나, 최근에는 펜트하우스로 업그레이드되어 선호도가 높아졌다.

② 향

집의 가장 큰 창문이 어느 방향으로 있는가를 가리킨다. 보통 거실의 창을 기준으로 하는데 최고로 선호되는 향은 남향이다. 반대로 북향은 선호도가 가장 떨어진다. 가끔은 서울 강남지역에서 한강뷰를 보려면 어쩔 수 없이 북향으로 지어야 할 때가 있다. 하지만 이렇게 북향으로 지어졌음에도 불구하고 강남 지역이 우리나라 최고 부촌으로 인식되는 것을 보면 향은 '이왕이면 남향이면 좋다'라는 정도로 이해하는 요소일 뿐이다. 물론, 어르신들은 무조건 남향집 아니면 안 되는 경우가 있기는 하다.

③ 채광

집에 햇볕이 잘 드는지 역시 부동산 가격에 영향을 미친다. 거주를 고려한다면 종일 음지라서 햇볕이 전혀 안 드는 것보다는 낮에 햇볕이 잘 드는 환한 집을 대부분 선호하기 때문이다. 일반적으로 남향이면 채광은 걱정할 것 없다고 보면 된다.

④ 뷰

집의 거실에 앉아서 창밖을 볼 때 무엇이 보이는지 역시 집값에 매우 큰 영향을 끼친다. 서울에서는 한강이 보이면 뷰의 끝판왕이라고 칭한다. 숲, 강, 공원, 도시, 호수 등이 보이는 것도 나쁘지 않은 뷰라고 볼 수 있다. 뷰를 키워드로 잡고 이름을 붙이는 아파트 단지들도 많다. 아파트 이름에 포레스트(파크), 리버뷰, 파크뷰, 시티, 레이크뷰 등이 붙어있는 것을 많이 보았을 것이다. 심지어 학군이 좋다고 '에듀'가 붙는 경우도 있다.

⑤ 내부 인테리어 상태

올수리, 부분 수리 등을 가리키는 내용이다. 주택의 매매 가격에는 큰 영향이 없지만, 전세 가격에는 아주 큰 영향을 미친다. 누구나 이왕이면 수리가 되어 깔끔한 집을 원하기 때문이다. COVID-19시기 재택근무를 하며 집에 머물러 생활하는 시간이 길어지면서 예쁜 인테리어에 대한 수요가 증가하기도 했었다.

| 미래 가치 = 기대 가치 |

미래 가치는 해당 부동산의 기대치를 나타낸다. 앞으로 주변에 지하철이 개통된다거나 재건축이 된다거나 하는 개발 계획은 기대치를 올리는 요인으로 작용한다. 반면 대출 금리가 높아서 매수 수요가 부족할 것 같다거나 주변에 혐오시설이 들어온다는 소식은 기대치를 마이너스시키는 요인이다.

전세 가격이 고정되어 있다고 했을 때 기대치가 올라가면 기대치의 상승분만큼 매매 가격은 올라간다. 반대로 기대치가 낮아진다면 그만큼 매매 가격은 내려간다. 해당 지역의 주변에 개발 계획이 확정된다거나 인근에 대형 쇼핑센터 등 편의시설이 들어오는 일명 '개발 호재', '교통 호재'들은 현재가 아닌 몇 년 후의 미래에 영향을 미치는 요인이고, 미래에 대한 기대치를 높인다.

이러한 점에서 2020년 하반기에 시행된 임대차 3법은 당시 상승세였던 부동산 가격을 더욱 급등시키는 결과로 이어졌다고 할 수 있다. 임대차 3법에 대해 자세히 보자면 이렇다. 당시 부동산은 매매 가격과 전세 가격 모두 상승하는 상황이었다. 임대차 3법의 입법취지는 전세 가격의 급등에 따른 세입자들의 부담을 줄여주겠다는 착한 의도였다. 2년만 보장되어 있던 전세 기간을 '계약갱신청구권'을 사용하여 2년 더 연장할 수 있도록 해준다면, 게다가 상승폭을 5%로 제한한다면 세입자들의 주거 안정을 이룰 수 있다고 생각했던 것이 입법취지였다.

하지만 안타깝게도 부동산 시장은 입법취지에 따라 움직이지 않았다. 당시 집주인들 입장에서는 이번에 세입자를 받으면 최소 4년은 보장해주어야 하는 상황이었기 때문에 2년 후가 아닌 4년 후의 전세 시세를 예상해서 지금 당장의 전세 계약에 적용했다. 앞으로 2년간 상승 예상분이 아닌 4년 후의 상승분을 예상했던 것이다.

매매 가격이 곧 전세 가격과 미래 기대치라는 관점에서 보면 향후 상승 예상이 기대치에도 반영되고 전세 가격에도 반영되어 이중으로 가격이 올랐다. 결론적으로 미래에 대한 상승 예상이 현재의 전세 가격과 현재의 기대치에 모두 반영되어 집값은 더욱 상승할 수밖에 없었다.

06 거시 경제 변수 =
거국적 경제 변수

거시 경제는 국가 단위의 경제 상황을 가리킨다. 통화량, 국내총생산 GDP-Gross Domestic Product 은 개인이나 기업 규모를 넘어서 체급이 달라진다. 거시 경제의 움직임 역시 미래 가치에 영향을 미치는 요소가 된다.

경기가 좋다고 느끼는 사람들이 많아지면 부동산 가격 상승 가능성이 높아지고 반대의 경우에는 가격 하락 가능성이 높아진다. 굳이 구체적인 수치를 몰라도 체감상 경제가 호황이다, 불황이다 하는 느낌이 부동산 가격에 영향을 미친다고 볼 수 있다. 이왕 부동산 공부를 한다면 좀 있어 보이게 거시 경제 지표도 함께 파악해 보면 좋을 듯하여 준비했다.

| 돈의 움직임을 한 눈에: 통화량 |

통화량은 돈이 얼마나 돌고 있는가를 나타내는 지표를 가리킨다. 통화량이 늘었다는 말은 곧 돈이 많이 돈다는 뜻이고, 줄었다면 돈이 적게 돈다는 식으로 이해하면 쉽다. 조금 설명을 덧붙여보자면 이렇다.

통화량이란 본원통화와 파생통화의 합이다. 본원통화란 중앙은행(대한민국은 한국은행)이 찍어내는 돈이며 파생통화는 시중 은행에서 신용창조를 거쳐 파생되는 통화를 가리킨다.

예를 들어보자. 한국은행에서 새로 1백만 원을 찍어냈다. 그 1백만 원은 A 은행에서 가져간 다음 홍길동에게 대출해 주었다면 통화량은 2백만 원이 된다. 경제학에서는 통화량에 대해 아래와 같이 조금 더 세밀하게 나누어 정의한다.

M1은 '협의통화'라고 하는데, 즉시 사용할 수 있는 통화를 가리킨다. 지갑 속 현금, 월급 통장 등을 뜻한다고 보면 된다. 여기에 더해 시장금리부 수시입출식예금$^{MMDA, Money Market Deposit Account}$, 저축예금, 그리고 머니마켓펀드$^{MMF, Money Market Fund}$등도 손쉽게 현금화할 수 있기 때문에 협의통화에 포함된다. 2년 이내의 정기예금, 적금도 비교적 짧은 기간에 현금화될 수 있기에 협의통화에 들어간다.

이처럼 M1은 유동성이 가장 높은 통화라고 보면 된다. 언제라도 원할 때 즉시 사용할 수 있기 때문이다.

M2는 '광의통화'라고 한다. M1보다 몇 가지가 더 추가되는데 손쉽게 2년 이상의 금융 상품까지 포함된다고 보면 된다. 은행 상품 중 2년 이상의 정기예적금이나 증권회사의 예수금, 생명보험회사의 보험계약 준비금 등이 포함된다. 참고로 경제 관련 뉴스에서 통화량을 가리킬 때 M2를 가리키는 것으로 보면 된다.

통화 지표*	M1	= 현금통화 + 요구불예금 + 수시입출식 저축성 예금
	M2	= M1 + 정기예·적금 및 부금* + 시장형 상품 + 실적배당형 상품* + 금융채* + 기타(투신증권저축, 종금사 발행어음) • 만기 2년 이상 제외
유동성 지표	Lf (종전 M3)	= M2 + M2 포함 금융 상품 중 만기 2년 이상 정기예적금 및 금융채 등 + 한국증권금융(주)의 예수금 + 생명보험회사(우체국보험 포함)의 보험 계약 준비금 + 농협 국민 생명 공제의 예수금 등
	L	= Lf + 정부 및 기업 등이 발행한 유동성 시장금융상품 (증권 회사 RP, 여신전문기관의 채권, 예금보험공사채, 자산관리공사채, 자산 유동화 전문 회사의 자산 유동화 증권, 국채, 지방채, 기업 어음, 회사채 등)

*예금취급기관 대상: 중앙은행, 예금은행, 종합금융회사, 투자신탁, 신탁회사, 상호저축은행, 신용협동기구, 우체국예금 등

앞서 설명한 바와 같이 통화량이 늘어나면 주식, 부동산 시장으로 자금이 흘러 들어가 가격이 높아질 가능성이 높아진다. 가능성이 높아진다고 표현한 것은 무조건 통화량이 늘어난다고 주식, 부동산의 값이 오르지는 않기 때문이다. 부동산 가격이 참 어려운 것이 주식과 마찬가지로 오로지 하나만 보고 결정되는 것이 아니다.

| 경매: 낙찰가율과 낙찰률 |

부동산 시장의 상황을 논할 때 등장하는 단골 메뉴 중의 하나가 '낙찰가율'이다. 낙찰가율이 올라간다는 것은 부동산 거래가 활성화되고 거래 가격이 올라간다고 알려져 있기 때문이다. 반대로 낙찰가율이 낮아진다는 것은 경매 시장의 인기가 시들해지고 부동산 거래가 뜸해진다는 신호로 받아들여진다.

일반적으로 경매 낙찰가율은 부동산 거래의 선행지수라고 부르기도 한다. 닳고 닳은 경매 선수들이 경매장에 북적이면 부동산이 앞으로 오를 것이라는 신호고, 반대의 상황이면 당분간 부동산은 계속 하락할 것이라는 신호이기도 하다. 우선 경매 낙찰가율의 공식은 다음과 같다.

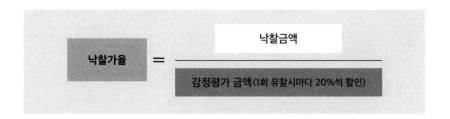

낙찰가율은 감정가 대비 얼마의 금액으로 낙찰되었는가를 보는 '가격'에 대한 지표다. 그리고 낙찰률은 경매로 나온 부동산 중에서 몇 개가 낙찰을 받았는가를 나타내는 '거래'에 대한 지표다. 주식으로 따지자면 낙찰가율은 주가이고 낙찰률은 거래량으로 볼 수 있다. 주식과 유사하게 부동산 역시 거래량이 늘면 주가가 늘어나는 현상을 보이게 된다.

전국 아파트 경매 낙찰가율 83.5%··· 올해 들어 '최고'

낙찰률은 34.9%.. 전달 대비 8.1%p 빠지며 하락

출처: 조선비즈 2023년 10월 11일

기사를 보면 낙찰가율이 83.5%로 최고를 기록했으나 낙찰률은 34.9%로 하락했다고 전하고 있다. 즉, 가격은 높아졌는데 거래는 부진하다는 내용이다. 낙찰가율과 낙찰률이 동시에 높아지면 앞으로 부동산이 상승할 신호라고 보면 된다.

앞으로 뉴스에서 낙찰가율이 거론될 때는 낙찰률도 함께 살펴보면 좋다. 주식 시장에서 주가가 높게 형성되더라도 거래량이 적으면 시세로 인정받기 어려운 것과 마찬가지로 부동산에서도 낙찰가율이 높게 형성되더라도 낙찰률이 낮으면 큰 영향이 없기 때문이다.

| 주택 보급률 |

주택 보급률은 맞으면서도 틀린 단어 사용이라고 할 수 있다. 언뜻 들어서는 '우리나라에 주택이 얼마나 보급되었나'를 가리키는 지표라고 착각하게 만들기 때문이다. 그래서 뉴스에서 우리나라의 주택 보급률이 100%를 넘는다는 기사를 접하게 되면 "이상하다? 나는 아직 집이 없는데, 온 국민이 하나씩 집을 가지고 있다는 말인가?"라는 생각을 하게 된다.

사실 엄밀히 말하자면 주택 보급률은 '진짜' 주택 보급률이 아니다. 흔히 말하는 주택 보급률이란 일반 가구수에 대한 주택수의 백분율, 즉 '(주택수/보통 가구수)×100'으로 산정한다. 여기서 일반 가구수란 보통 가구수에서 비혈연가구와 1인 가구를 포함한 가구수로 정의된다. 주택수란 인구 주택 총조사 결과를 기준으로 빈집과 다가구 주택의 구분거처를 포함한 수이다. 쉽게 표현하자면 분자는 주택수, 분모는 가구수라고 이해하면 된다.

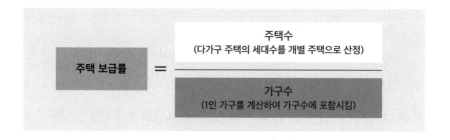

정의에 따라 계산된 주택 보급률을 보면 2021년 말을 기준으로 전국의 주택 보급률은 102.2%이고 주요도시는 서울 94.2%, 수도권은 96.8%로 나온다.

서울에서 하위 3%에 들지 않는다면 당연히(?) 내 집을 가지고 있어야 한다는 수치이기도 하다. 이렇게 주택보급률이 100%를 넘거나 근접함에도 불구하고 정작 내 집 마련은 아직까지 수많은 직장인의 꿈이기도 하고, 전세 가격은 하늘 높은 줄 모르고 계속 오르기만 한다. 대체 무엇이 문제일까?

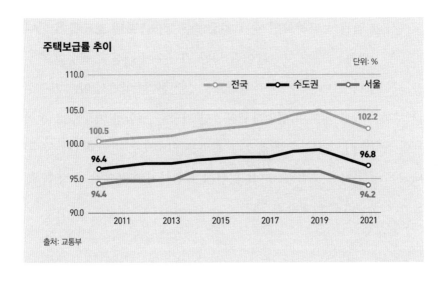

주택보급률 추이

단위: %

전국 수도권 서울

100.5
96.4
94.4

102.2
96.8
94.2

2011 2013 2015 2017 2019 2021

출처: 교통부

주택 보급률의 수치가 실제 주택 보급률이 아니라는 것이 가장 큰 문제점이다. 이런 상황을 가정해 보자. 가구수가 5인 마을에 집이 다섯 채가 있다. 그렇게 되면 그 마을의 주택 보급률은 100%가 된다. 그런데 한 집에서 5채 모두를 가지고 있다고 해도 주택 보급률은 100%로 나오게 된다. 나머지 4개의 가구가 전세 또는 월세로 주인집의 눈치를 보며 살아도 수치상으로는 주택 보급률이 100%가 넘는 동네인 것이다.

실제로 집을 두 채 이상 가진 사람의 수만큼 집이 없는 사람이 있다. 또한 집이라고 다 같은 집이 아니라 어떤 집은 집이라 하기도 민망한 집이 있다. 그럼에도 통계수치에서는 '집'으로 계산된다.

결론적으로 주택 보급률은 우리가 활용하는 지표가 아니라 정부와 정치인들이 자신들의 치적이나 활동을 강조하기 위해 활용하는 지표다.

| 미분양 주택: 전국의 미분양을 긁어모은 수치 |

부동산 시장이 침체되어 있다는 뉴스가 나올 때 약방의 감초처럼 항상 따라오는 것이 바로 '미분양 주택'에 대한 내용이다. 어떤 때는 전국의 미분양 주택이 10만 호가 넘어서 부동산 시장이 극도의 침체기를 겪고 있다는 내용으로 보도되기도 하고, 또 어떤 때는 미분양 주택이 소진되면서 부동산 시장에 온기가 돌기 시작했다는 이야기를 하기도 한다.

사람들은 웬만한 소식이나 수치에는 크게 반응하지 않는다. 교통사고가 나도 적어도 몇 중 추돌사고에 사망자가 몇 명 이상은 되어야 그나마 '사고가 났다보다'라고 생각하는 것이다. 그래서인지 뉴스의 경우 제목들이 점점 자극적으로 변하고 있다.

미분양 주택의 경우도 마찬가지다. '전국의 주택 수에 비해 1%정도가 미분양 되고 있습니다'라는 식으로 제목이 붙으면 사람들은 '뭐 그 정도 가지고!'라고 생각할 것이다. 그런데 수치를 바꾸어 '전국에 미분양 주택이 10만호가 넘습니다!'라고 하면 '미분양 주택이 많구나!'하고 받아들이게 된다. 실제 데이터를 보자.

2023년 6월 말 기준 전국의 미분양 주택은 6만 6천 호였다. 부동산 시장이 뜨거웠던 2021년과 2022년에는 미분양 주택이 2만호 미만이었다는 점을 감안하면 6만 8천이라는 수치는 3배 넘는 대단히 높은 편이다. 사람들의 수요가 상당히 줄었다는 점을 유추할 수 있다.

한 가지 주목할 것은 이 수치가 전국을 대상으로 한다는 것. 집값

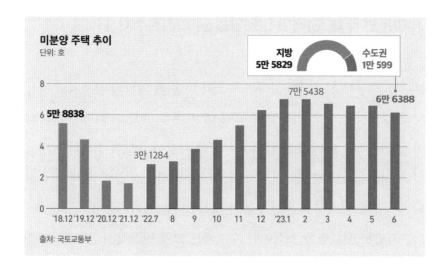

미분양 주택 추이
단위: 호

지방	수도권
5만 5829	1만 599

5만 8838

3만 1284

7만 5438

6만 6388

'18.12 '19.12 '20.12 '21.12 '22.7 8 9 10 11 12 '23.1 2 3 4 5 6

출처: 국토교통부

은 서울에서 시작하여 수도권으로 옮기는 성질을 가지고 있기 때문에 서울과 수도권의 미분양 수치를 보는 것이 더 도움이 된다. 서울과 수도권에 미분양이 많다면 가격 상승의 가능성은 그만큼 떨어진다.

표에도 2023년 6월 전국 6만 8천호의 미분양 주택 중에서 수도권은 1만 6백호 수준이라는 점을 밝히고 있다. 비율로 따지면 전국 미분양 중에서 수도권 미분양의 비율은 16%정도다. 비율만 놓고 보면 수도권의 미분양이 심각하지 않다는 점을 볼 수 있다. 게다가 23년 2월에 7만 5천 수준에서 6만 6천 수준으로 떨어지고 있다는 점도 발견할 수 있다.

또 다른 지표는 주택 매매량이다. 주택 매매량이 많다는 것은 거래가 활발하다는 뜻이다. 급매로 내놓았던 매물들이 다 소화되면 그 다음은 일반 시세로 나온 것들이 거래된다. 거기서 더 거래량이 많아진다는 것은 매도인들이 좀 비싸게 내놓는 매물마저도 소화된다는 뜻이다. 이는 주식 시장과 매우 유사하다. 거래가 많아지면 가격이 올라간다. 반대의 경우도 있다. 거래량이 뜸해지면 가격도 낮아지는 것이다.

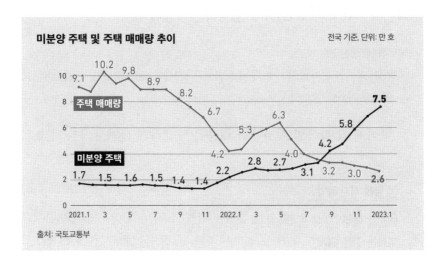

표를 보면 주택 매매량이 2022년 5월에 6만 3천 건 거래된 이후 급감에 가까운 수준으로 하락하고 있음을 볼 수 있다. 우리나라 부동산 시장에서 '가격 상승세가 멈췄나?'하는 생각이 퍼진 것이 이즈음이다. 부동산 시장의 흐름이 파는 사람과 사는 사람 마음대로 움직이는 것 같아 보이기는 해도 수요와 공급의 원칙에 맞게 움직이는 모습을 보인다.

| 국내총생산(GDP) |

교과서에 나온 그대로 GDP를 설명하면 다음과 같다.

↳ **국내총생산**이란

'①일정 기간 동안 ②한 나라의 영토 안에서 생산된 ③최종재화 및 서비스의 ④시장 가치의 합'이다.

자 이제 각 항목별로 자세한 내용을 차례차례 살펴보기로 하자.

① 일정 기간 동안

GDP는 통상 3개월, 6개월, 1년을 단위로 계산되고 측정된다. 이러한 기간이 의미하는 것은 GDP가 저량Stock이 아닌 유량Flow이라는 의미이기도 하다. 여기서 간단한 질문을 하나 하겠다. 만일 작년에 생산된 청바지가 올해 판매된다면 그 청바지는 작년 GDP에 포함될까, 올해 GDP에 포함될까? 아니면 작년과 올해 GDP에 모두 포함될까? 정답은 작년 GDP에 포함된다는 것이다. 이유는 생산연도가 작년이라 앞서 정의된 '생산된 최종재화의 시장 가치의 합'에 해당되기 때문이다. 만약 그 청바지가 작년에는 10만 원의 판매 가격으로 생산되었는데 올해 50% 할인해서 5만 원에 판매되었다면, 그 청바지는 작년 GDP 기준으로 10만 원에 계산된다.

② 한 나라의 영토 안에서

기본적으로는 우리나라 국경 안에서 생산된 제품들을 대상으로 GDP를 계산해야 한다. 만일 미국의 A 회사가 우리나라에 공장을 세워서 물건을 만들어 팔고 그 수익을 미국으로 가져간다면 그것은 우리나라의 GDP에 해당될까, 아니면 미국의 GDP에 해당될까? 정답은 우리나라의 GDP다. 왜냐하면 생산된 위치가 우리나라이기 때문이다. 한 나라의 영토 안이라는 개념은 잠시 후 살펴보게 될 GNP와의 중요한 차이점이기도 하다. 다시 한번 강조하지만, 영토의 개념으로 계산한다는 것은 외국의 회사가 우리나라에서 제품을 생산해도 우리나라의 GDP에 포함된다는 것을 의미한다. 외국 회사가 우리나라에서 제품을 많이 생산해서 돈을 많이 벌면 그 수치가 1인당 국민소득에 포함된다. 수치로 작성되는 1인당 국민소득과 현실로 마주하는 나의 월급의 차이가 여기서 시작된다고 볼 수 있다. 간단하게 GDP와 GNP는 공통적으로 대한민국이 얼마나 더 잘살게 되었는지를 측정하는 지표라고 생각하면 된다.

③ 최종재화 및 서비스의

최종적으로 생산이 완료된 제품에 대해서만 계산을 하게 됨을 뜻한다. 빵을 예로 들면 완성된 빵은 최종재화로 계산하지만 빵을 만들기 위한 반죽은 '중간재'라 하여 GDP 계산에 포함하지 않는다.

④ 시장 가치의 합

시장 가치는 가격이 매겨져 거래된다는 것을 의미한다. 제품의 가치는 가격과는 무관하지만 통계를 위해서는 화폐 가치를 계산하는 것이다. 시장 가치의 합에서 주의할 두 가지 사항이 있다. 첫째, 마약과 같은 불법적인 거래에 대해서는 시장가치가 명확하다 하더라도 GDP에 넣지는 않는다. 둘째, 주부의 가사노동이나 육아 활동은 화폐 가치로 계산되지 않는다. 참고로 뉴질랜드에서는 뉴질랜드 전업주부의 가사노동의 가치가 연 6천6백만 원 수준이라고 발표한 사례가 있다. 만일 주부의 가사노동이 GDP에 포함되면 어떨까? 아마도 우리나라의 전체적인 GDP는 상승하게 될 것이다. 물론 수치상으로 말이다.

| 경제 성장률 - GDP를 직관적으로 이해하기 위한 지표 |

결국 GDP는 얼마나 돈을 벌었는가에 대한 경제지표다. GDP는 그냥 수치만 제시하면 어느 정도 규모인지 잘한 것인지 못한 것인지 직관적으로 이해하기 어렵기 때문에 작년 대비 또는 전분기 대비 얼마나 GDP가 성장했는지 퍼센티지 단위로 바꿔 경제 성장률이라 표현한다. 전년 대비 경제 성장률이 10%라고 하면 작년 GDP 대비 올해 GDP가 10% 늘어났다고 본다. 수식으로 풀어보면 이렇다.

나의 한 달 월급이 5백만 원이라고 해보자. 그렇다면 이 5백만 원은 많은 편일까, 적은 편일까? 만일 지난 달 월급이 1천만 원이었다고 하면 5백만 원이라는 이번 달 월급은 반값이 된 것이겠고, 지난 달 월급이 2백50만 원이었다면 두 배가 된 셈이다. 경제 성장률은 단순하게 경제의 규모가 표시되는 것이 아니라 성장률, 그러니까 기존보다 얼마나 성장했느냐를 나타낸다. 말 그대로 경제가 얼마나 규모가 커졌는지 쉽게 이해할 수 있도록 만든 지표다. 경제 성장률은 작년에 비해(전년 대비) 또는 작년 같은 기간에 비해(전년 동기 대비) 등으로 나타낸다.

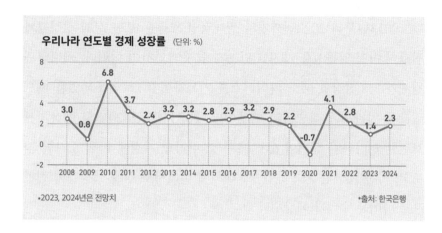

우리나라 연도별 경제 성장률 (단위: %)

•2023, 2024년은 전망치
*출처: 한국은행

표를 보면 2008년부터 2022년까지는 실제 데이터, 2023년과 2024년은 전망치가 정리되어 있다. 참고로 2023년에 대해 한국은행 등 기관마다 차이는 있지만 대략 1.5%의 낮은 경제 성장을 예상하고 있다. 경제 성장률은 2020년을 제외하고 대략 3~4% 내외의 수치를 평균적으로 보였다. 우리나라의 경제 규모는 2020년을 제외하면 매년 3% 정도 성장하고 있다고 보는 것이다.

경제 규모가 커지면 그에 따라 국민소득도 증가해서 부동산 가격 상승의 원인이 될 것이라 예측할 수 있기도 하지만 실제 그와는 약간 방향이 다를 수 있다. 경제가 잘 성장하면 정부는 굳이 금리를 건드리지 않는다. 오히려 경제가 너무 성장하면 속도 조절해서 인플레이션을 막기 위해 기준 금리를 올리기까지 한다. 반면 경제가 불황이면 정부는 경제 활성화를 위해 기준 금리도 낮추고 부동산 규제도 풀어주고 하면서 부동산 경기를 활성화시키려는 노력을 한다.

2013년부터 2022년까지의 전체적인 흐름을 보면 경제 성장률과 집값이 어떤 연관성을 가지고 있는지 쉽게 파악하기 어렵다. 왜냐하면 경제가 3% 성장할 때도 마이너스를 기록하여 0.7% 축소되었을 때도 집값은 일관되게 상승했기 때문이다. 2023년과 2024년의 예상치를 보면 우리나라가 심지어 6.8%까지 잘 나가던 시절에 비해 초라할 정도고, 이전 10년간 기록하던 3% 내외에 비해서도 경제 성장률이 절반으로 줄어든 수치가 예상된다.

이제 입장 바꿔 생각해 볼 시간이다. 내가 대통령이나 한국은행 총재라고 생각해 보자. 기준 금리만 낮추면 경제를 성장시켜서 1.5~2.3%라는 향후 예상치를 벗어나 나라를 잘 살게 만든 정부로 자리매김할 수 있다. 적어도 3%는 넘게 성장시켜야 체면을 잃지 않을 수 있다. 기준 금리만 낮추는 것이 가장 확실하고 빠른 해결책인 상황이다. 손을 조금만 뻗어서 기준 금리만 낮추면 된다. 만일 미국이 물가를 잡아서 더 이상 기준 금리를 올리지 않고 몇 년 전처럼 2%도 안 되는 아주 낮은 기준 금리를 적용한다고 했을 때 대통령이나 한국은행 총재는 어떤 선택을 할 것인가? 군이 물어볼 것도 없다. 무조건 기준 금리를 낮춰서 경제를 활성화해야 한다. 교과서 대로하면 GDP가 성장하면 부동산 가격이 오르는 것이 맞지만, 현실 세계에서는 역설적이게도 경기 불황기에 정부에서 기준 금리를 낮추기 때문에 부동산 가격이 상승할 가능성이 더 높아진다. 부동산 가격은 매우 예측하기 어렵다. GDP가 성장하면 성장한다고 오르고, GDP가 내려가면 또 경제 활성화 대책으로 올라가기 때문이다.

금리 코픽스: 대출의 기준 금리

은행의 대출 상품은 크게 고정 금리와 변동 금리로 나뉘게 된다. 대출을 받을 때 이자율을 정해서 변동 없이 계속 대출 원금과 이자를 부담하는 방식을 고정 금리, 일정 기간 동안의 이자율의 변화를 반영하는 방식을 변동 금리라고 한다. 단순하게 보면 이자율을 정해놓는 것이 속편하다고 생각할 수 있으나 항상 그러하듯 세상에는 공짜가 없다. 고정 금리로 대출을 받고자하면 변동 금리에 비해 조금씩 이자율이 높기 때문이다. 반대로 변동 금리는 고정 금리에 비해 아주 조금 대출 이자율이 낮지만, 이자가 높아지거나 낮아질 가능성이 있기 때문에 고객 입장에서는 위험 부담을 안게 된다. 그렇다면 이자율은 어떤 기준으로 변동되는 것일까? 과거엔 'CD금리'라고 하여 은행들끼리 알음알음 거래하는 금리를 기준으로 하기도 했었다. 하지만 현실적인 기준이 필요하다는 판단 하에 금융권에서 다 같이 모여 기준을 정한 것이 바로 '코픽스 금리'다. 일종의 '대출할 때 은행들이 정하는 기준 금리'라 할 수 있다.

코픽스 COFIX(Cost of Funds Index) = 은행의 대출 원가

코픽스는 국내 9개 은행(정보제공은행-농협은행, 신한은행, 우리은행, 한국스탠다드차타드은행, 하나은행, 중소기업은행, 국민은행, 한국외환은행, 한국씨티은행)들이 제공한 자금 조달 관련 정보를 기초로 하여 산출되는 자금 조달 비용 지수를 가리킨다. 쉽게 풀어 설명하면 은행의 대출 상품에 들어가는 원가를 가리킨다고 보면 된다. 상품의 가격이 원가에 마진을 더해져서 정해지는 원리처럼 은행의 대출 상품은 코픽스라는 원가에 은행 자체의 마진을 더해서 이자율이 정해진다고 이해하면 된다. 코픽스는 국내 9개의 시중 은행이 제공하는 정보를 기준으로 원가가 정해지는 상품이라 할 수 있다. 이러한 원가는 크게 3가지 방식으로 구하게 되고 고객에게 대출해 줄 때도 방식에 따라 이자가 조금씩 달라진다.

① 잔액기준 코픽스

은행에서 취급하는 예금, 대출 등의 잔액을 기준으로 원가를 계산하는 방식이다. 은행에서 옛날에 비싼 이자를 주고 구해온 돈이 아직 남아있다면 그 돈에 대해서는 원가기 높을 것이고 최근에 낮은 이자를 주고 구해온 돈이 많이 있다면 그만큼 잔액의 원가는 낮게 계산된다. 총 8개 상품의 잔액을 기준으로 한다. 8개 상품은 정기예금, 정기적금, 상호부금, 주택부금, 양도성예금증서, 환매조건부채권매도, 표지어음매출, 후순위채와 전환사채를 제외한 금융채를 들 수 있다. 이러한 잔액들의 평균적인 비용을 계산해서 원가, 즉 코픽스를 구하는 방식이다.

② 신규 취급액 기준 코픽스

은행들이 새로 돈을 구해올 때 사용했던 원가들을 적용하는 방식이다. 앞서 설명했던 잔액 기준 코픽스와 방식이 반대라 할 수 있다. 한국은행에서 기준 금리를 낮게 하면 그에 따라 은행들도 싼 이자를 적용해서 자금을 조달할 수 있으니 코픽스도 낮아지게 되고 한국은행에서 기준 금리를 올리면 반대의 현상이 일어나게 된다.

③ 신잔액 코픽스

기존 코픽스가 아직도 현실성이 부족하다는 판단 하에 실제 은행이 대출에 활용하는 수시 입출금 예금들까지 포함해서 작성한 최신 버전의 코픽스 금리다.

아파트 가격 결정 경제학 이론

'효율적 시장 가설'이라는 것이 있다. 원래의 개념은 주식 시장에서 주식 가격이 어떻게 결정되는지 설명하는 이론인데, 부동산 시장 역시 효율적 시장 가설 이론으로 설명되는 부분이 많다.

이론을 간략하게 설명하자면 현재의 상품 가격은 얻을 수 있는 모든 정보를 반영한다는 것이다. 주식 시장을 예로 들면 어떤 기업의 주가는 현재까지 알려진 모든 정보들이 반영된 결과라는 것이다. 오늘 삼성전자가 6만 원이라면 지금까지의 모든 정보를 모아서 판단한 결과가 바로 6만 원이라는 결과로 나왔다는 뜻이다. 이는 부동산에도 적용된다,

| 첫째, 오늘의 아파트 시세는 오늘의 가격 |

어떤 아파트가 지하철이 가깝고 학군이 좋고 등등의 장단점은 이미 아

파트 시세에 다 반영되어 있다. 현재 가치로 표현되는 전세 가격에 들어있고, 미래 가치로 표현되는 기대치가 합쳐진 가격이다. 네이버 부동산에 등록되어 부동산 중개업소가 시세라고 알려주는 가격은 현재까지 해당 아파트에 적용되는 모든 호재와 악재가 모조리 반영되어 있다고 보면 되는 것이다. 말 그대로 오늘의 아파트 시세는 가장 정직하고 정확한 오늘의 가격이라 보면 된다.

급매로 매물을 내놓는 집주인들 역시 현재의 모든 정보를 알고 있는 상태에서 본인 사정이 급하니까 가격을 낮추는 것이다. 갑자기 매물을 거두어들이면서 값을 올리자는 집주인들 역시 심성이 못돼서 남의 시간을 낭비시키는 것을 즐기는 것이 아니라 정보 취합을 통해 판단한 결과 앞으로 가격이 더 오르리라고 예상하기 때문이다.

물론 가격은 정해지지는 않았다. 왜냐하면 부동산 관련해서는 끊임없이 새로운 소식이 업데이트 되기 때문이다. 가격이 위로 오르거나 아래로 내려가는 것은 그동안 알려지지 않았던 새로운 소식에 의해 가격이 변동하는 것으로 보면 된다. 강남의 어떤 재건축 예정 아파트가 50층 재건축을 추진하다가 서울시가 재건축 계획을 거절한다거나, 이전에 노후주택 밀집단지였는데 재개발 사업 구역으로 지정된다거나 하는 새로운 소식은 가격 변동의 주요 원인이 된다.

정리하자면 지금 부동산 사무소 유리창에 붙어있는 매물들은 지금까지의 정보가 반영된 결과이고, 이 매물의 가격이 변경되는 것은 이전에 미처 알려지지 않았던 새로운 소식이 더해지면서 가격이 변경되는 것이라는 것이 효율적 시장 가설의 핵심이다.

| 둘째, 차이점은 선택 |

이 이론에 의하면 주어진 정보만으로는 남들보다 더 이익을 얻을 수 없다. 모두에게 정보가 동일하게 주어지고 그 정보에 의해 가격이 움직이기 때문이다. 내가 알고 있는 것을 남도 똑같이 알고 있는 상황에서는 남들보다 이익을 얻기 힘들 수밖에 없다.

삼성전자가 6만 원일 때 주식이 거래된다는 것은 누구에게는 6만 원이면 싸다는 판단이 있기 때문이고 또 누군가에게는 6만 원이면 오를 만큼 올랐다는 판단이 들어있기 때문이다.

부동산에 있어서도 이와 비슷하다. 현재 A라는 아파트가 10억 원이라 했을 때 누구는 급매라고 할 것이고 또 다른 누군가는 아직 거품이 심하다고 판단할 것이다. 지금 대출이자가 연 6%라고 했을 때 누군가는 이 정도면 버틸만한 이자율일 수 있고 또 버티지 못하고 부동산을 팔아야 하는 이자율일 수 있다. 부동산 사무소에서 "이 아파트 옛날에 15억까지 갔었는데 지금은 10억 원이니까 급매입니다!"라고 할 때 솔깃하면 안 된다. 왜냐하면 오늘 10억 원이라는 가격은 15억까지 올라갔다가 이런저런 사정으로 내려간 '정보가 충실하게 반영된 가격'일 수도 있기 때문이다.

아파트 가격이 어떻게 될 것인가는 사실 누구도 예측할 수 없다. 합리적 근거에 의해 유추를 해볼 수 있으나 '사람의 마음' 즉 미래에 대한 기대감과 불안감은 수치로 측정할 수 없기에 앞으로 부동산 가격이 얼마가 될지 맞추는 것은 불가능하다.

또한 효율적 시장 가설은 매우 설득력이 있기는 하지만 인간은 합리적이라는 기본 가정이 과연 맞는가 하는 의문을 가질 수 있다. 또한, 정부가 모든 사람에게 과연 동일하게 주어지는가 하는 것 역시 의심스럽다. 이 점도 미리 감안해야 한다.

08 부동산은 심리 게임이다

부동산 가격을 결정할 때 경제학적인 요인에 의해 많은 영향을 받는다고 알려져 있다. 물론 맞는 말이다. 하지만 부동산 가격이 변하는 것에 대해 도저히 경제학적인 요인으로 설명하기 힘든 부분도 많이 존재하는 것도 사실이다.

같은 위치, 같은 평형의 아파트라도 1천 세대 이상의 대단지 아파트가 3백 세대 이하의 소규모 세대에 비해 가격이 더 높다. 경제학적으로 보면 같은 위치, 같은 평형이라면 동일한 상품으로 취급되어 동일한 시세를 형성해야 하는데 그렇지 않다.

물론 거래의 편리성이라던가, 향후 투자 가치와 같은 다른 요인들이 작용하기 때문이라는 설명이 가능하지만 어딘가 모르게 경제학적으로 모든 것을 설명하기는 힘든 것이다. 경제학에서 정의하는 인간은 어떤 인간일까?

| 인간은 과연 합리적인가? |

학교에서 경제학을 배우거나 경제학 관련 전공 서적을 보는 경우 가장
먼저 배우는 것이 바로 '인간은 합리적인 선택을 하는 동물'이라는 짧
은 한 문장이다. 합리적인 선택을 하는 동물이기 때문에 자신에게 최
선의 것을 선택하고, 각자 자기의 일만 열심히 하면 '보이지 않는 손'이
작용하여 물건의 가격을 자연스럽게 수요와 공급의 원리에 의해 결정
해 준다고 믿는 것이다.

선택의 주체들은 나름대로 기회비용을 계산하여 가장 유리한
선택을 한다. 선택 가능한 여러 대안들 중에서 최선의 것을 선택한
다는 것이다. 물론 최선을 따지는 기준이 선택하는 주체에 따라서
달라질 수는 있다. 그러나 사람들이 합리적이라면 스스로 가지고 있
는 기준에 따라 최선의 대안을 선택할 것임을 기대할 수 있다. 선택
행위를 연구하는데 있어서 사람들이 합리적으로 행동할 것이라는
전제는 매우 중요하다. -《경제학 원론》(조성환/곽태원/김준원 공저) 경문사 2001

위의 문장은 우리나라 대부분의 경제학 원론 첫 시간에 배우는 문
장이다. 인간은 자신에게 최선의 선택을 합리적으로 한다는 것이다.
물론 맞는 말이다. 하지만 대부분의 경우 필요하지도 않은 물품을 사
서 후회하는 사람들이 많은 것을 보면 인간은 그다지 합리적이라는 생

각이 들지 않는다. 합리적 인간에 대해 살펴보자.

현재 집값이 안 오르거나 떨어지고 있다. 대부분 엄청난 대출을 끼고 있는데, 버티는 것도 하루이틀이지, 합리적인 사고를 하는 사람이라면 오히려 집을 파는 게 정상이다.

위의 인터뷰 내용은 어느 경제 전문가가 인터넷 언론사와 인터뷰했던 내용이다. 이러한 인터뷰가 있은 후 5개월이 지난 시점인 2009년 3월부터 강남 재건축 시장의 부동산 시장이 급격하게 오르기 시작하면서 전체적인 부동산 가격 상승이 있었다. 바로 이어 2009년 5월부터는 전세 가격도 상승하여 '전세 대란'이라는 말을 언론을 통하여 자주 접하게 되었다.

인간은 경제학에서 이야기하는 것처럼 합리적인 소비를 하는 경제 주체는 아니다. 특히 부동산 가격에 있어서는 더욱 그렇다. 5억 원에 아파트 매도 의뢰를 했던 매도 의뢰자가 실제 매수 문의를 받으면 더 높여서 팔아도 될 것 같다고 판단하여 슬그머니 매물을 거두어들인다. 바로 이 점 때문에 부동산 가격을 경제학적으로만 분석할 수는 없다. 대다수의 배웠다는(?) 전문가들은 오로지 경제학적인 변수만 놓고 가격을 예측하는 오류를 범한다.

| 오르면 더 잘 팔리는 이상한 상품 - 아파트 |

부동산, 특히 아파트에서 볼 수 있는 특이한 현상 중의 하나는 값이 오르는 상황에서 더 잘 팔리고 집값이 좀 내려간다 싶으면 매수세가 실종된다는 것이다. 물건은 값이 싸지면 더 잘 팔리고 비싸지면 잘 안 팔리는 게 보통인데, 부동산은 그 반대의 모습을 보인다.

부동산을 매수할 때 경제학적으로 금리가 어쩌고, 대한민국 경제 상황이 어쩌고 하는 분석을 하는 게 아니다. 중요한 것은 '더 오를 것 같으니까 더 늦기 전에 사두자!'라는 심리인 것이다. 이러한 심리들에 대해 옳다, 그르다의 판단을 할 필요는 없다. 이러한 특성이 있다는 점을 참고하면 된다.

부동산 상승기의 매도자와 매수자의 심리상태를 보면, 매도자는 '조금 더 기다리면 더 오를 것 같으니 천천히 팔자!'라는 심리를 갖게 되고 매수자는 '더 오르기 전에 사두자!'는 생각 하에 움직인다. 당연하다. 실제로 한창 부동산 시장이 불이 붙는 시기엔 하루 지나 매도자가 1천만 원 더 올리는 경우가 많기 때문이다. 부동산 하락기를 보면 정반대의 상황이다. 매도자는 더 떨어지기 전에, 매수자는 조금 더 느긋하게, 더 깎을 수 있을 때까지 기다려보자는 입장이 된다.

이처럼 부동산은 심리 게임이다. 너무 높아져서 지금 사면 손해 보는 것 같을 때, 가격이 낮아지는 상황이라 더 늦게 팔면 손해가 커질 것 같은 공포심을 이겨낼 수 있어야 한다.

PART

6

세금은 너무 어려운 영역이다.

'세무사'가 전문직이라는 것은 세금이 그만큼 어렵다는 뜻이다.

이렇게 어려운데 왜 학교에서는 정규 교과목으로 정하지 않는지 궁금할

따름이다. 이제 막 부동산에 발을 들인 이들을 위해 세금을 최대한 쉬운 용어로

설명해 보려고 한다. 그럼에도 불구하고 한 번에 개념을 이해하긴 힘들 것이다.

필자 역시 세금 공부를 하면서 전혀 익숙하지 않은 용어들 때문에

고생했기 때문이다.

이처럼 어렵고 복잡한 세금이지만, 그래도 한 번 내용을 습득하게 되면

세금과 관련된 각종 뉴스들을 보다 손쉽게 이해할 수 있을 것이다.

01 부동산 세금의 기초

핵심만 요약하자면 부동산을 살 때는 취득세, 부동산을 가지고 있을 때는 재산세가 발생한다. 또한, 부동산 가격이 기준 이상으로 높으면 종합 부동산세가 추가적으로 발생한다. 부동산을 팔 때는 양도소득세가 부과된다.

부동산은 처음 살 때부터 팔 때까지 계속 세금이 발생한다고 보면 된다. 뉴스에서 부동산 '보유세'라고 표현하는 것은 부동산을 가지고 있을 때 발생하는 재산세와 종합 부동산세를 가리키고, 부동산 '거래세'는 부동산을 사고팔 때 발생하는 취득세와 양도소득세를 가리킨다.

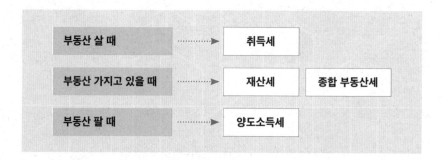

세금 공부를 하고나면 신문 기사들을 보면 '저게 저 뜻이었구나!', '저래서 저렇게 이야기하는구나!'하고 뿌듯함을 느낄 수 있을 것이다. 부동산 세금이 어떤 성질을 가지고 있는지 알면 조금 더 흥미롭게 뉴스를 보고 세상사를 이해할 수 있다.

| 부동산 구매 시 내는 세금, 취득세 |

부동산을 살때는 '취득세'라는 세금이 붙는다. '취득取得'이라는 단어를 풀어보면 취할 취取, 얻을 득得으로 이루어져 있다는 점을 감안하면 이해가 쉽다. 말 그대로 집을 얻은 대가로 내는 세금인 것이다.

원래 취득세를 계산하는 기준은 오로지 '집값' 하나였기 때문에 매우 간단했다. 집값의 크기에 따라 1~3%가 적용되는 것이 전부였기 때문이다. 하나 예를 들어보자. 집값이 9억 원을 넘으면 취득세는 3%인 시절이 있었다. 이때 만약 10억 원의 주택을 구입하면 취득세는 10억 원에 3%의 취득세를 곱하여 나온 값인 3천만 원을 내면 됐다.

하지만 지금은 그렇게 간단하지 않다. 집을 사는 사람이 현재 보유한 집이 몇 채인지, 거래를 하는 부동산이 어느 동네에 있는지에 따라 적용되는 비율이 달라지기 때문이다. 특히, 조정대상지역과 비조정대상지역에 따라 세금이 달라진다. 조정대상지역은 서울 강남구, 서초구, 송파구, 용산구이고 비조정대상지역은 기타 모든 지역이다. 참고로 이는 2023년 11월 발표되었던 정부 계획을 기준으로 한 것이다. 정부 정책이나 법이 바뀌게 되면 비율이 달라질 수 있다.

1. 기본 세율

무주택자 또는 1주택자가 주택을 매입하는 경우: 1~3%

무주택자 또는 1주택자가 새로 집을 살 때는 지역 상관없이 단순히 집값을 기준으로 1~3%가 세금으로 계산된다. 6억 원까지는 1%, 6~9억 원까지는 1.01~2.99%, 9억 원 초과는 3%가 취득세다. 계산도 간단하다. 2억 5천만 원의 다세대 주택을 매입한다면 2억 5천만 원에 1%를 곱해 2백50만원을 취득세로 내면 된다. 만약 9억 5천만 원의 아파트를 매입한다면 취득세는 9억 5천만 원에 3%를 곱하여 2천8백50만 원이다.

2. 중과세율

2주택자 중과세율: 4% 또는 6%

중과세율은 무거울 중重이 붙어 부과되는 세금이라는 뜻이다. 단어가 가리키듯 중과세율은 기본 세율에 더해 세금이 추가로 붙는 경우를 가리킨다. 중과세율은 집이 두 채 있는 사람이 하나를 추가해서 세 채가 되는 경우부터 해당된다. 세 번째 매입하는 집에 대해서는 4%의 세금이 붙는다.

　　앞서 보았던 2억 5천만 원의 다세대 주택을 매입하는 사람이 알고 보니 2주택자여서 1개를 추가하면 3주택자가 되는 경우 적용되는 비율은 집값의 4%로 취득세는 1천만 원이다. 같은 방법으로 9억 5천만 원의 아파트를 매입해서 3주택자가 된다면 4%가 적용되어 취득세는 3천8백만 원이 된다.

여기서 잠깐, 아주 우연히도 세 번째로 매입하는 집이 강남3구 또는 용산구에 있다면 취득세 비율은 4%가 아닌 6%로 적용된다. 서울의 강남구, 서초구, 송파구, 용산구 이렇게 4개 지역은 조정 대상 지역으로 지정되어 있기 때문이다. 서울에서 가장 비싼 동네들이니 세금도 더 내라는 뜻으로 이해하면 된다.

3주택이상자 또는 법인 중과세율: 6%

집이 이미 세 채거나 집을 사는 사람이 법인인 경우 정부는 '여기서부터는 투기에 가깝다'고 판단한다. 그렇기에 집을 살 때 집값의 6%를 적용하여 세금을 더 내도록 한다. 6억 원으로 아파트를 매입한다고 했을 때 무주택자가 사는 경우에는 집값의 1%인 6백만 원의 취득세를 내지만, 2주택자가 하나 더 사서 3주택이 되는 경우 집값의 6%인 3천6백만 원의 취득세를 부담해야 한다. 설명한 내용을 간략하게 정리하면 다음과 같다.

이는 2023년 1월 정부에서 발표한 신규 계획안이다. 2023년 12월

무주택자 & 1주택자	전지역	1~3%
2주택자	비조정대상지역 (서울 4개 자치구 제외 전지역)	4%
	조정대상지역 (서울 강남구, 서초구, 송파구, 용산구)	6%
3주택자 이상 & 법인	전지역	6%

기준 아직 국회 통과를 하지 못했기 때문에 취득세율은 설명했던 것보다 훨씬 높은 기존 버전이 유지될 가능성도 있다.

취득세를 계산하는 경우 취득세율이 기존 버전인지 신규 버전인지 꼭 확인해야 한다. 세금이 한 번 정해지면 끝까지 가는 것이 아니라 짧게는 3개월마다 변경되는 관계로 세금은 꼭 실시간으로 확인해야 하는 어려움이 있다.

3. 취득세에 추가되는 세금

부동산을 살 때 깔끔하게 '집값이 얼마니까 취득세 적용해서 얼마 납부하시면 됩니다!'라고 하면 참 좋겠지만 그렇지 않다. 기본 취득세 이외에도 자잘하게 농어촌특별세, 지방교육세가 붙는다. 대략 계산해 보면 취득세로 납부해야 할 금액에 10~20% 정도가 추가로 붙는다고 보면 된다.

예를 들어 취득세가 1%로 적용되는 6억 원 이하의 주택인 경우 취득세 자체는 6백만 원이지만 이 집의 크기가 33평 이하라면 지방교육세가 집값의 0.1% 추가되어 6백60만 원이 된다. 만약 집 크기가 33평이 넘는다면 농어촌 특별세 0.2%와 지방교육세 0.1% 더해진 총 1.3%의 세금이 부과된다. 이를 다 합친 금액은 7백 80만원 된다. 농어촌 특별세와 지방교육세는 워낙 복잡하기 때문에 본문에서 다루지는 않겠다. 여기까지만 읽고 취득세가 어떤 것인지 감을 잡으면 된다.

혹시 취득세를 완전히 마스터하고 싶어졌다면 아래의 표를 보기 바란다. 2023년 기준 취득세가 정리되어 있다. 본문에 설명된 내용 이외에도 필자조차도 제대로 암기하고 있지 못한 농어촌 특별세와 지방교육세 요율까지 정리되어 있으니 참고 바란다.

구분	매수 가격	전용면적	취득세율	농어촌 특별세	지방 교육세	총 취득세율
주택취득 (1~2주택)	6억원 이하	85㎡ 이하	1.0%	-	0.1%	1.1%
		85㎡ 초과	1.0%	0.2%	0.1%	1.3%
	6억원 초과~ 9억원 이하 (1천만 원당 0.06~0.07% 상승)	85㎡ 이하	1~3%	-	0.1~0.3%	1.1~3.3%
		85㎡ 초과	1~3%	0.2%	0.1~0.3%	1.3~3.5%
	9억원 초과	85㎡ 이하	3.0%	-	0.3%	3.3%
		85㎡ 초과	3.0%	0.2%	0.3%	3.5%
3주택(비조정지역 기준 4%/조정지역 6%)		85㎡ 이하	4.0%	-	0.4%	4.4%
		85㎡ 초과	4.0%	0.6%	0.4%	5.0%
4주택 이상/법인 사업자		85㎡ 이하	6.0%	-	0.4%	6.4%
		85㎡ 초과	6.0%	1.0%	0.4%	7.4%

부동산을 가지고
있을 때, 재산세

부동산은 가지고 있으면 매년 재산세를 낸다. 만약 지니고 있는 부동산의 사이즈가 좀 크면 종합 부동산세까지 낸다. 경제뉴스에서 '부동산 보유세'라고 하는 것은 부동산을 가지고 있는 동안 내야 하는 재산세와 종합 부동산세를 한꺼번에 가리키는 말이라 할 수 있다.

재산세는 개념은 간단하지만 계산은 어려운 세금이다. 낯선 용어들이 한 가득이기 때문이다. 우선 간략하게 재산세의 개요를 살펴보면 이렇다.

① **재산세 납세 의무자**: 매년 6월 1일 현재 부동산을 소유하고 있는 자
② **재산세 납부 시기**: 매년 7월과 9월에 산출된 세금을 반씩 나누어 납부
③ **재산세 계산 방법**:   (A) 공시가격
　　　　　　　　　× (B) 공정 시장 가액 비율
　　　　　　　　　= (C) 과세표준
　　　　　　　　　× (D) 세율
　　　　　　　　　= (E) 최종세액

재산세 계산 방법을 보면 평소에 잘 쓰지 않는 용어들이 나온다. 언뜻 보기에는 어려워 보이지만, 하나씩 차근차근 살펴보면 이해할 수 있다. 초보자의 입장에서 단어들을 하나씩 뜯어보려고 한다. 이 단어들을 한 번 알아두면 부동산 팔 때의 양도소득세와 직장인 연말정산 등 세금 관련된 학습을 할 때 조금 더 수월하게 배울 수도 있다.

A 공시가격: (공)공의 목적을 위해 게(시)하는 (가격)

공시가격은 주택 뿐 아니라 모든 부동산에 대해 기준이 되는 가격이다. 공시가격을 기준으로 세금을 계산하는 것이 가장 큰 목적이며, 억울하게 세금을 과다하게 납부하는 일이 없도록 시세보다 낮은 가격으로 산정하는 경우가 대부분이다. 시세 10억인 아파트에 대해 공시가격을 너무 정직하게 아파트 시세 그대로 10억 원으로 계산하면 나중에 사정상 급매로 8억 원이나 9억 원에 팔았을 때 억울하지 않겠는가. 그와 같은 이유로 공시가격은 시세보다 20~30% 낮게 산정된다고 보면 된다.

B 공정 시장 가액 비율: (공정)한 상황인 경우 부동산 (시장)에서 일반적으로 받아들여지는 거래 (가액)의 (비율)

짧게 요약하면 납세자들이 불만 없이 세금을 공정하게 내도록 적용하는 부동산 가격의 비율이라 보면 된다. 즉, 한 번 더 가격을 깎아주는 것이다. 이 비율이 100%라면 정해진 공시가격 그대로 세금 계산을 하겠다는 것이고, 비율이 50%라면 공시가격의 절반만큼만 세금을 계산하겠다는 뜻이다. 공정 시장 가액 비율은 일반적으로 60%로 정해진다. 시세가 13억 원이고 공시가격이 10억 원인 아파트에 대해 세금을 계산할 때 공시가격 그대로 10억 원에 대해 세금을 계산하는 것이 아니라 공정 시장 가액 비율인 60%를 적용하여 10억이 아닌 6

억 원(10억 원의 60%)에 대해 세금을 계산한다는 뜻이다. 이 비율은 대통령이 경제 상황에 따라 임의로 정할 수 있다. 문재인 전 대통령 시절인 2019년에는 85%가 적용되기도 했으며 2023년 윤석열 대통령 정부는 공정 시장 가액 비율을 43~45%적용하겠다고 발표했다. 세금을 내는 소유주 입장에서는 이 비율이 낮을수록 세금을 적게 낸다.

C 과세표준: 부(과)하는 (세)를 계산하기 위한 (표준)금액

세금을 계산하려면 얼마를 대상으로 세금을 매길지 정해야 한다. 이때 쓰이는 것이 과세표준이고 이 금액은 앞서 보았던 바와 같이 '공시가격×공정 시장 가액 비율'로 구한다. 부동산 뿐 아니라 모든 세금에서 세금의 계산이 되는 금액을 과세표준이라 부르기 때문에 한 번 알아두면 요긴하게 쓸 수 있는 단어이기도 하다.

D 세율: (세)금의 비(율)

6천만 원 이하	0.1%
6천만원~1억 5천만 원	0.15%
1억 5천만~3억 원	0.25%
3억 원 초과	0.4%

세율 역시 모든 세금계산에 활용된다. 복잡한 과정을 거쳐 계산된 과세표준에 대해 과연 얼마의 비율로 세금을 확정지을 것인가를 계산할 때 쓰인다.

만일 세율이 10%라면 과세표준이 1천만 원이면 1백만 원을 세금으로 확정시키면 된다. 이와같이 세금 계산이 간단하면 좋은데 그렇지 않다. 대부분의 세금은 누진세율이 적용되기 때문이다. 과세표준이 작으면 낮은 비율을 적용하고, 과세표준이 크면 높은 비율을 적용하기 때문에 직관적으로 계산이 되지 않는다. 재산세도 마찬가지다. 집값이 낮으면 낮은 비율을 적용하고 집값이 올라갈수록 적용하는 비율도 올라간다. 재산세에 대해 과세표준에 따른 세율을 보면 아래와 같다.

앞서 설명한 바와 같이 금액이 올라갈수록 세율이 높아진다. 하지만 단순하게 이 표를 적용하면 억울한 사람이 생기게 된다. 과세표준이 6천만 원인 사람은 세율이 0.1%만 적용하여 6만 원만 세금을 내면 되는데, 과세표준이 6천1만 원인 사람은 세율이 0.15%로 적용되어 9만원을 내야 한다. 단 1만원 차이로 세금이 3만원이나 차이가 난다면 과연 공정한 계산이라고 할 수 있을까?

그렇기에 나라에서는 벽돌을 쌓아가듯 밑에서부터 쌓아가면서 차근차근 계산한다. 과세표준이 6천1만 원이라면 6천만 원까지는 0.1%의 세율을 적용하고 6천만 원을 초과하는 1만 원에 대해서는 그 다음 단계인 0.15% 적용한 15원을 세금으로 계산하는 것이다.

과세표준이 2억 5천만 원이라면 어떻게 계산할까? 6천만 원 구간까지는 0.1%, 그 다음 1억 5천만 원 구간까지는 0.15%가 적용되고 남아있는 금액인 1억 원에 대해서는 0.25%를 적용한다.

초급 단계에서는 재산세 세율이 누진 방식으로 적용된다는 것만 알면 되고 초급을 넘어서고 싶다면 다음의 계산 방법을 보면 된다.

주택의 제산세율

과세표준	세율	누진공제액
6천만 원 이하	0.1%	-
6천만 원~1억 5천만 원	0.15%	3만 원
1억 5천만~3억 원	0.25%	18만 원
3억 원 초과	0.4%	63만 원

매번 벽돌을 쌓거나 맨 아래 구간에서 한 칸씩 올라오면서 세금을 계산하는 것은 번거롭다. 이때 위의 표처럼 누진공제액을 한 칸 추가하면 손쉬운 계산이 가능하다.

과세표준 6천1만 원을 계산해 보면 해당 금액이 속한 구간은 위에서 두 번째다. 0.15% 적용 구간이니 6천1만 원에 0.15%를 곱하면 9만 원이다. 여기에 누진공제액 3만원을 빼주면 6만 원으로 손쉽고 빠르게 계산 완료 가능하다.

조금 더 어려운 숫자를 살펴보자. 과세표준이 4억 7천2백만 원이면 맨 위에서부터 하나씩 계산하면서 내려와야 하는데, 누진공제액 계산 방식을 이용하면 다음과 같이 나온다.

$$(4억 7천2백만 원 \times 0.4\%) \ - \ 63만 원 \ = \ 1백25만8천 원$$

이처럼 이러한 계산 방식을 활용하면 재산세를 신속하고 정확하게 계산할 수 있다.

종합 부동산세, SNS에 올리면 플렉스가 가능하다

SNS에 게시글을 올리는 사람들 중 간혹 비싼 수입차와 비싼 시계, 골프장에서 라운딩하는 모습을 찍어 은근슬쩍 자신의 부를 자랑하는 경우가 많다. 혹시 누군가 자신의 SNS에 종합 부동산세 고지서를 찍어 올렸다면 그 사람은 수입차, 고급 시계 같은 것 없어도 고지서 하나로 '나 부자입니다!'를 나타낸 것으로 보면 된다. 재산세는 집을 가지고 있는 모든 소유주에게 부과되는 반면 종합 부동산세는 일정 금액의 기준을 넘어야 부과되는 세금이기 때문이다.

| 원래는 부자들이 내는 세금, 종합 부동산세 |

줄여서 '종부세'라고도 불리는 종합 부동산세는 부자들에게 홧김에 걷는 세금의 성격이 강했다. 위헌 논란도 있었다. 소유하고 있는 부동산에 대해 이미 1년에 한 번씩 재산세를 내고 있는데 또 1년에 한 번씩 부동산을 소유하고 있다는 이유로 세금을 내는 것은 세금을 이중으로 납부하는 이중과세의 여지가 있다는 이유였다. 결국 2022년에 '위헌이 아니다'라는 취지로 서울행정법원에서 판결이 나기는 했지만, 아직 논란의 여지가 존재한다. 종합 부동산세는 주택을 기준으로 공시가격 9억 원(1세대 1주택자 12억 원)을 넘으면 그 초과분에 대해 0.5~5%의 세금을 내도록 하는 세금이다. 일정 기준을 정해서 초과하는 만큼 세금을 내도록 하는 것이다. 일반적으로 공시 가격 9억 원이면 시세는 대략 12~13억 원 정도 된다. 서울과 수도권 32평형 아파트의 가격 수준이 13억 원 내외라는 점을 감안하면 종합 부동산세 납부자는 최소 서울 또는 수도권에서 번듯한 32평형 아파트를 가지고 있는 사람이라 보면 된다.

| 종합 부동산세 계산 방법 |

종합 부동산세 계산 방법은 재산세 계산 방법과 매우 유사하다. 흐름을 정리하면 이렇다.

A 종합 부동산 공시가격: 앞서 보았던 재산세와 동일한 방식

B 기본공제액: 재산세에는 없는 항목으로서 종합 부동산세를 내는 기준

1세대 1주택자는 공시가격 기준이 12억 원이다. 1세대 1주택인 사람이 보유하고 있는 부동산의 공시가격이 10억 원이라고 가정해 보자. 기본 공제액 12억 원이 적용되면 남는 공시가격이 없게 되어 종합 부동산세를 내지 않아도 된다. 공제액은 1세대 1주택은 공시가격 12억 원, 다주택자는 공시가격 9억 원이 적용된다. 기본공제액은 부동산 시장 상황에 따라 매년 변경될 수 있다. 정부가 세금을 많이 걷고 싶으면 기본공제액을 낮추어 세금 내는 사람이 많도록 할 수 있고, 반대의 경우도 가능하다.

C 공정 시장 가액 비율: 앞서 보았던 재산세와 동일한 방식

주택에 대해서는 2023년 기준 60%를 적용한다. 매년 바뀔 수 있는데 종합 부동산세의 공정 시장 가액 비율은 특별히 바뀐다거나 하지는 않고 있다.

D 과세표준: 앞서 보았던 재산세와 동일한 방식

E 종합 부동산세율: 주택이나 토지, 건물 등을 소유하고 있는 사람에게 부여되는 세금의 비율

주택 (2주택 이하)	과세표준	3억 원 이하	6억 원 이하	12억 원 이하	25억 원 이하	50억 원 이하	94억 원 이하	94억 원 초과
	세율(%)	0.5	0.7	1.0	1.3	1.5	2.0	2.7

세율은 주택 및 토지에 따라 달라진다. 주택에 대해서만 계산하면 과세표준의 0.5%에서 최대 2.7%까지 적용된다. 여기서 과세표준은 기본공제액, 공정 시장

가액 비율을 통해 뺄 거 다 빼고 그래도 남는 금액에 대해 계산한다. 과세표준에서 3억 원 이하는 그냥 3억 원 이하가 아니라 주택의 시세가 20~25억 원이라는 뜻이다.

F 종합 부동산 세액: 세금 계산의 대상이 되는 과세표준에 종합 부동산세율을 곱하여 얻어진 최종 확정되는 금액
조금 더 깊이 들어가면 소유주의 연령과 보유 기간에 따라 추가 할인 혜택이 있다.

정리하자면 종합 부동산세는 번듯한 32평형 아파트가 있는 사람들을 대상으로 세금을 부과하는 항목이라 보면 된다. 처음 법이 도입될 때는 말 그대로 부자들을 대상으로 설계했었는데, 부동산 가격이 너무 많이 올라 부과 대상이 넓어졌다는 점도 참고하면 좋다.

부동산을 팔 때, 양도소득세

처음 부동산을 살 때 취득세를, 이미 부동산을 지니고 있을 때는 재산세와 종합 부동산세라는 보유세를 내야 한다는 것은 이제 잘 알게 되었을 것이다. 이제 남은 것은 부동산을 팔 때 발생하는 양도소득세다. 양도소득세는 전문직인 세무사들도 계산할 때 상당히 부담스러워하면서 조심하는 세금이다. 계산 자체가 너무 어렵다. 그렇기 때문에 여기서는 기본 원칙만 설명하고자 한다. 양도소득세는 시기에 따라 달라질 수 있기 때문에 정확한 세금은 세무사들에게 상담받아야 함을 잊지 말자.

| 양도소득세 기본 개념 |

물건을 양도한다는 것은 넘겨준다는 뜻이고 소득세는 '돈을 벌었으면 세금을 내라'는 뜻이다. 이를 합쳐보면 부동산 양도소득세는 부동산을 넘겨줄 때 돈을 번 것에 대해 내는 세금이 된다.

양도소득세가 어려운 것은 일괄적으로 특정 금액을 벌었으면 얼마를 내라는 식의 세금 계산이 아니라는 것에 있다. 1세대 1주택의 경우에 비과세를 받아 돈을 많이 벌었어도 세금을 안 낼 수도 있는데, 이 비과세 요건이 워낙 까다롭기 때문에 양도세가 어렵다는 것이다. 여기에 '장기 보유 특별 공제'라는 것이 있어서 부동산을 가지고 있는 기간이 길어질수록 세금을 더 깎아주는 항목도 있다. 이처럼 양도소득세는 변수가 많기 때문에 어렵다고 느끼게 된다.

| 양도소득세 기본 학습 |

1. 양도소득세 용어

1) 양도가액

양도가액은 '부동산을 얼마에 팔았니?'에 대한 답이다. 예를 들어 3억 원에 샀던 아파트가 값이 올라 5억 원에 팔았다면 양도가액은 그대로 5억 원이 된다. 쉽게 이름 그대로 '(양도)한 (가)격 또는 금(액)' 이렇게 단어를 이해하면 좋다.

2) 취득가액

양도가액과 반대로 '부동산을 얼마에 샀니?'에 대한 답이다. '(취득)한

(가)격 또는 금(액)'이라고 이해하면 쉽다.

3) 필요 경비

부동산을 유지하고 관리하기 위해 지출한 비용을 말한다. 보통 인테리어 비용, 보일러 교체 비용 등이 여기에 해당된다. 부동산의 상태를 좋게 하기 위한 지출은 경비로 인정되어 세금 계산할 때 혜택을 받을 수 있다. 다만 기술적으로는 필요 경비로 인정받을 수 있는 지출이냐 아니냐 하는 것들이 복잡한 부분이다. 보일러를 수리만 하면 경비 인정이 안 되고, 교체를 하면 경비 인정이 되는 식이다. 경비 인정 여부는 세무사님들의 영역이니 우선 필요 경비라는 개념만 알아두면 된다.

4) 양도차익

'그래서 부동산을 팔면서 얼마를 벌었니?'에 대한 내용이다. '(양도)하면서 시체(차)이를 통해 얼마의 이(익)을 얻었는지 확인하는 항목'이라고 이해하도록 하자. 보통 양도차익은 양도가액에서 취득가액과 필요 경비를 제한 금액이기도 하다. 정리하면 다음과 같다.

| 양도차익 | = | 1)양도가액 | − | 2)취득가액 | − | 3)필요 경비 |

5) 장기 보유 특별 공제

부동산을 오래 가지고 있을수록, 보유 기간이 길어질수록 양도차익에 대해 일정 비율로 추가 공제해줌으로써 세금을 많이 할인해 준다는 이야기다. 주식 거래는 오래 가지고 있다고 해서 특별히 이익을 볼 일은 없지만, 부동산은 오래 가지고 있으면 세금 측면에서 혜택이 있다. 2023년 현재를 기준으로 한다면 적어도 3년 이상 가지고 있어야 무거운 세금을 피할 수 있다.

6) 양도소득금액

앞서 보았던 양도차익은 단순하게 부동산을 판매한 금액에서 취득가액과 필요 경비를 제외한 금액이고, 지금 보는 양도소득금액은 장기 보유 특별 공제까지 적용하여 계산한 것이다. 혹시 보유 기간이 3년이 지나지 않았다면 양도차익과 양도소득금액이 동일할 것이다. 적용될 장기 보유 특별 공제가 없기 때문이다. 정리하면 다음과 같다.

예를 들면 이렇다. A라는 사람이 집을 3억에 사서 경비 5천만 원을 들여 인테리어를 하고 3년 후 5억에 팔았을 때 각각 양도차익과 양

도소득금액은 이렇게 계산된다.

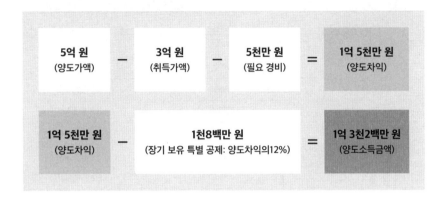

7) 양도소득 기본공제

양도소득 기본공제는 계산된 양도소득금액에서 2백50만 원을 추가로 공제해 주는 항목을 가리킨다. 부동산으로 번 돈에 대해 전부 세금 내라고 하면 너무 야박해 보이니까 2백50만 원을 추가로 공제해 줌으로써 억울해할 만한 일을 줄인다고 보면 된다.

8) 과세표준

재산세, 종합 부동산세와 마찬가지로 세금을 계산하기 위한 대상 금액을 뜻한다. 양도소득금액에서 양도소득기본공제 금액을 빼면 된다. 여기까지가 비율 적용하여 세금 계산하기 직전 단계라고 볼 수 있다. 이를 정리하면 다음과 같다.

2023년 양도소득세율

과세표준	세율	누진공제
1천4백만 원 이하	6%	–
5천만 원 이하	15%	1백26만 원
8천8백만 원 이하	24%	5백76만 원
1억 5천만 원 이하	35%	1천5백44만 원
3억 원 이하	38%	1천9백94만 원
5억 원 이하	40%	2천5백94만 원
10억 원 이하	42%	3천5백94만 원
10억 원 초과	45%	6천5백94만 원

A씨를 다시 소환해 보자. A라는 사람이 집을 3억에 사서 경비 5천만 원을 들여 인테리어를 하고 3년 후 5억에 팔았을 때 각각 양도차익과 양도소득금액, 최종 과세표준은 이렇게 계산된다.

1) 양도차익

5억 원(양도가액) — 3억 원(취득가액) — 5천만 원(필요 경비) = 1억 5천만 원

2) 양도소득금액

1억 5천만 원(양도차익) — 1천8백만 원(장기 보유 특별 공제: 양도차익의12%)

= 1억 3천2백만 원

3) 양도소득 기본공제

2백50만 원

4) 과세표준

1억 3천2백만 원(양도소득금액) — 2백50만 원(양도소득 기본공제)

= 1억 2천9백50만원

5) 세율

누진제 방식이며 과세표준이 클수록 세율이 높아진다.

9) 산출세액

'계(산)해서 (출)력된 (세)금(액)수'라고 이해하면 쉽다. 세금의 계산 대상인 과세표준(과표)에 세율을 곱하면 세금이 계산된다. 재산세, 종합 부동산세와 마찬가지로 누진방식이 적용된다.

여기까지가 양도소득세 기본 용어다. 어렵기는 한데 양도소득세 계산 구조를 통해 한 번 더 눈에 익히면 이해가 크게 어렵지 않을 것이다.

2. 양도소득세 계산 구조

양도 소득세 계산 구조는 앞서 보았던 양도소득세 용어의 순서와 같다. 크게 보면 부동산으로 얼마 벌었는지 계산해 보고 이것저것 공제를 통해 세금 계산의 대상이 되는 금액을 줄여준 다음 세율을 곱해서 최종적으로 세금을 결정한다. 요약하면 다음과 같다.

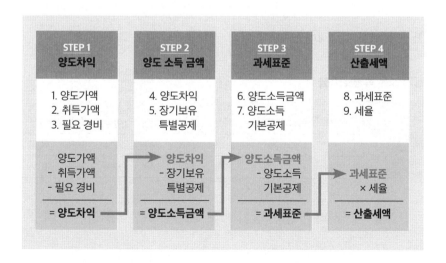

STEP 1	양도차약	=	양도가약 − 취득가액 − 필요 경비

양도차익은 아주 단순하게 부동산의 대략적인 시세차익을 가리킨다. 즉 내가 매입한 가격에서 매도한 가격의 차이이고 여기에 경비로 인정받을 수 있는 금액을 뺀다.

STEP 2	양도소득금액	=	양도차익 − 장기 보유 특별 공제

양도소득금액은 앞서 구한 양도차익에서 보유 기간에 따라 세금을 할인해 주는 장기 보유 특별 공제를 추가하여 계산한다. 단순한 시세차익에 더해 보유기간이 길면 길수록 세금 측면에서 할인해 준다고 보면 된다.

문제는 장기 보유 특별 공제 항목 자체가 약간 복잡하다는 것이다. 표를 살펴보자. 1세대 1주택에 대해서는 아래의 표가 적용된다.

장기 보유 특별 공제율

보유기간		2년 이상	3년 이상	4년 이상	5년 이상	6년 이상	7년 이상	8년 이상	9년 이상	10년 이상
1세대 1주택	보유	-	12%	16%	20%	24%	24%	32%	36%	40%
	거주	8%	12%	16%	20%	24%	24%	32%	36%	40%

표를 해석하면 이렇다. 장기 보유 특별 공제는 보유 기간, 거주 기

간에 대해서 각각 적용된다. 보유는 3년 이상부터, 거주는 2년 이상부터 할인 혜택이 시작된다. 보유도 10년 이상 하고 거주도 10년 이상 했다면 각 40%씩 총 80%의 할인을 적용받을 수 있다.

계산해 보면 이렇다. 무주택자가 10년 전에 3억 아파트를 사서 1세대 1주택으로 거주해 왔는데, 필요 경비 없이 15억 원에 팔게 되었다면 양도차익은 12억 원이 된다. 10년 이상 보유 및 거주했으므로 장기 보유 특별공제를 각 40%씩 80% 꽉 채워 받아 공제받는 금액은 양도차익 12억 원의 80%로 해당 되는 9억 6천만 원이다.

결과적으로 양도소득금액은 양도차익 12억 원에 장기 보유 특별공제 9억 6천만 원을 뺀 2억 4천만 원이 된다. 즉 세금을 계산하는 금액이 원래는 12억 원에 대해서 세율을 적용해야 하는데, 2억 4천만 원에 대해서만 양도소득금액으로 보고 세금을 계산한다는 뜻이다.

과세표준은 세금을 내는 대상 금액을 가리킨다. 부동산을 거래하면서 얻은 시세차익에 대해 각종 경비 인정, 장기 보유 특별 공제를 통해 뺄 건 다 뺀 다음에 마지막으로 한 번 더 2백50만 원의 기본공제를 한다. 앞서 3억에 사서 15억에 파는 경우 양도소득금액이 2억 4천만 원이었으니 여기서 2백50만 원을 또 빼면 세금 계산 대상 금액인 과세표준은 2억 3천7백50만 원이 된다. 여기서 주의할 점 하나가 있다. 양도소득 기본공제는 부동산에만 한정되지 않는다. 해외 주식 투자를 해서 수익을 본 경우에도 2백50만 원의 기본공제가 적용된다. 즉 양도소득 기본공제는 부동산과 해외 주식 투자에 대해 세금을 할인해 주는 항목이라고 보면 된다. 국내 주식 투자에 대해서는 대주주가 아닌 경우에는 양도소득세가 부과되지 않는다는 점도 참고하면 좋다. 몇 년 후엔 대주주가 아니어도 국내 주식투자에 대해 양도소득세가 부과될 예정이라 하니 미리 마음의 준비를 하는 것이 좋다.

과세표준이 정해지면 남은 것은 세율을 곱해서 세금이 얼마인지 확정 짓는 과정이다. 앞서 보았던 세율표를 다시 가져와 보면 이렇다.

2023년 양도소득세율

과세표준	세율	누진공제
1천4백만 원 이하	6%	-
5천만 원 이하	15%	1백26만 원
8천8백만 원 이하	24%	5백76만 원
1억 5천만 원 이하	35%	1천5백44만 원
3억 원 이하	38%	1천9백94만 원
5억 원 이하	40%	2천5백94만 원
10억 원 이하	42%	3천5백94만 원
10억 원 초과	45%	6천5백94만 원

시세차익이 10억 원을 넘으면 절반에 가까운 45%가 적용된다. 단순하게 보면 부동산 투자를 통해 이익을 얻어도 나라에서 절반 가까이 가져간다고 보면 된다.

방금 본 세율은 그나마 완화된 것이다. 부동산값이 너무 올라서 정부에서 서둘러 시행했던 정부 정책을 보면 2주택자, 3주택자에 대해서는 20%, 30%를 추가하여 부과하는 정책이 시행되기도 했었다.

과세표준이 5억 원이라 했을 때 기본 양도소득세율은 40%가 적용되는데, 여기에 2주택자라면 양도세율이 20%가 추가되어 총 60%로 적용되고, 3주택자라면 30%가 추가되어 총 70%로 적용되던 시기도 있었다는 말이다. 다들 양도소득세 겁나서 부동산이 올랐어도 팔지도 못하던 시절이었다.

양도소득세 비과세를 알아보자

부동산 매도 가격이 12억 원을 넘지 않으면 양도소득세는 발생하지 않는다. 앞서 보았던 모든 것들을 알 필요가 없을 수도 있다는 말이다. 그럼에도 양도소득세에 대한 이해가 필요한 이유는 비과세 기준은 부동산 시장 상황에 따라 항상 변할 수 있기 때문이다. 어느 날 나라에서 매도가격 12억 기준은 너무 관대하다고 느껴서 10억이나 5억으로 줄이는 경우도 있을 수 있으니 공부할 필요가 있다.

세금의 구조를 알아두면 나중에 비과세 혜택이 줄어들 때 어떻게 대처해야 하는지 판단할 수 있다. 지금 당장 세금에 대한 모든 내용을 머릿속에 담아두기는 어렵겠지만, 어렴풋이라도 기억하게 된다면 경제 뉴스와 부동산 관련 정책을 보면서 더 깊은 이해를 하는 자신을 발견할 수 있을 것이다.

이야기가 나온 김에 1세대 1주택 비과세 요건을 알아보도록 하자. 기본 개념은 간단하다. 1세대가 국내에 1주택을 2년 이상 보유한 후 12억 원 이하로 양도하는 경우 양도소득세가 비과세로 된다는 것이다. 다시 말해 네 가지 조건을 동시에 만족시키면 양도소득세 비과세를 받을 수 있다. 1세대, 1주택, 2년 이상 보유 그리고 12억 원 이하 등이 바로 그 네 가지 조건이다. 그러나 현실 세계에서는 각각의 수많은 사례 때문에 내용이 복잡해진다.

"성인인 자식들이 시골에 작은 집을 하나 산 게 있는데 그럼 1세대 2주택이 되나요?"

"1주택인 상황에서 아파트 입주권을 샀는데 이건 1주택인 건가요, 2주택인 건가요?"

"아파트와 오피스텔이 하나씩 있는데 저는 1주택인가요, 2주택인가요?"

양도소득세는 세무사의 도움을 받는 것이 가장 좋은 절세 방안이다.

혹시 몰라 놓칠 수 있는 절세 포인트들을 확인하고 조치할 수 있도록 해주기 때문이다.

BONUS TIP! | **다운 계약서 및 업 계약서에 대한 모든 것**

부동산 거래를 등록할 때 실제보다 더 낮은 가격으로 계약서를 작성해서 신고하는 것을 다운Down 계약서, 반대로 실제보다 더 높은 가격으로 신고하는 것을 업up 계약서라고 한다. 실제보다 가격을 더 높이거나 실제보다 낮게 하는 것은 엄연한 불법이다. 다운 계약서와 업 계약서를 알아봄으로써 왜 하면 안 되는지, 어떤 처벌을 받게 될지 알아보자.

1. 다운 계약서 - 실제보다 가격을 더 낮게 신고하는 계약서

10억 원짜리 아파트를 거래할 때 매수자가 이렇게 제안할 수 있다. 실제는 10억이지만 계약서에는 9억이라고 쓰고 1억 원은 따로 전달하겠다는 내용이다. 10억에 거래하면 10억이라 쓰면 되는데 왜 이럴까? 매수자와 매도자 모두에게 탈세가 가능하기 때문이다.

우선 매수자 입장에서 보면 취득세를 줄일 수 있다. 부동산을 살 때 발생하는 취득세는 부동산 거래가격이 높으면 더 많이 내는 구조다. 따라서 가격을 낮게 신고하면 그 차이만큼 취득세를 탈세할 수 있다. 매도자 입장에서는 양도소득세를 줄일 수 있다. 매입한 가격이 5억이라고 했을 때 정직하게 10억에 팔았다고 신고하면 시세차익 즉 양도차익은 5억 원이 된다. 반면 거짓으로 9억이라 신고하면 양도차익은 4억 원이 된다. 양도차익이 적을수록 양도소득세가 줄어들기 때문에 매도자 역시 그 차이만큼 양도세를 탈세할 수 있다.

2. 업 계약서 - 실제보다 가격을 더 높게 신고하는 계약서

다운계약과 정반대로 이번에는 실제보다 가격을 더 높게 거래했다고 신고하는 경우다. 취득세와 양도소득세가 실제보다 더 많이 나올 것이 뻔한데, 굳이 이렇게 하는 이유는 무엇일까? 매수자 입장에서 보면 실제보다 높게 신고하면 취득세는 더 내지만, 나중에 팔 때 양도소득세를 그만큼 줄일 수 있다. 예를 들어 실제로는 10억에 거래하는 것인데, 12억 원에 거래된 것처럼 한다면 취득세는 최대 6%이니 추가적으로 부담해야 하는 취득세는 2억 원에 6%를 곱한 1천2백만 원이다. 1천2백만 원을 추가부담해서 더 높은 가격에 거래한 것으로 신고하면 나중에 양도소득세를 탈세할 수 있다. 10억에 사놓고 12억이라 신고한 그 아파트를 15억 원에 다시 판다고 했을 때 실제로 얻는 양도차익은 5억 원(매도가 15억-매입가 10억)이지만 서류상으로는 3억 원(매도가 15억-허위신고한 매입가 12억)만 세금부과의 대상이 된다. 양도소득세를 계산할 때 그 2억 원의 차이만큼 탈세하는 셈이다. 매도자 입장에서 보면 비과세를 적용받는다고 했을 때 10억에 매도한 것이나 12억에 매도하는 것이나 매도자는 양도소득세 비과세를 받으므로 큰 차이는 없다. 조금 더 챙겨줄 테니 업계약서 쓰자고 매수자가 제안하면 못이기는 척 받아들이는 경우가 대부분이다.

3. 어떤 처벌이 기다리고 있을까?

긴말 안하고, 어떤 법에 의해 어떻게 처분되는지 그 내용을 짧게 설명하겠다.

   1) **부동산거래신고법상 과태료** - 취득가액의 5% 부과
   2) **조세범처벌법** – 2년 이하의 징역 또는 포탈세액(부정하게 탈세한 세금) 2배 환급
   3) **세법**
      ① 과소신고세액(탈세한 금액) 40% 가산세 부과
      ② 비과세·감면 규정 적용이 배제되어 양도소득세 부과

PART

7

갑자기 뜬금없이 홍콩 무협 영화 이야기를 해보고자 한다.
무림 고수들이 서로 대결하는 장면에서 가끔 이런 대사가 나온다.

"후훗! 너의 초식(공격이나 방어를 하는 기본 기술을 연결한 연속 동작)은
이미 내가 다 파악했다. 너는 나를 이길 수 없다! 하하하!"

이는 무림 고수라면 서로의 동작을 슬쩍 보기만 해도 견적이 다 나온다는 뜻이다.
정부의 정책도 이와 비슷하다. 과열된 부동산 시장을 진정시키기 위해, 또는 침체된
시장을 활성화시키기 위해 정부가 취하는 정책들은 일정한 카테고리가 있다. 그렇다.
정부의 부동산 정책이라는 초식 역시 일정 수준의 고수들에게는 뻔히 다 보이는 것이다.
이번 파트에서는 정부가 취하는 정책들을 카테고리로 묶어서 설명해 보았다.
앞으로 정부에서 부동산 관련 정책을 발표할 때 어느 카테고리인지 쉽게 파악할 수
있을 것이다.

01 목욕물과 부동산 정책의 상관관계

정부 입장에서 보면 부동산 가격은 오르는 것이 좋다. 부동산 가격이 오르면 그에 따른 세금을 많이 걷을 수 있기 때문이다. 실제로 집값이 오르면 재산세를 많이 받고, 거래가 많으면 양도소득세도 걷을 수 있다. 부동산 가격이 오르면 오를수록 대한민국 정부에서는 '남는 장사'가 되는 것이다.

그럼에도 불구하고 정부는 부동산 가격을 안정시키기 위해 노력한다. 자칫 잘못해서 부동산 가격이 너무 오르면 국민 정서가 폭발하여 정권이 교체되기 때문이다. 대한민국 국민은 그나마 양반이어서 투표로 정권을 심판하지만, 외국은 살벌하다. 금융가에서 집단 시위를 하면서 화염병을 던지기도 한다.

경제 측면에서 한국은행은 물가 상승률이 매년 2% 정도 상승하도록 관리하는 것을 목표로 한다. 그 정도 상승이면 사람들이 적당히 받아들이고 넘어가기 때문이다. 만약 물가 상승이 너무 가파르면 '무엇이

든 더 오르기 전에 빨리 사두자!'하는 사재기 심리가 발동된다. 그러니 자연스럽게 수요가 증가하여 물건값이 오르고, 물건값이 오르니 더 오르기 전에 빨리 사야겠다는 생각에 구매를 서두르는 악순환이 발생한다. 군이 다른 나라의 침략을 받지 않더라도 알아서 나라가 망하게 되는 것이다.

반대로 물가가 내려가면 사람들은 오늘 사는 것보다 내일 더 물건을 싸게 살 수 있다고 생각하고 최대한 구입을 미룬다. 물건이 안 팔리니 값을 낮추고, 값이 낮아지니 사람들은 더 늦게 사려한다. 물가가 올라갔을 때와 마찬가지로 이 역시 경제에 악영향을 끼치게 된다.

부동산도 비슷하다. 정부 입장에서 부동산 가격은 느껴질 듯 말 듯 하게 올라야 한다. 샤워할 때 물이 너무 뜨거워도 안 되고 너무 차가워도 안 되는 것처럼 정부는 부동산 가격이 오르도록 해야 하지만 너무 오르면 안 되도록 해야 하는 것이다.

만약 물을 틀었는데 너무 차갑다면 어떻게 될까? 당연히 적당한 온도가 되도록 온수를 틀 수밖에 없다. 부동산 가격이 내려가면 시장에 온기를 공급하기 위해 여러 가지 정책을 시행한다는 말이다. 주로 규제를 완화하거나 세금을 낮춰줌으로써 부동산을 거래하고 보유하는 것에 대한 부담을 줄여준다. 반대로 부동산 가격이 너무 올라가면 부동산 시장에 찬물을 끼얹는다. 이처럼 정부는 부동산 가격이 오르면 좋지만 또 너무 오르지 않게 관리하고자 한다.

2017년부터 2021년까지 5년의 기간 동안 부동산 가격이 폭등하면서 이에 대응한 부동산 정책이 26회에 걸쳐 발표되고 시행되었다. 60개월간 26회였으니 대략 2~3개월마다 하나씩 부동산 정책이 나왔던 셈이다.

앞으로도 정부는 부동산 시장이 일정 기준을 넘을 만큼 오르거나 내리면 부동산 대책을 세우고 실행할 것이다. 다행인 것은 정부의 부동산 대책은 몇 개의 카테고리 안에서만 움직인다는 것이다. 게다가 부동산 상승기와 침체기에 시행되는 정책들이 전혀 창의적이지 않다. 한 번 익혀두면 부동산 관련한 정책은 '거기서 거기'라는 점을 발견하게 될 것이다.

이제 정부에서 부동산 가격을 올리거나 내리기 위해 사용하는 정책 수단을 카테고리별로 알아보기로 하자.

02 세금: 빠르고 강력한 정책 수단

부동산은 세금과 떼어놓고 생각할 수 없다. 살 때는 취득세, 가지고 있을 때는 보유세, 팔 때는 양도소득세 등 부동산 거래 및 보유의 전 과정에 세금이 계속 붙기 때문이다.

정부는 부동산 가격을 내리고 싶을 때는 세금 부담을 늘려서 부동산에 대한 수요를 축소시키고, 가격을 올리고 싶어지면 세금 부담을 완화시켜서 부동산에 대한 수요를 확장시킨다. 마치 한국은행이 인플레이션과 물가 상승이 심해지면 기준 금리를 높여 경기를 진정시키듯 정부 역시 부동산 가격 상승이 심해지면 세금 부담을 늘려 부동산 경기를 진정시키고자 하는 것이다. 정권의 철학마다 조금씩 방법의 차이는 있지만 세금을 통해 부동산 가격을 조절한다는 점에서는 다를 것이 없다.

물론 정부에서 원하는 효과가 나올지는 미지수다. 가장 대표적인 사례로 양도세 중과는 부동산 소유주들이 세금 무서워 집을 못 팔게 되어 결과적으로 '집값을 낮추겠다는 정책 의도'와 반대의 현상이 나타났다.

| 취득세 정책 |

취득세는 부동산을 매입할 때 기본적으로 붙는 세금이다. 취득세를 높이면 부동산 매입할 때부터 발생하는 세금 부담이 늘어나게 되어 부동산 수요가 위축된다. 특히 중과세라 하여 집을 이미 보유하고 있는 주택 소유주가 2번째, 3번째 집을 사게 되면 세금을 더 내도록 했다.

현행 다주택자에 대한 취득세 중과세율

구분	1주택	2주택	3주택	4주택 이상·법인
조정대상지역	1~3%	8%	12%	12%
비조정대상지역	1~3%	1~3%	8%	12%

<예1> 1주택 보유자가 조정대상지역에서 거래 가격 3억 원 주택(전용면적 85㎡ 초과)을 추가로 취득하면 납부 세액이 2천7백만 원이다(일반세율 적용 시 3백90만 원).

<예2> 1주택 보유자가 조정대상지역에서 거래가격 7억 5천만 원 주택(전용면적 85㎡ 초과)을 추가로 취득하면 납부세액이 6천7백50만원이다(일반세율 적용 시 1천8백만 원).

　당시의 취득세를 보면 어느 지역의 주택을 사느냐(조정대상지역여부), 현재 주택 보유수가 얼마나 되냐(다주택자 여부)에 따른 두 가지 기준에 의해 부담해야 할 세금이 정해졌다.

　서울에 있는 32평형 초과하는 3억 원 주택을 매입할 때 무주택자는 1%의 취득세와 기타 세금을 합쳐 3백90만 원을 부담하도록 했으나, 같은 집에 대해 매입하는 사람이 이미 집 1채 있는 유주택자라면 중과세가 적용되어 부담해야 할 세금은 2천7백만 원이었다. 만일 같은 집의 가격이 3억 원이 아닌 7억 5천만 원이었다면 무주택자는 1천8백만 원의 취득세와 기타 세금이 발생하는 것에 비해 1주택 보유자는 중과세되어 6천7백50만 원을 납부해야 했다.

이와 같은 방법으로 정부는 '집을 사려는 너에게 취득세 중과라는 고통을 안겨 줄 거야. 그래도 살 거야?'하며 압박하고는 했다. 다주택자에게 취득세를 중과시키겠다는 세금 정책은 수요를 위축시키는 것에는 효과 있었다. 손해 보기 싫어하는 인간의 심리가 있어 같은 집에 대해 취득세를 더 내는 손해를 보고 사겠다는 경우는 많이 없었기 때문이다.

이는 분명 수요와 공급을 맞춰서 적절히 부동산 가격이 결정되도록 하는 것이 아니라 집을 하나 더 사는 사람에게 고통을 줌으로써 집을 못 사게 하려는 정책이었다. 현재는 취득세 중과는 완화되어 있다. 다음에 나오는 '개정' 부분이 2023년 발표되어 적용 예정인 세율이다.

다주택자에 대한 취득세 중과세율

구분	1주택		2주택		3주택		4주택 이상 및 법인	
	현행	개정	현행	개정	현행	개정	현행	개정
조정대상지역	1~3%	**1~3%**	8%	**1~3%**	12%	**6%**	12%	**6%**
비조정대상지역	1~3%	**1~3%**	1~3%	**1~3%**	8%	**4%**	12%	**6%**

출처: 국세청

간단히 보면 취득세 부담을 대략 절반으로 줄여준 것으로 볼 수 있다. 부동산 가격이 오르면 세금도 늘리고 부동산 가격이 내리면 세금도 줄여주는 모습이다.

| 보유세 정책(재산세, 종합 부동산세) |

부동산을 가지고 있는 소유주에게 1년에 한 번씩 부과하는 재산세와 종합 부동산세는 일명 보유세라고도 불리며 정부의 세금 정책에 많이 활용된다. 부동산 가격을 내리고 싶으면 보유세를 많이 내도록 하고 부동산 가격이 너무 내려갔다 싶으면 '미안해, 그동안 세금 부담에 많이 힘들었지? 풀어줄게!'하는 식이다.

1. 재산세 정책

우선 재산세를 보자. 재산세는 부동산 소유주라면 피할 수 없다. 종합 부동산세는 일정 기준을 넘지 않는다거나 부부 명의를 나누면 줄일 수 있다는 합법적인 절세 방안을 활용할 수 있지만 재산세는 그런 거 없다. 소유주마다 부담하는 금액은 차이가 있지만 정해진 공식에 따라 계산되어 납부해야 하기 때문이다.

재산세 계산 공식을 다시 한번 요약하면 이렇다. 3개의 변수를 곱해서 구한다.

정부는 재산세를 늘리고자 할 때 굳이 겉으로 드러나게 세율을 높이는 방법을 쓰지는 않는다. '이제 하다하다 재산세까지 늘리냐?'하는

비난을 피할 수 있기 때문이다. 대신 다른 변수인 공시가격과 공정 시장 가액 비율을 조정함으로써 재산세 부담을 늘리는 효과를 얻고자 한다. 공시가격을 보자.

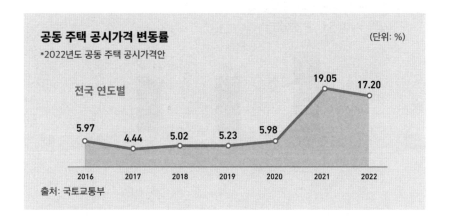

공동 주택 공시가격 변동률 (단위: %)
*2022년도 공동 주택 공시가격안

전국 연도별

| 2016 | 2017 | 2018 | 2019 | 2020 | 2021 | 2022 |
| 5.97 | 4.44 | 5.02 | 5.23 | 5.98 | 19.05 | 17.20 |

출처: 국토교통부

2016년부터 2020년까지 5년 동안 공시가격은 매년 6% 조금 안 되는 상승을 기록했다. 그런데 갑자기 2021년과 2022년에는 공시가격이 20% 수준으로 급등했다. 겉으로 드러나는 세율을 건드리지 않고도 부동산 소유주들에게 세금 부담을 더 하도록 만든 것이다. 공정 시장 가액 비율 역시 마찬가지다.

재산세에 적용되는 1주택자 공정 시장 가액 비율을 보면 2021년에 60%였다가 2022년부터는 하락했음을 볼 수 있다. 부동산 소유자들의 부담을 완화시켜주기 위한 정부의 대책이라 볼 수 있다. 다시 말하면 부동산 상황에 따라 이 비율은 정부의 의지에 따라 변할 수 있다는 뜻이기도 하다.

참고로 세율을 바꾸는 것은 국회의원들의 허락을 받아야 하지만 공정 시장 가액 비율은 대통령이 자유롭게 정할 수 있다.

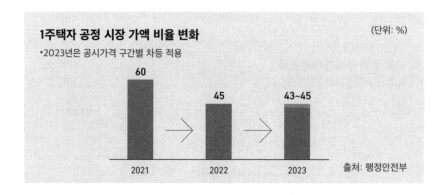

1주택자 공정 시장 가액 비율 변화
*2023년은 공시가격 구간별 차등 적용
(단위: %)

60 — 2021
45 — 2022
43~45 — 2023

출처: 행정안전부

2. 종합 부동산세 정책

종합 부동산세는 2005년 시작할 당시 '이만큼의 재산이 있는 사람이면 부자'다 하는 기준이었다. 종부세 부담 역시 부동산 상황에 따라 정부에서 마음껏 조절하는 세금 항목이다.

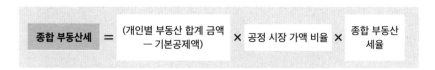

종합 부동산세 = (개인별 부동산 합계 금액 − 기본공제액) × 공정 시장 가액 비율 × 종합 부동산 세율

재산세와 비슷하게 종부세를 계산할 때는 공정 시장 가액 비율이 들어간다. 차이가 있다면 재산세에서는 공시가격을 사용하지만 종부세에서는 공시가격에서 기본공제액을 빼준다는 것이다.

계산식 자체만 놓고 봤을 때 종부세를 많이 부과하고 싶다면 기본공제액을 줄이거나 공정 시장 가액 비율을 높임으로써 더 많은 세금을 부과할 수 있다. 물론 종합 부동산세율 역시 올리거나 줄이는 방법이 있다.

종합 부동산세 기본공제액

1세대 1주택		다주택	
2022년	2023년	2022년	2023년
11억 원	12억 원	6억 원	9억 원

종합 부동산세 기본공제액

과세표준	1주택, 비조정대상지역 2주택		조정대상지역 2주택		3주택 이상	
	2022년	2023년	2022년	2023년	2022년	2023년
3억 원 이하	0.6%	0.5%	1.2%	0.5%	1.2%	0.5%
6억 원 이하	0.8%	0.7%	1.6%	0.7%	1.6%	0.7%
12억 원 이하	1.2%	1%	2.2%	1%	2.2%	1%
25억 원 이하	1.6%	1.3%	3.6%	1.3%	3.6%	2%
50억 원 이하	1.6%	1.5%	3.6%	1.5%	3.6%	3%
94억 원 이하	2.2%	2%	5%	2%	5%	4%
94억 원 초과	3%	2.7%	6%	2.7%	6%	5%

출처: 국세청

부동산 가격 상승 시 종합 부동산세 강화는 '더 이상 부동산을 사면 안 된다!'하는 정부의 메시지였다. '이 많은 세금을 감당하면서도 굳이 부동산을 계속 가지고 있어야 하겠어?'하는 말이기도 했다.

2023년부터 종합 부동산세는 공제금액을 늘려주고 공정 시장 가액 비율을 낮춤으로써 부동산 하락기에 대응하고 있다. '이전에 비해 세금 부담을 줄여줄 테니까 필요한 부동산 있으면 걱정 말고 사라'하는 뜻이다. 재산세와 마찬가지로 기본공제액, 공정 시장 가액 비율은 정부에서 입법부 승인 없이 자유롭게 변경될 수 있다.

| 거래세(양도소득세) |

부동산을 팔 때 발생하는 양도소득세는 부동산 거래할 때 매도자에게 발생되는 세금이기에 '거래세'라 부르기도 한다.

양도소득세는 앞서 보았던 취득세와 보유세가 귀여워 보일만큼 부담이 크다. 몇 년 전 양도세율이 살벌하던 시기에는 가장 높게 세율이 적용되면 시세 차익으로 얻은 소득에 대해 양도소득세 75%와 이에 따른 지방세 7.5%(양도세의 10%) 합해서 82.5%였다. 시세 차익의 80%가 넘는 금액이 세금으로 부과되었던 것이다. 이때 당시의 세율표를 정리해 보면 이렇다.

다주택자 양도소득세율 변화

조정대상지역	2주택	3주택 이상
2016년	기본 세율	기본 세율
2018년 4월~	기본 세율 + 10%p	기본 세율 + 20%p
2021년 6월~	기본 세율 + 20%p	기본 세율 + 30%p
현행	기본 세율(한시 적용)	기본 세율(한시 적용)

출처: 기획재정부

기본 세율은 시세차익의 크기에 따라 6~42%가 누진하여 적용된다. 기본 세율에 대해 큰 불만이 있는 사람은 별로 없다. 수익이 적으면 세율이 낮게 적용되고 수익이 높아질수록 그에 따른 세율도 높아지는 구조이기 때문이다. 많이 번 사람에 대해 금액에 비례해서 세금을 많이 내도록 하는 것에는 세금이 아깝다고 느끼기는 하겠지만 불만을 가질 사람은 별로 없었다.

2018년부터 2021년 6월까지의 양도소득세율을 보면 2주택자, 3주택자에게는 기본 세율에 징벌 형식으로 10~30%까지 추가적으로 부과되었다. 만약 3주택자였다면 세금은 시세차익에 대한 양도소득세는 기본 세율과 중과세율을 더해 75%였다. 여기에 지방세가 부가세처럼 10%가 붙어서 75%의 10%인 7.5%가 더해져 합계 세금은 시세차익의 82.5%였다.

당시 정부에서 양도소득세율을 높인 것은 '부동산으로는 돈을 벌면 안 된다. 불로소득을 얻었으니 번 돈은 다 세금으로 낼 생각하라'는 의미가 강했다. 벌주는 식으로 부과되는 '징벌적 과세'의 성격이었다.

당시 정책의 목표는 부동산으로 돈을 벌 수 없게 하는 것이었다. 부동산 시장은 실거주를 목표로 하는 실수요자만 거래함으로써 안정을 찾을 수 있도록 하는 것이다. 정책의 취지를 이해 못할 바는 아니지만 결과적으로 정책 의도는 제대로 시장에서 실현되지 못했다.

양도소득세가 너무 높기 때문에 다주택자들이 무서워서 집을 팔지 못했다. 집을 팔지 않는 다주택자들이 많으니 매물이 줄어들고 귀해졌다. 이로 인해 수요와 공급의 균형에 금이 가기 시작했다. 수요는 있으나 공급이 부족한 상황에 접어들었던 것이다. 결과적으로 매물은 귀해지고 부동산은 부르는 게 값이 되었다. 1천 세대 넘는 대단지에 매물이 딱 하나만 나오는 경우도 있었고, 아예 매물 자체가 없는 단지들도 많았다.

하지만 이 또한 이미 지난 이야기가 되었다. 그동안 무서워서 못 팔았던 집들이 부동산 사무소에 활발하게 등록되고 있다. 여기에 더해 집값이 떨어질 것 같아서 더 떨어지기 전에 팔겠다는 매물도 겹치고 있다.

정리해 보면 이렇다. 세금은 부동산 시장 조절을 위해 정부에서 취할 수 있는 매우 강력한 수단임에는 틀림없다. 날카로운 칼이기도 하다. 실력 좋은 의사에게 칼은 사람을 살리는 도구가 되기도 하지만 폭력배에게 칼은 사람을 해하는 도구가 되기도 한다. 정부가 세금을 조절하는 것은 칼을 휘둘러 부동산 시장을 조절하겠다는 뜻이다. 부디 칼자루를 쥔 정부의 높은 분들이 실력 좋은 의사이기를 바라는 방법밖에 없다.

또 다른 날카로운 칼: LTV, DTI

부동산 시장을 조절할 때 정부는 직접적으로는 세금을 조절하여 수요를 관리하고자 한다. 부동산 수요를 축소하려면 세금을 올리고, 수요를 늘리고 싶으면 세금을 낮추어 부담을 줄여준다.

이와 동시에 정부에서 활용하는 또 다른 수단은 금융이다. 규제를 까다롭게 하면 대출이 어려워져서 부동산 거래가 줄어든다. 반대로 금융 규제를 풀어주면 대출이 쉬워지고 부담이 없어져서 부동산 매수세가 활발해진다.

이러한 금융 규제는 정부의 간접적인 조절 수단이라 볼 수 있다. 대출 실행은 은행을 통해서 하기 때문이다. 정부의 감시 하에 은행에서 자율적으로 부동산 시장 안정을 위해 취하는 조치들을 살펴보기로 하자.

| LTV (Loan to Value - 주택 담보 인정 비율) |

LTV는 주택담보가치 대비 대출 가능한 금액을 가리킨다. 집값 대비 대출을 몇 %까지 해줄 수 있는가를 가리킨다고 보면 된다. 예를 들어 LTV 80%가 적용된다면 시세 5억 원 주택에 대해 80%인 4억 원(5억 원 × 80%)까지 대출이 가능하다는 뜻이다.

집을 사려 할 때 전액 자기 자본으로 매입할 수 있는 경우는 많지 않다. 집을 매입할 때는 일정한 비율을 대출받는 경우가 대부분이다. 이와 같이 대출받아 주택을 매입하는 매수자가 많다는 것은 바꿔 말하면 대출의 도움이 없어지면 매수할 수 없는 수요층이 많다는 것과 연결된다.

예를 들어보자. A라는 사람이 현재 주택을 매입하기 위해 준비한 자금이 3억 원이다. 시세 9억 원 주택을 매입하고자 하는데 LTV가 80% 인정된다면 그는 이 주택을 살 수 있을까? 정답은 'YES'다. LTV 80%라는 것은 9억 원 주택 가격의 80%까지 대출을 해줄 수 있다는 것이니 최대 7억 2천만 원(9억 원 × 80%)까지 대출을 받을 수 있다.

그런데 어느 날 정부에서 LTV를 60%로 낮춘다면 어떻게 될까? LTV가 60%면 대출 가능 금액이 5억 4천만 원(9억 원 × 60%)으로 줄어든다. 보유 현금 3억 원에 대출 가능 금액 5억 4천만 원을 합치면 8억4천만 원이 되니 A씨는 원하는 주택을 매입할 수 없게 된다. 수요가 있다고 해도 LTV가 도와주지 않으면 대출을 활용하여 주택을 매입할 수 없게 된다.

내가 만일 정부에서 집값을 내려야 하는 관련 공무원이라면 LTV에 대해 어떻게 조치할 것인가? LTV를 줄이면 된다. 집값이 과열된 양상을 보이던 시기, 실제로 정부는 LTV를 제한하여 부동산 시장을 안정화하고자 했다.

주택담보대출 LTV 규제 현황

출처: 한국은행

	투기지역·투기과열지구		조정대상지역		비규제지역
서민·실수요자	6억 원 이하	60%	5억 원 이하	70%	70%
	6~9억 원	50%	5~8억 원	60%	
무주택·1주택자	9억 원 이하	40%	9억 원 이하	50%	무주택: 70% 1주택: 60%
	9~15억 원	20%	9~15억 원	30%	
	15억 원 초과	0%	15억 원 초과	0%	
2주택 이상	0%		0%		60%

*2022년 5월 기준 서민·실수요자: 부부 합산 연소득이 9천만 원(생애 최초 구입자 1억 원) 이하, 주택 가격이 투기지역 및 투기과열지구에서는 9억 원, 조정대상지역에서는 8억 원 이하, 무주택 세대주 등의 요건을 모두 충족하는 경우

2022년 5월 기준 LTV 현황을 보자. 2주택자 이상 보유자와 집값이 15억 원을 넘는 경우엔 LTV 적용 대상에서 제외되었다. 즉, 은행에서 주택담보대출 자체를 받을 수 없었다.

이 시기 LTV를 최대한 받을 수 있는 한도가 70%였다. 당시 서울 32평형 평균 시세였던 10억 원을 대출받으려고 은행에 가면 '가능한 대출은 최대 2억 원입니다'라는 이야기를 들어야 했다. 대출 자체를 묶

어 놓음으로써 집을 살 수 없도록 하는 것이 목표였던 시기였다.

| DTI (Debt to Income - 총부채 상환 비율) |

LTV가 주택을 담보로 얼마나 대출을 받을 수 있는지 결정하는 '금액'의 기준이었다면 DTI는 대출을 받을 자격이 있는지 심사하는 기준이다. 대출을 받았을 때 과연 제대로 대출 원금과 이자를 갚을 수 있는지 연소득을 기준으로 심사하는 방법이다.

DTI가 50%라는 것은 연간소득의 50%를 대출금과 이자를 갚는다는 것을 의미한다. 만일 A씨의 연소득이 5천만 원이고 DTI가 40%라면 A씨는 연소득의 40%인 2천만 원(5천만 원 × 40%)으로 주택담보 대출 원금과 이자 상환(이를 '원리금 상환액'이라 한다) 한도가 정해진다는 뜻이다. 소득이 부족한데 무리해서 대출받아서 집을 사지 말라는 경고의 의미가 강하다.

주택담보 대출 규제에 있어 LTV는 대출 규모를 정하는 기준이었고, DTI는 소득을 기준으로 대출받을 자격이 있는지 검증하는 기준이었다. 그러나 우리가 어떤 민족인가? 어떻게든 방법을 찾아내고야 말지 않던가. DTI 규제를 비껴가는 방법이 있었다. 대출을 받아 갚아나가야 하는 원리금을 줄이는 방법이었다.

예를 들어 1억 원을 대출받아 10년 동안 갚는다고 하면 이자를 생각 안하고 원금만 놓고 봤을 때 1년에 1천만 원씩 갚아야 한다. 만일 이 대출 기간을 늘려서 10년이 아닌 20년간 갚는 것으로 한다면 어떻게 될까? 매년 갚아야 할 금액의 크기는 작아지게 된다.

바로 이 점은 DTI 규제를 피하기 위한 방법으로 활용했다. 10년 기간으로 대출받을 상품을 20년, 30년으로 기간을 늘려서 매월 갚아야 하는 대출 원리금의 크기를 줄였다. DTI 규제에는 '기간'에 대한 기준이 없었기 때문이다.

1. DTI의 1차 업그레이드: 신新 DTI

정부는 이와 같은 식으로 DTI의 허점을 이용한 대출을 규제하기 위해 DTI의 업그레이드 버전을 출시했다. 이른바 신新 DTI가 그것인데, 최초의 DTI 계산항목에는 연소득을 기준으로 주택담보대출의 원금과 이자(원리금 상환액)을 비교했었다.

업그레이드가 된 신 DTI는 갚아야 할 금액의 범위를 좀 더 넓혔다. 즉 갚아야 할 돈을 기존의 주택담보대출에 의한 원리금 상환액은 물론이고 기타 대출을 갚기 위한 이자 금액까지 포함시켰다. 갚아야 할 금액의 범위를 주택에 대한 것에 더해 마이너스 통장, 신용카드 대출(현금서비스, 카드론) 등 금융 상품의 이자까지 계산에 넣는 식이었다.

2. DTI 2차 업그레이드: DSR(Debt Savings Ratio 총부채 원리금 상환 비율)

1차 업그레이드를 통해 다른 금융상품의 '이자'까지 갚아야 할 금액에 넣었던 정부는 그것으로 만족을 못했는지 한층 더 엄격해진 기준으로 DTI 규제를 업그레이드했다. 기존의 DTI란 명칭까지 DSR로 변경하면서 '총부채 원리금 상환 비율'의 개념을 도입한 것이다.

기존 1차 업그레이드에서는 다른 금융회사의 부채에 대한 '이자'만 포함시켰는데, 이왕 하는 거 더 엄격한 기준을 위해 아예 다른 금융상품의 이자는 물론이고 원리금 상환액까지 대출 심사 기준에 넣었던 것이다.

풀어보면 이렇다. 연소득 5천만 원인 A씨가 대출을 받을 때 최초의 버전인 DTI 40%를 적용하면 주택담보대출 상품에 대한 원리금 상환액이 2천만 원을 한도로 정해진다. 만일 A씨가 카드론 1천만 원을 받았다면 기존 DTI에서는 계산에 넣지 않지만, 신 DTI에서는 카드론에 대한 이자는 계산에 넣는다. 여기서 더 업그레이드된 DSR을 계산할 때엔 카드론의 이자는 물론이고 원금 상환액까지 모두 합해서 A씨의 소득 대비 40%를 넘지 않도록 규제한다.

DSR은 모든 종류의 대출을 포함시킨다. 학자금대출, 마이너스 통장 한도액, 자동차 할부, 카드론까지 모두 계산 항목에 들어갔다. 직장인의 좋은 친구인 마이너스 통장을 보면 실제 마이너스인 금액을 계산하지 않고 마이너스 통장의 한도를 아예 대출받은 것으로 처리했다. 많은 직장인들이 이것 때문에 대출받을 때 본의 아니게 대출 한도가 줄기도 했었다.

그러나 역시 인간은 위대하다. 방법을 또 찾아냈다. 대출 기간을

50년으로 늘리면 주택담보대출의 원리금 상환액이 줄어들었다. 실제 50년 만기 주담대(주택담보대출)는 한때 인기 상품이기도 했었다. 40세에 대출받으면 90세가 될 때까지 대출을 갚아야 하는 상황이기는 했지만, 일단 돈을 빌릴 수 있으니 많이들 이용했었다. 어떤 경우엔 60대 고객에게 50년 기간의 주택담보대출도 해줬던 은행도 있었다.

물론 정부에서는 뒤늦게 이 사실을 발견하고 DSR 계산할 때 실제 50년 만기로 대출을 받아도 계산할 때는 40년 만기 상품으로 대출받은 것으로 가정하고 값을 계산하기로 했다.

↳ 카드론 1천만 원 받은 연봉 5천만 원 A씨의 계산 포함 항목
DTI: 주택담보대출의 원금 & 이자
신 DTI: 주택담보대출의 원금 & 이자 + 카드론의 연간 이자액
DSR: 주택담보대출의 원금 & 이자 + 카드론의 연간 이자액 + 카드론 연간 원금 상환액

LTV와 DTI를 보면 건전한 가계 대출 관리와 건전한 국가재정을 위한 제도라고 생각하기 힘들다. 어떻게든 부동산 가격 상승을 막기 위해 대출을 틀어막는 것으로 보인다. 참고로 2023년 10월 말 기준 DSR 진행 현황은 아래와 같다.

	1단계	2단계(22년 1월)	3단계(22년 7월)
주택담보대출	규제지역 6억 원 초과 주택	총대출액 2억 원 초과 (1단계 기준 유지)	총대출액 1억 원 초과 (1단계 기준 폐지)
신용대출	1억 원 초과		

현재까지 3단계에 걸쳐 DSR 적용 단계를 지나왔다. 규제는 점점 심해지는 방향이다. 부동산 규제를 완화하는 과정에서도 DSR은 지나친 가계 부채의 증가를 막기 위해 2단계에서는 총대출액 2억 원이 넘는 경우만 대상으로 했었으나 3단계에서는 총대출액 1억 원을 넘는 경우까지 확대 시행하게 되었다.

정부 입장에서는 DSR 규제를 완화시켜서 소득에 상관없이 마음껏 대출받아 집을 사도록 해주고 싶은 마음도 있겠지만 연소득을 기준으로 대출 금액을 심사하는 것은 최소한의 안전장치라 생각하는 듯하다. 다른 부동산 규제는 다 완화시켜준다고 해도 DSR은 최후까지 지켜야 할 원칙으로 지키고 있다. 어떤 정부가 집권한다고 해도 DSR 규제는 계속 강화되는 방향으로 나아가지 않을까 예상된다.

DSR은 계산법이 복잡하고 예외 적용을 받을 수 있는 조건들이 따로 있기 때문에 실제 DSR을 적용하여 대출받을 수 있는 금액을 계산하려면 은행 창구에 가서 도움을 받아야 한다.

시시때때로 변하는 재건축 관련 규제들

아파트를 재건축하면 값이 올라간다는 것은 이미 경험적으로 밝혀진 사실이다. 부동산 소유자들은 물론이고 정부 당국자들도 이점을 잘 알고 있다. 정부에서는 부동산 시장 상승기에는 재건축을 통해 부동산 가격이 자극받아 더 올라가지 않도록 각종 규제를 시행한다. 재건축을 못하게 막으면 부동산 시장의 안정이 이루어진다고 믿는 것으로 보인다.

실제로는 재건축에 대한 기대감이 계속 이어지면서 가격이 상승하는 측면도 있음에도 이 악물고 외면하는 것처럼 보이기도 한다. 정부에서는 재건축을 막고 싶을 때 드러내놓고 '죄송하지만 재건축하시면 안됩니다'라고 말하지 않는다. 대신 몇 가지 통과하기 어려운 장치를 마련해 놓는다. 심지어 어렵고 지루한 과정을 거쳐 재건축이 진행되면 '시세올랐으니까 돈 내세요!'하는 것으로 마지막 장치를 마련한다.

이와 같이 재건축을 막는 제도적 장치가 어떤 것이 있는지 알아보도록 하자.

| 재건축 초과 이익 환수제(재초환) |

재초환은 2006년 '재건축 초과 이익 환수에 관한 법률'을 통해 도입되었다. 부동산 시장 상황이 악화되었던 2012년부터 2017년까지는 유예되었다가 2018년 1월부터 다시 시행된 제도이기도 하다.

핵심적인 내용은 아파트 재건축을 통해 얻는 이익이 조합원 1인 평균 8천만 원을 넘으면 초과 금액에 대해 최대 50%까지 부담금을 매기도록 하는 것이다. 재건축이 끝나고 입주하면 1년 안에 '집값이 올랐으니까 세금(정확히는 부담금)을 내세요'라고 하는 것이다.

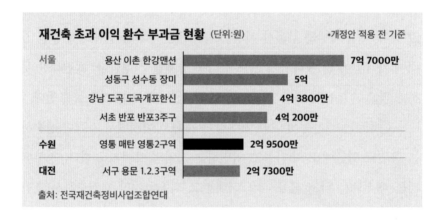

실제로 아파트를 팔아서 시세 차익이 남으면 양도소득세를 내는 것이 당연하다. 문제는 아파트를 팔지 않아도 '집값 올랐으니까 돈 내세요' 한다는 것이다. 이미 많은 사람들이 '실현되지도 않은 수익에 대해 부담금을 내라고 하는 것이 말이 되느냐!'라며 항의하고 위헌 여부를 따지고 있지만, 현재까지는 '재초환은 법적인 문제없음, 위헌 아님!'이라는 것이 2019년 헌법재판소의 판결이다. 최근 사례를 보면 2022년, 서울 용산의 '한강맨션'이 가구당 7억 7천만 원의 부담금을 통보받기도 했다.

| 재건축 초과 이익 부담금 계산 방법 |

재초환 부담금의 계산에 있어 파악할 핵심 요소는 두 가지다. 첫째는 재건축을 통해 얼마의 이익(초과 금액)을 얻었는지, 둘째는 이익에 대해 얼마의 부담금을 부과(부과율)할 것 인지다.

우선 초과 금액을 계산하는 방법은 아래의 공식을 따른다.

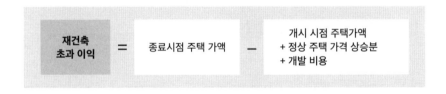

요약하면 초과 이익은 재건축 사업을 통해서 얻은 집값의 전과 후를 비교해서 금액을 구한다는 것이다. 정확한 계산을 위해 재건축을 안 했어도 이만큼 올랐을 것이라는 '정상 주택 가격 상승분', 재건축에 들어간 공사비와 경비 등을 합친 '개발 비용'은 이익에서 빼준다. 이렇게 구해진 재건축 초과 이익에 대해 부과율을 곱하면 재건축 초과 이익 부담금이 된다. 재건축을 통한 초과 이익이 3천만 원 이하면 부담금은 면제,

초과 이익이 2억 8천만 원을 초과하면 50%의 부담금이 부과된다.

정부가 부동산 시장을 억누르고 싶을 때는 재건축 초과 이익 환수제를 적극 시행하고, 좀 풀어주고 싶은 경우 이를 완화한다.

재건축 초과 이익 환수 부담금 및 부과율

	조합원 1인당 초과이익	부담금 산식
현행	8천만 원 이하	면제
	8천만 ~ 1억 3천만 원	10%
	1억 3천만 원 ~ 1억 8천만 원	20%
	1억 8천만 원 ~ 2억 3천만 원	30%
	2억 3천만 원 ~ 2억8천만 원	40%
	2억 8천만 원 초과	50%

| 분양가 상한제(분상제) |

분양가 상한제는 아파트를 분양할 때 분양 가격에 상한선을 두는 제도를 가리킨다. 물건을 팔 때 이 가격 이상으로는 팔지 말라고 하는 것과 비슷하다. 상한선은 토지가격과 건축비의 합계로 정해진다. 땅값과 시멘트 값에 약간의 마진만 붙여서 아파트를 분양하라는 뜻과 마찬가지다.

분양가 상한제의 정책 목표는 신축 아파트 분양 가격을 일정 수준 이하로 낮춰서 주변 시세가 자극되지 않도록 하겠다는 것이다. 어느 지역에 신축 아파트를 분양할 때 주변 시세 대비해서 너무 가격이 높은 고

분양가 논란에도 불구하고 청약경쟁률이 1:100 이상을 기록하고 완판되면 그 주변 아파트들 역시 시세가 올라간다. 분양가 상한제는 이런 식으로 아파트 가격이 들썩이는 것을 막기 위한 제도라고 보면 된다.

정부가 부동산 시장의 과열을 막고자 한다면 분양가 상한제 적용 지역을 전국으로 늘리고, 부동산 시장을 활성화시키고자 한다면 적용 지역을 줄여준다. 2023년 11월 기준 정부는 부동산 시장이 침체되어 있어 규제완화가 필요하다고 판단했던 것으로 보인다. 2022년 6월에 발표되고 시행된 '분양가 제도 합리화 방안'에 따라 현재 분양가 상한제 적용 지역은 서울에서도 강남 3구와 용산구 이렇게 4개 지역만 해당되도록 규제를 완화했다.

경제학에서는 정부가 조심해서 시행해야 하는 정책 중 하나가 바로 '상한제'라고 설명하고 있다. '가격 상한제' 또는 '가격 하한제'를 시행했을 때 수요와 공급의 균형이 왜곡될 우려가 있기 때문이라고 설명한다.

| 재건축 안전 진단 |

재건축 안전 진단의 원래 취지는 말 그대로 해당 아파트 건물의 구조적 안전 여부를 판단해서 허물고 다시 짓는 것이 더 나은지, 아직은 괜찮은지 판단하는 과정이었다. 지금은 재건축 사업의 진행을 규제하는 제도로 악용되고 있기도 하다.

서울 강남의 아파트들은 지은 지 오래되어 벽에 금이 가고 배관이 다 낡아서 녹물이 나와도 재건축을 하면 집값이 오를 염려가 있다는 이유로 안전 진단을 통과하지 못하는 경우가 많았다. 건물이 안전한지를 판단하는 객관적 기준이 있음에도 정부의 철학에 따라 가중치를 변경하여 '무조건 안전 진단 통과는 막아야 한다'는 생각을 하는 것이 아닌가 싶었다.

재건축 안전 진단 합리화 방안

재건축 구조 안전성 비중 50 ···→ 30% 조정
조건부 재건축 **45점 이하** 재건축 추진 가능

1. 평가 항목 비중 개선: 재건축 판정 여부에 크게 좌우되는 점수 비중 조정				
구분	구조안정성	주거환경	설비노후도	비용편익
현행	50%	15%	25%	10#
개선	30%	30%	30%	10%

2. 조건부 재건축 범위 축소: 조건부 재건축 판정 기준 합리화					
점수 분포	30 이하	30~40	40~45	45~50	50~55	55초과
현행	재건축	조건부 재건축				유지보수
개선	재건축			조건부 재건축		유지보수

3. 적정성 검토 개선: 소요 기간 및 비용 고려, 지자체 요청시 시행		
구분	현행	개선
대상	조건부 재건축(30~55점)대상 모두 의무 시행	조건부 재건축(45~55점) 중 선택적 시행
절차	사전 절차 없이 공공기관이 시행	지차제가 검토 후 요청하는 경우 시행
범위	1차 안전진단 모든 내용 확인	확인이 필요한 사항에 한정

2023년 말 정부는 '안전 진단은 진짜 안전 진단이 되도록 해드리겠습니다'라고 했다. 대통령이 직접 지시하여 재건축 사업의 조건 기준을 현재까지의 안전도가 아닌 노후도로 바꾼 것이다. 앞으로는 30년이 넘은 아파트라면 안전 진단 결과와 상관없이 소유자들이 자유롭게 재건축 사업을 추진할 수 있도록 해줄 예정이다.

규제인 듯
규제 아닌 규제들

그런 경우가 있다. 분명히 누가 봐도 '규제'인데 '이거 규제 아닌데요?'하는 얄미운 것들! 부동산 관련 정부 정책에서도 이런 식의 얄미운 규제들이 곳곳에 숨어있다.

이처럼 부동산 가격 상승을 억누르고자 하는 몇 가지 규제들을 확인해 보도록 하자. 정부의 경제 철학에 따라 어떤 규제들은 해제될 것이고 또 어떤 것들은 더 강화될 것이다. 여기서 파악할 것은 '이런 식의 규제가 있구나'하는 내용들이다.

| 토지거래 허가제(토허제) |

토지거래 허가제는 1979년 도입된 제도로서 국토교통부 장관, 시·도지사가 정하는 지역에 대해 거래 규제 지역으로 지정하는 제도다. 사유재산을 거래하는데 나라의 허가를 받아야 하는 반발이 1989년에 있었는데, 이때 헌법재판소는 '투기적 거래를 막기 위해 제한적으로 활용되고 구제 절차도 있기 때문에 합헌이다'는 판결을 내린 바 있다.

토지거래 허가제는 얼마 전까지 주택에 대해서는 적용하지 않고 주로 농사를 짓기 위한 농지에 대해 시행되었다. 농지는 농민에게 팔아야 한다는 취지였다. 투기 목적으로 농지를 사지 못하도록 토지거래 허가제가 활용되어 왔다. 그런데 이제 토지거래 허가제를 서울 아파트에 시행하기 시작했다.

엄밀히 이야기하면 기존에도 아파트에 대해서 토지거래 허가제 적용은 가능했다. 아파트에 딸려있는 '대지지분' 때문에 그러하다. 대지지분은 해당 아파트의 부지에 대해 '토지'를 보유하는 것이기 때문에 아파트를 사고팔 때 아파트인 '건물'과 대지지분인 '토지'를 거래하는 것이다. 토지거래 허가제는 아파트 거래 대상에 '토지'가 포함되어 있기 때문에 시행될 수 있었다.

이처럼 이론상으로는 가능하지만 실제로는 '내가 내 아파트 사고파는 데 나라의 허락을 받아야 해?', '내가 허락받고 아파트 사야 해?'라는 반발을 불러일으키고는 했다.

파이낸셜 뉴스에서 2020년 10월에 보도한 기사에 따르면 강남에서 30평대 거주하다가 같은 단지 40평대 아파트로 옮기고자 하는 민원인이 구청 담당자와 통화한 내용이 요약되어 있다. 이때, 진짜 우리나라 맞나 싶은 대화가 이어진다.

구청 담당자) 30평대에서 40평대로 왜 옮겨요?

민원인) 애들이 성장해서 이제 좀 넓게 살려고요.

구청 담당자) 식구가 몇 명인데요?

민원인) 4명인데요.

구청 담당자) 4명이면 30평대도 충분하지 않나요?

민원인) 좀 넓게 살고 싶어서 옮기려고 하는 건데요.

구청 담당자) 아니, 20평대에서 4명이 거주하는 가정이 얼마나 많은데, 30평대 아파트가 좁다고 하나요? 이거 허가 못 냅니다.

당시 이 보도가 나가자 강남구청은 언론중재위원회를 통해 반박했다. 아래는 강남구청의 입장이다.

"토지 거래 업무 처리 규정에 따라 이미 주택을 보유한 경우 당해 지역에 거주하여야 할 사유 또는 자기 거주용 토지 또는 주택을 추가적으로 취득하여야 하는 사유를 소명하도록 한 절차에 따른 것이고, 강남구의 통계 자료에 따르면 토지거래 허가 구역 시행 이후 10월28일까지 강남구청에 접수된 허가 신청 233건 중 불허된 건은 3건에 불과하다."

강남구청이 열심히 해명하기는 했지만, 이런 대화가 없었다고는 못하는 것을 보니 진짜 저 당시엔 부동산 거래 당사자나 담당 공무원들이나 마음 고생이 심했을 것 같다. 거래 당사자는 내가 내 돈 주고 부동산을 사겠다는데, 왜 사유를 구체적이고 객관적으로 소명해야 하는지 화가 났을 것이다. 반대로 공무원들은 무조건 안 된다고 말하는 것이 결코 즐거운 일은 아니었을 것이다.

지침에는 어떤 경우엔 되고 안 되고의 구분이 명확하지 않고 '구체적, 객관적'으로 소명해야 한다고만 하고 있다. 예상컨대, 토지거래를 허가하면 구청 내부적으로 질책 받는 분위기 아니었을까 추측만 할 수 있을 뿐이다.

토지거래 허가제를 정리하면 무분별하게 부동산 거래가 이루어져 가격이 높아지는 것을 방지하고자하는 정부의 정책 수단이라 볼 수 있다. '그렇게 묶어놓은 곳이 정부의 의도에 맞게 가격이 안정되거나 하락했느냐?'라고 묻는다면 그리 성공한 것 같아 보이지는 않는다.

전국의 부동산 가격이 한창 상승하던 2021년에는 토지거래 허가 구역으로 지정되었음에도 불구하고 해당 지역의 아파트 가격이 상승했다는 언론 보도가 있었다. 현재도 아파트에 대해 상승 우려가 높은 지역은 토지거래 허가 구역으로 지정되어 있다.

개인적으로는 정부에서 '여기는 앞으로도 계속 가격이 오릅니다!'라는 가이드를 주는 것이 아닌가 싶을 정도다. 어찌 그리 좋은 지역들을 알려주는지 감탄스러울 뿐이다.

토지거래 허가제에 대해서는 부동산 시장 안정에 큰 도움이 안 된다. 사실 부동산 가격이 오를 때는 뭘 해도 오른다. 더 오를 것이라는 기대감만 높아지는 경우가 대부분이다. 그럼에도 불구하고 정부 입장에서는 마냥 손 놓고 있는 모습을 보일 수는 없으니 뭐라도 해보기 위해 토지거래 허가제를 실시하고 있다.

| 부동산 규제 지역 지정 |

규제 지역은 전국의 부동산을 오르는 곳과 안 오르는 곳으로 나누어 오를만한 지역에 대해 은행 대출과 각종 규제를 강화하는 것을 가리킨다.

　좀 더 자세히 보자면 지역별로 투기 지역, 투기 과열 지구, 조정 대상 지역으로 나누고 분류된 곳에 따라 LTV, DTI를 낮추어 적용하거나 부동산 거래할 때 자금조달 계획서 제출을 의무화하는 식으로 여러 가지 규제를 가하는 것이었다.

1. 지정요건 - 투기 지역/투기 과열 지구/조정 대상 지역

정부에서 지역에 따라 투기 지역이냐 아니냐를 결정할 때, 몇 가지 기준을 적용하여 판단한다. 적어도 겉으로는 그렇다. 실제 부동산 급등기에는 이런 기준은 모두 사라지고 '좀 올랐어? 그럼 투기 지역!'이라고 처리하는 경우가 대부분이었다.

① 투기 지역: 토지나 주택 등 부동산 가격이 급등하거나 급등할 우려가 있는 지역으로 기획재정부장관이 지정하는 지역

(1) 직전 2개월간 월평균 주택 매매 가격 상승률이 전국 주택 매매 가격 상승률의 100분의 130보다 높은 지역

(2) 직전 1년간의 연평균 주택매매 가격 상승률이 직전 3년간의 연평균 전국 주택 매매 가격 상승률보다 높은 지역

② 투기 과열 지구: 주택에 대한 투기가 발생할 우려가 높은 지역을 국토교통부 장관이 지정하여 관리하는 지역

(1) 주택 가격 상승률이 물가 상승률보다 현저히 높은 지역으로서 투기가 성행하고 있거나 성행할 우려가 있는 지역

(2) 직전 2개월 동안 해당 지역에서 공급되는 주택의 월평균 청약 경쟁률이 모두 1:5를 초과하였거나 국민 주택 규모 주택의 월평균 청약 경쟁률이 모두 1:10을 초과한 곳

③ 조정 대상 지역: 주택 분양 등이 과열되어 있거나 과열의 우려가 있는 지역에 대해 국토교통부 장관이 지정하는 지역

(1) 직전 3개월간의 해당 지역 주택가격상승률이 해당 지역이 포함된 시, 도 소비자 물가 상승률의 1.3배를 초과한 지역

(2) 직전 2개월 동안 해당 지역에서 공급되는 주택의 월평균 청약 경쟁률이 모두 1:5를 초과하였거나 국민 주택 규모 주택의 월평균 청약 경쟁률이 모두 1:10을 초과한 지역

(3) 직전 3개월간의 분양권 전매 거래량이 전년 동기 대비 30% 이상 증가한 지역

지정 요건을 보면 객관적 기준이 있는 듯 보인다. 그럼에도 불구하고 그다지 체계적인 것 같지는 않다. 지정하는 권한이 기획재정부 장관, 국토교통부 장관 등 따로 있기 때문이다. 한 곳에서 체계적으로 지정하고 관리하는 것이 아니라는 뜻으로 읽힐 수 있다.

2018년에는 전국 대부분의 부동산이 물가 상승률보다 모두 현저하게 높은 상승률을 보였고 청약 경쟁은 1:100을 훌쩍 넘었기에 전국 대부분이 투기 지역이었다. 운 좋게 정부의 감시망을 피한 지역은 '여기는 투기 지역 아니고, 비조정 대상 지역입니다'라는 인증을 받았다는 사실로 인해 집값이 오르는 현상이 발견되기도 했었다.

2020년 말에는 전국 지도를 펼쳐놓고 규제 지역인지, 규제 지역이면 투기 과열 지구인지 조정 대상 지역인지 나누어봐야 했었다. 게다가 규제 지역 목록이 매번 업데이트되었기에 오늘은 비조정 대상 지역이었지만, 다음날엔 갑자기 투기 과열 지구로 지정되는 일도 많았다. 물론 지금은 이렇게 전국이 규제 지역으로 지정되지는 않는다. 서울의 일부 지역만 규제 지역으로 분류되고 있다.

정리해 보자. 규제 지역은 투기 지역, 투기 과열 지구, 조정대상 지역으로 분류된 지역을 모두 포함하고 비규제 지역은 여기에 해당되지 않는 지역을 가리킨다. 기존에는 전국을 투기 지역, 투기 과열 지구, 조정 대상 지역, 비조정 대상 지역 이렇게 4개로 분류했는데, 2022년 하반기부터는 규제 지역, 비규제 지역 이렇게 둘로 나누고 있다.

2023년 1월 5일 이후로 규제 지역은 서울의 강남3구와 용산구 이렇게 4개 자치구에 대해서만 적용되고 있다. 나머지는 모두 비규제 지역이다. 역시 부동산 시장의 상황에 따라 정부는 언제든 규제 지역을 확대 적용할 수 있다.

2. 규제 사항

규제를 받는 지역으로 지정되면 양도소득세 중과, LTV, DTI 강화, 중도금 대출 건수 제한, 전매제한 등 재산권 행사에 있어 많은 제약이 있었다. 2018년 적용된 규제 사항을 제목만 정리해 보았다.

(1) **투기 지역**: LTV, DTI 하향 조정, 양도소득세 강화, 주담대(주택담보대출) 만기 연장 제한

(2) **투기 과열 지구**: LTV, DTI 하향 조정, 청약 1순위 자격 제한, 재건축 조합원 지위 양도 금지

(3) **조정 대상 지역**: LTV, DTI 하향 조정, 청약 1순위 자격 제한, 양도소득세 강화

2018년엔 서울 전체가 투기 과열 지구였고 조정 대상 지역이었다. 강남3구를 포함한 12개 자치구는 투기 지역이기도 했었다. 각종 규제가 중첩되었던 것이다. 2023년부터는 규제가 중첩되고 시장에 혼란을 일으킨다는 부작용을 감안하여 서울 4개 자치구를 규제 지역으로 지정하고 나머지 전지역은 비규제 지역으로 지정되어 있다. 부동산 가격이 급등하게 되면 다시 규제 지역은 확대될 것으로 보인다. 지금 단계에서는 이러한 규제가 있다는 것 정도만 알아도 충분할 것이다.

EPILOGUE

집은 항상 비쌌다

집은 비싸다. 이만하면 가격이 괜찮다 싶은 적이 한 번도 없다. 서울 강남의 집값이 평당 5천만 원일 때도 '집에 무슨 금테 둘렀나? 아무리 강남이지만 너무하다!'는 생각이 일반적이었고, 평당 1억 원에 육박하는 지금도 그 생각은 바뀌지 않는다. 그럼 앞으로는 어떻게 될까? 앞으로도 당연히 비싸다. 혹여 가격이 지금보다 떨어진다고 해도 비싸다. 사고자 하는 사람에게는 더욱 그러할 것이다.

그렇다면 집값이 떨어지면 사람들은 생각을 바꿀까? 그렇지 않다. 집값이 떨어져도 사람들은 그 가격을 비싸게 느낄 수 있다. 대한민국을 뒤흔든 IMF가 기억나는가? 이때 집값은 반값이 되고 그마저도 계속 하락했다. 그 시절에 '집값이 내려갔으니 이제 살만하다!'라고 말하는 사람은 거의 없었다. '당장 내일 우리나라가 망할지도 모르는데, 집은 왜 사냐?', '자고나면 또 집값이 떨어질 텐데 지금 사면 너무 비싸게 사는 거다!'라고 말하며 집을 사는 일을 차일피일 미루기 일쑤였다.

2007년 금융위기 때도 마찬가지였다. 미국 경제가 망할지도 모른다는 위기감에 이때도 집값은 많이 하락했었다. 하지만 이 시기에도 '집값이 이제 바닥이군! 이때 사야겠어!'라고 말하며 사는 사람은 없었다.

부동산은 논리보다 심리학이다

경제학에 항상 등장하는 문구가 있으니 바로 '다른 조건이 일정하다면'이다. "금리를 1% 내리면 경제가 몇 % 성장한다!"라던가 "가계 소득이 1% 감소하면 저축률이 몇 % 하락한다!"등의 뉴스 기사를 접한 적이 있을 것이다. 이러한 예측은 굳이 말을 하지 않아도 '다른 조건이 일정하다면'을 전제로 하는 것이다.

이 책을 통해 설명하는 내용들도 이와 유사하다. 전쟁이 나거나 갑자기 미국에서 기준 금리를 급격하게 올리거나 내리거나 하는 초대형 사건이 발생하지 않는다면 이러할 것이라는 예측을 기반으로 한다.

하지만 부동산은 이러한 경제학 문구에 맞춰 판단하기 매우 어렵다. 오히려 경제학보다 심리학 논리가 더 맞지 않나 싶을 때가 더러 있다. 실제로 부동산 구매에 사람의 심리가 매우 깊숙하게 반영되기 때문이다.

집은 약간 이상한 특징이 있다. 가격이 오르면 수요가 줄어드는 것이 일반적인 상품의 모습인데, 집은 집값이 오르면 오를수록 더 수요가 몰려든다. 더 오르기 전에 사두자 하는 심리가 뒷받침되기 때문이다.

반대로 집값이 내려가면 앞서 설명한 것처럼 오히려 구매 결정을 뒤로 미룬다. 지금의 집값보다 반값이 된다고 해도 사람들은 여전히 비싸다고 생각할 것이기 때문이다. 실제로 2023년 기준 집값은 2017년에 비해 대략 2배 정도 올랐다. 여기에서 집값이 절반으로 하락한다고 해도 어차피 다시 2017년 수준이 된다. 그렇기 때문에 사람들은 여전히 집값이 비싸다고 느끼며 오히려 몸을 사리고 지갑의 문을 꽁꽁 닫아둘 것이다.

피할 수 없다, 부동산 공부!

안타깝게도 2007년에는 이러한 심리적 요소가 배제되었다. 금융위기 시기를 전후로 '집값 폭락론'이 인기를 많이 얻은 것도 그러한 이유에서다. 우리나라는 인구가 줄어들 것이니 수요가 줄어 집이 남아돌 것이고, 집으로 돈 버는 시대는 이제 끝났다는 것이 핵심 주장이었다.

많은 이들이 이 이론에 많은 공감을 보냈다. 그리고 약 15년이라는 세월이 흘렀다. 집값은 그 이론에 따라 떨어졌을까? 천만의 말씀! 집값은 여전히 비싸다. 과거에는 서울 지역의 경우 일부 부유한 지역만 너무 비쌌었는데, 이제는 지역 상관없이 가격이 올라가고 있다. 이런 상황 속에서 우리들은 과연 어떻게 해야 할까?

정답은 단 하나다. 부동산을 처음부터 제대로 공부해야 한다. '아는 것이 힘이다!'라는 말은 부동산 영역에도 해당되는 말이다. 부동산 전문가까지는 아니더라도 부동산에 대한 기초 상식은 알고 있어야 한다. 꼭 집을 구매하지 않아도 전월세 계약을 할 때 아무것도 몰라 뒤통수를 맞는 일은 피해야만 하니까! 그렇기 때문에 당신에게 이 책이 필요하다.

"제가 지금까지 설명한 내용을 다 이해하고 기억하실 것이라 생각하지 않습니다. 대신 제 강의를 들으시다가 기억할만한 딱 한 줄만 발견하셨기를 기대합니다. 그게 저에게는 보람입니다."

간혹 강연회나 세미나에 나갈 때면 항상 이 말로 강연을 마무리한다. 이 책에서도 마찬가지다. 이 책은 앞으로도 수백, 수천 번 변화할 부동산 시장 흐름에 당당히 맞설 수 있도록 필수 지식을 전달하기 위해 작성되었다. 지금까지 설명한 수많은 내용 중 딱 한 줄 덕분에 당신의 삶이 더욱 나아지기를 희망한다. 부동산 계약할 때 설명했던 주의 사항 덕분에 재산상의 손해를 막을 수 있으면 좋겠고, 부동산 의사 결정에서 더욱 나은 선택을 할 수 있기 바란다.

필자는 아직 부족함이 많은 사람이다. 용기 내어 책을 쓰는 것은 공감되는 한 줄, 한 마디가 어떤 힘을 가지고 있는지 알기 때문이다. 이 책에서 당신을 더 나은 상황으로 이끌어줄 한마디를 찾았기를 바란다.

저자 우 용 표 드림

슈퍼 리치의
부동산 상식 사전

ⓒ 우용표 2024

초판 1쇄 발행 2024년 1월 11일

지은이	우용표
펴낸이	박성인
기획	김멜리따나
책임편집	강하나
마케팅	김멜리따나
경영관리	김일환
디자인	studio 213ho
펴낸곳	허들링북스

출판등록	2020년 3월 27일 제2020-000036호
주소	서울시 강서구 공항대로 219, 3층 309-1호(마곡동, 센테니아)
전화	02-2668-9692
팩스	02-2668-9693
이메일	contents@huddlingbooks.com

ISBN 979-11-91505-41-2(03320)